BISLEYLAND

INHALT

ICH BIN EIN GETRIEBENER

Ich bin ein Getriebener. Ich bin ein Suchender, bin ein Wahnsinniger. Ein Trottel bin ich. Ein Lügner und ein Arschloch.

Ich bin ein Liebender, ein Leidender, ein Verbrecher und ein Kranker. Ich tarne mich und ziehe mich aus. Ich verspreche und breche. Ich mache mich rar und bin einnehmend. Ich verschließe mich und gebe alles. Ich erschlage mich mit Eindrücken, mit Ideen, mit Rausch. Ich hemme mich, bremse mich, warte und erstarre. Alles aus freiem Willen.

Ich gehe, ich renne, ich stoppe, ich verweile, bin immer auf dem Sprung. Täusche vor, warte ab, denke nach, hänge hinterher. Ich mache zuviel und zuwenig, ich drücke mich und ich fordere. Ich bin ein Getriebener. Alles aus freiem Willen.

Ich räume auf und ich räume ab, ich sterbe und ich gebe ab. Ich hasse und ich vergesse. Ich bebe und bleibe liegen. Ich ficke und ich glühe, begrabe und begrüße. Ich folge und ich verdränge, verabscheue und genieße. Ich bin ein Getriebener. Alles aus freiem Willen.

Ich bin ich, manchmal nicht. Meist rund, manchmal stark. Immer auf der Suche nach dem was noch da ist, erkenne nicht das, was ich hab. Gebe ab und verzweifle, verrenne mich und begreife. Ich bin nicht ich, manchmal schon. Ich bin ein Getriebener. Alles aus freiem Willen.

Ich saufe und schreie, begehre, verzeihe. Ich mache mich klein, mache mich lächerlich, wasche mich rein und vergesse mich. Ich hasse mich, gebe auf, ich glaube, drehe auf. Ich bin hässlich, zerstöre, baue auf und ich höre. Ich schlage, ich trete, ich rauche und bete. Ich will alles und such nicht danach, hab genug und verlange nach mehr. Ich verschwende. Ich wichse. Ich gebe zu und ich trickse. Ich bin ein Getriebener. Alles aus freiem Willen.

Wenn ich am Ende des Wollens bin, am Ende des Habens, am Ende des Seins und am Rande des Grabens. Wenn ich verblühe, wenn ich mich finde, wenn alles wird wie es sein soll, perfekt und vergoren, meine Arme sich strecken um nach Geistern zu greifen.

Wenn ich bin, was ich bin, aus freiem Willen. Dann bin ich. Dann bin ich da. Dann bin ich Du.

CORRECT!V

BISLEYLAND

WARTEN AUFS LEBEN

Ich nahm drei Groschen, hob den Hörer ab und fütterte den Fernsprecher. Die Telefonzelle konnte man von drei Seiten einsehen, ihre Rückwand wurde von einer Poststelle geschützt. Mein Blick wanderte über das Fahndungsplakat der RAF, das an der Eingangstür zur Filiale klebte.

Ich war dreizehn Jahre alt. Die Telefonzelle war gelb. Eckig und gelb. Drei dicke Telefonbücher mit dünnen, speckigen Seiten, pergamentartig und von der Konsistenz an ein Mad-Magazin erinnernd, hingen in den schwarzen Bakelit-Arretierungen. Kleine Brandflecken von abgelegten und vergessenen Kippen zierten den Kunststoff.

Es war Mittwoch, ich hatte in der ersten und zweiten Stunde Englisch, nach der Pause zwei Stunden Mathe. Meine dreißig Pfennig klickerten durch das Zählwerk des Telefons und fielen in den hörbar leeren Geldtank. Ich drückte die schwarzen, abgegriffenen Tasten - kurz und fest. Ich wählte eins, eins, null.

Die Schule war eine Realschule und fünfzig bis sechzig Meter von mir entfernt. Durch die zerkratzten und bespuckten Scheiben konnte ich den Haupteingang und die Einfahrt zum Lehrerparkplatz ganz gut sehen. Schüler gingen an mir vorbei, kleine, bunte Trauben von Capri-Sonne-Trinkern und Adidas Allround-Trägern, die im Gleichmarsch zum verhassten Tempel pilgerten.

Aus der linken Tasche meiner Vanilia-Hose zog ich das Stofftaschentuch meines Vaters und legte es über die Sprechmuschel des Hörers. Das hatte ich im Fernsehen gesehen. Dadurch war man in der Lage, selbst mit den vertrautesten Personen zu sprechen, ohne dass diese bemerken würden, mit wem sie gerade telefonieren. Es klingelte genau drei Mal, bis ein leises Klacken und eine monotone Stimme das Ende der gefühlten 10 Minuten verkündeten.

„Polizei Notruf?"

„In der Realschule liegt eine Bombe, sie explodiert zwischen 9.30 und 10.00!"

„Ja, aber….Moment…, ich, äh…."

KLICK!
Ich starrte auf die Initialen meines Vaters, als ich das Taschentuch zwischen Hörer und Telefon wegzog, nachdem ich hektisch aufgelegt hatte. Hastig verließ ich die Telefonzelle, eilte aber nach ein paar Metern zurück, da ich meine Schultasche vergessen hatte. Es war die obligatorische Adidas-Sporttasche, die die Industrie dazu veranlasste, Rücksäcke für Kinder herzustellen, da diese ihre Sporttaschen bis dato immer mit den angenähten Ledergriffen über die Arme stülpten und so wahrscheinlich unwissender Vorreiter einer neuen Trageära wurden. Meine Tasche war blau-weiß.

Ich rannte über die Straße zur Schule und betrat nach kurzem, zurückhaltendem Small Talk mit Mitschülern meine Klasse. Das übliche Geschrei und Geräusche von rutschenden Stühlen auf gebohnertem Linoleum unterlegten meine angespannte Nervosität wie der Soundtrack eines 50er Jahre Horrorfilms. Die Tür öffnete sich, und meine Klassenlehrerin betrat den Raum mit ernster Miene. Sie verkündete, nicht ohne vorher zur Ruhe zu ermahnen, dass wir nun alle zusammen das Klassenzimmer, die Schule und auch unsere persönlichen Gegenstände zu verlassen haben. Es sei eine Bombendrohung eingegangen und obwohl alle davon ausgingen, dass es sich um einen dummen Streich handele, wäre es trotzdem angebracht, dem Folge zu leisten. Aus Sicherheitsgründen. Fürs Protokoll.

Unter aufgesetztem Kreischen und Lachen verließen wir im Entenmarsch scherzend die Räumlichkeiten und sammelten uns mit den anderen Klassen gegenüber des Schulhofes, etwa 80 Meter vom Schulgebäude entfernt. Volksfeststimmung! Dankbares Lächeln erfüllte selbst die Gesichter derer, die sonst nur den Blick abwärts in Richtung Trinkpäckchen mit Strohhalm kannten. Allerdings wollten auch alle wissen, wem sie diese unerwartete und mehr als willkommene Auszeit zu verdanken haben.

Ich stand am Eingang des Schulhofes und blickte in die Gesichter der anderen Kinder. Mein Herz drückte die dicke, rote Pampe durch meinen Hals, und ich hatte Mühe nicht vor Aufregung zu kotzen. Dann der emotionale Super-GAU! Der Sprengmittelräumdienst fuhr in langen, dunkelgrünen Mercedes-Transportern vor und bahnte sich einen Weg durch die johlende Menge. Männer in bleiernen Schutzschürzen und mit Helmen wurden von Polizeibeamten mit Spürhunden in die Schule begleitet. Es war ein Fest!

Mittlerweile mischten sich immer mehr Lehrer unter die feiernden Schüler und mich beschlich die Vermutung, dass dies nur dem Zwecke der Bespitzelung und dem sprichwörtlichen Abklopfen des Busches dienen sollte. Ich beschloss also, den Tatort zu verlassen. Die Telefonzelle würdigte ich keines Blickes, als ich an ihr vorbei ging, da ich so wenig mit dieser ganzen Sache in Berührung kommen wollte wie nur möglich.

In meiner Schultasche befanden sich neben den Heften, Büchern und Stiften auch zwei Brötchen mit Salami und Senf, eine Schachtel Reval ohne Filter und zwei Dosen Hansa-Export. Für Letzteres war jetzt der richtige Zeitpunkt gekommen. Ich setzte mich an eine Bushaltestelle, von der ich ausgehen konnte, abgelegen genug zu sein, um nicht gesehen zu werden. Ich riss den Verschluss der Dose ab und nahm einen großen Schluck. Ekelhaft. Ich trank einen weiteren Schluck. Ich zitterte etwas, als ich mir eine Reval anzündete, die ich meinem Vater tags zuvor geklaut hatte. Mein Gehirn krampfte sich zusammen bei dem Gedanken an meine Eltern und deren Reaktion, wenn sie rauskriegen würden, dass ihr Sohn ein Terrorist im ersten Lehrjahr war.

Ich verbummelte den Vormittag, besuchte einen Freund, mit dem ich mich köstlich über das Geschehene amüsierte, um dann später zu Hause den Anschein einer normalen Erlebniskette aufrecht zu erhalten. Meine Eltern merkten nichts. Ich erzählte ihnen natürlich von diesem unerhörten Dummejungenstreich, verschwieg aber geschickt den Protagonisten. Ich dachte, ich sei aus dem Gröbsten raus.

Eltern waren so eine Art letzte Instanz. Eine oder mehrere weitere Instanzen darüber waren für mich eine etwas abstrakte Vorstellung zu dieser Zeit. Ich hatte sie überzeugt, was sollte mir noch passieren?

Nach etwa zwei Wochen rauchte ich heimlich in der Raucherecke der “Großen”, als meine Klassenlehrerin und der Vertrauenslehrer unserer Schule sich den Weg mit ernstem Gesicht und Stechschritt durch die Menge bahnten. Sie wussten, wo sie mich finden würden. Die Anrede war unerwartet kurz, trocken, fast höflich und ich folgte den beiden umgehend in das Büro des Direktors. Mehr Auskunft als das Ziel bekam ich nicht. Brauchte ich auch nicht.

Die lederbespannte Tür öffnete sich und im Konferenzbereich des Direktors saßen an einem großen Tisch mehrere, mir bekannte Lehrer, ein Polizist und der Direktor himself. Auf dem Tisch stand neben 0,33 Liter Flaschen Staatlich Fachingen ein Kassettenrekorder und daneben lag eine Kassette mit der Aufschrift "SASCHA".

Ich war geehrt und geschockt zur gleichen Zeit. Alle, wie sie da saßen, haben sich auf die Suche gemacht. Nach dem Anrufer. Nach dem Jungen hinter der Stimme. Nach mir. Sie haben sogar Kassetten mit meinem Namen beschriftet. Das wäre doch nicht nötig gewesen!

Das Verhör war kurz. Ich wurde gefragt, ob ich mir vorstellen könne, warum ich in dieses Büro gerufen wurde, und ich bejahte die Frage. Kurzes, unsicheres Schweigen und die nochmalige Nachfrage, ob ich wirklich zugeben würde, dass ich der gesuchte Bombenleger sei, was ich wieder mit "Ja" beantwortete. Das Tribunal zeigte sich eingeschränkt bestürzt und wirkte etwas enttäuscht, mich nicht nach allen Regeln der Kunst verhören, bedrängen und ausquetschen zu können. Sie baten mich doch bitte in meine Klasse zu gehen und dort zu warten. Das kam mir sehr entgegen.

Ich wankte wie betäubt die Treppen zu meinem Klassenzimmer hinunter und betrat den Raum, der mit schweigenden, ungläubig aussehenden Mitschülern gefüllt war. Ich wollte gerade damit beginnen, den anderen meine Wahnsinns-Story endlich aufzutischen, als ich draußen vor dem Schulgebäude einen Polizeiwagen vorfahren sah. Gedanken-Fragmente schossen wie Blitze durch meinen Kopf. Mama, Papa, die ganze Verwandtschaft, alle würden es nun erfahren. Ich, das schwarze Schaf der Familie, hatte es mal wieder geschafft den kompletten Clan zu blamieren und die Medaille für die asozialste Familie der Stadt war uns bei der nächsten Wahl sicher.

Mir wurde schlecht. Szenarien von Sanktionen mütterlicherseits bildeten eine Allianz mit dem Staccato meines Herzschlags, um sich zu einem Endzeitfilm in meinem Kopf zu vereinigen. Ich sah mich schon nackt an einen Heizkörper im Keller gefesselt, weinend und bereuend, flehend um Gnade auf dem von mir eingenässten Betonboden sitzend, während meine Mutter und die Ratten und Mäuse mich auslachten.
Auf keinen Fall, ihr kriegt mich nicht! Ich werde hier nicht warten, bis ihr mich zum Schafott führt. Ich bin dreizehn Jahre alt, und ich kann verdammt nochmal alleine zurecht kommen in dieser Welt! Ich brauche Euch nicht!

Die Angst wurde für einen Moment von Wut abgelöst und ich beschloss, mich der Verhaftung zu entziehen. Ich schnappte mir meine Jacke, öffnete das Fenster meines Klassenraums und sprang unter Schreien und Johlen meiner Mitschüler hinaus. Meine Klasse war im Erdgeschoß, der Fenstersims etwa eineinhalb Meter vom Boden entfernt. Trotz dieser eher unspektakulären Höhe und des Umstandes, dass die Tür nur einen Meter daneben einen ungleich besseren Fluchtweg geboten hätte, fühlte ich mich ein bisschen wie Steve McQueen. Da kein Militärmotorrad zur Fortsetzung meiner Flucht zur Verfügung stand, machte ich mich zu Fuß auf den Weg, den Ort der familiären Entweihung zu verlassen. Für immer!

Nach zwei Stunden Fußmarsch mit immer wiederkehrendem Verstecken hinter Bushaltestellenhäuschen, Gebüschen und Garageneinfahrten, um vorbeifahrenden Polizeiwagen zu entkommen, erreichte ich die Nachbarstadt. Großstadtdschungel! Die beiden SalamiBrötchen hatte ich bereits auf dem Weg vertilgt, das heißt, eines hatte ich gegessen, das andere war bei einem Hechtsprung durch eine Buchsbaumhecke der grünen Hölle zum Opfer gefallen. Ich hatte Hunger. Durst auch. Geld nicht. Angst vor zu Hause hatte ich genügend.

Im Laufe der nächsten Stunden schnorrte ich mir bei Passanten einen Hamburger und eine Cola zusammen. Der ruhmreiche Neuanfang meines Outsider-Lebens verlor allmählich an Glanz und die Fassade, die sich mein jugendliches Gehirn mit Hilfe von Abenteuerromantik aufgebaut hatte, bröckelte vor sich hin wie der staubtrockene Keks, den mir ein älterer Herr von seiner Kaffeeuntertasse gegeben hatte, als ich ihn nach etwas Kleingeld fragte. Das Leben auf der Straße ist ein Haifischbecken.

Meine Gedanken kreisten um meine Eltern und die Sorgen, die ich ihnen bereitete. Was zum Teufel sollte ich jetzt tun? Den Weg nach Hause einschlagen und wie ein räudiger Köter zu Mutti kriechen, alles bereuen, Besserung geloben und die Strafe hinnehmen? Oder sollte ich lieber eine Spielzeugpistole bei Karstadt klauen, einen Kiosk oder eine Tankstelle überfallen und mit dem Geld einen gefälschten Reisepass kaufen, auf dem ich 46 Jahre alt wäre, Dr. Richard Kimble hieße und somit meinem Neuanfang in Nicaragua nichts mehr im Weg stehen würde?

Ich ging nach Hause.

Auf halber Strecke sah mich im Vorbeifahren eine Nachbarin, die sich, wie sie mir aufgeregt erklärte, nachdem ich in ihr Auto eingestiegen war, an den Suchtrupps beteiligt hatte, die jeweils zur Hälfte aus besorgten Nachbarn und Polizeikräften bestand. Mein Magen zog sich zusammen und die Erwähnung der Todesangst meiner Eltern machte es nicht besser.

„Deine Mutter wird zu Hause von einem Notarzt versorgt. Was hast du dir bloß dabei gedacht, Junge, du bringst uns alle noch ins Grab!"

Mh, auch eine Alternative! Aber diesen Gedanken verwarf ich recht schnell. Ich wollte nur noch nach Hause, meine Mutter sehen und mir mit einem Kochlöffel oder von mir aus auch mit einem stacheldrahtumwickelten Bauarbeiterhandschuh die gerechte Strafe abholen, um zur von mir noch vorhin so verhassten Normalität eines Dreizehnjährigen zurückkehren zu können. Die Fahrt schien endlos lang und ich sah aus dem Fenster, um nicht mit unserer Nachbarin reden zu müssen.

Laternenmasten, Zäune und parkende Autos reihten sich aneinander und bildeten ein laufendes Band bis vor die Tür unseres Hauses. Mein ganzer Körper zitterte, als die Tür nach einmaligem Klingeln geöffnet wurde und unsere Nachbarin stolz und hysterisch laut verkündete:

„Ihr glaubt nich, wen ich gerade gefunden habe!"

Dämliche Kuh! Ich schob meinen Kopf vorsichtig um den Türrahmen zum Wohnzimmer und sah in das Gesicht meiner Mutter. Verheult, gealtert und irgendwie wahnsinnig. Als sie mich sah hellte ihre Miene auf, sie sprang auf mich zu, drückte mich an ihre riesigen Titten und schluchzte immer wieder: „Junge, mein Junge!"

Mein Vater saß erstarrt auf der Couch und hatte wie üblich in solch emotionalen Situationen nichts zu melden. Ich sah beiden nicht in die Augen, das konnte und wollte ich nicht. Spätestens jetzt hatte mich der Spirit von Steve McQueen, Dr. Kimble und den anderen Abenteurern verlassen. Meine Mutter, mein Vater und ich redeten an diesem Abend nur kurz über den Ablauf meiner Flucht, über den Bombenalarm redeten wir nicht. Niemals. Da ich noch nicht strafmündig war, blieben mir auch die Kosten des Einsatzes und das Gespräch mit der Polizei erspart.
Erst in den nächsten Tagen, als ich langsam wieder zur Normalität zurückkehrte, bemerkte ich, dass es gar nicht so schlimm ist, ein normaler, dreizehnjähriger Junge zu sein.

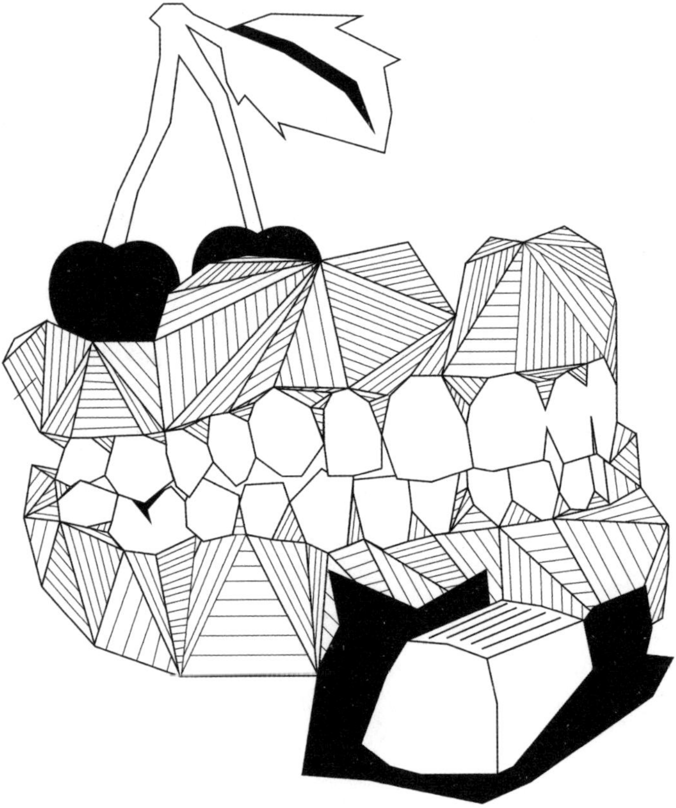

DAS LEBEN MIT PIEMONTKIRSCHE

Der Geruch von Kopiermatrizen liegt in der Luft und ich frage mich, ob mir nur davon schlecht ist oder ob es vielleicht an dem Umstand liegen könnte, dass ich gleich ins Lehrerzimmer muss. Wahrscheinlich ist es eine gute Mischung aus beidem.

Das Lehrerzimmer in meiner Schule ist riesig. Jeder der Schüler war schon mal kurz drin oder hat zumindest einen kurzen Blick in die Spielerkabine des Kollegiums werfen können. Ein alter, holzvertäfelter Raum mit hohen Decken, an denen verqualmte Plastikkästen noch verqualmtere Neonröhren beherbergen. Regalanlagen zieren die Wände und es riecht, außer nach Bohnerwachs, nach schlechtem, starkem Kaffee. Ich sitze zusammen mit meiner Mutter auf der wahrscheinlich absichtlich unbequemen Holzbank vor dem Lehrerzimmer und warte auf meine Verhandlung. Der Bombenalarm, den ich vor vier Wochen an der Schule ausgelöst habe, ist immer noch in aller Munde und heute soll an mir ein Exempel statuiert werden.

Die Tür des Höllenlochs öffnet sich und meine Mom und ich werden herein gebeten. Meine Mutter vermittelt mir durch das Aufsetzen ihrer gefürchteten „Angela-Merkel-Mundwinkel" wie sehr sie ihrem schwarzen Schaf dafür dankt, dass es sie in eine solche Situation gebracht hat. Einmal mehr kommt mir der Gedanke, ihr ein T-Shirt drucken zu lassen, auf dem steht: „Was sollen denn die Nachbarn sagen?"

Drinnen angekommen kriege ich einen kleinen Vorgeschmack auf mein kommendes Leben, denn das Mobiliar wurde so gestellt, dass es dem Aufbau eines Gerichtssaals ähnelt. Am Richtertisch sitzen der Rektor, der Konrektor und meine Klassenlehrerin. Rechts und links die Lehrerschaft und auf der Anklagebank sitzt neben Mutter Merkel und mir noch mein Verteidiger, Herr Teipel. Teipel ist der unkonventionellste und meist gehasste Lehrer an dieser Schule, ein Pedant, ein jähzorniger Geselle, der bekannt und berüchtigt ist für seine direkte und schonungslose Art, die er gerne in persönlichen Demütigungen und Sprüchen zur Schau stellt. Teipel sagt Sachen wie:

„Gabi, du musst mitarbeiten, sieh zu, dass du auf 5 kommst!“

… oder aber auch gerne Sätze wie:
„Thorsten, das sind Einzelschicksale, die kann ich hier nicht berücksichtigen!“

Bei Teipel gab‘s auch keinen Tittenbonus. Das lag nicht nur daran, dass, außer meinem heimlichen Schwarm Katja, die Mädels in meiner Klasse zu dieser Zeit noch keine Titten hatten, es war einfach so, dass Teipel Kinder hasste. Mädchen genau so wie Jungs. Seinen Job allerdings liebte er, wenn man dieses Wort bei ihm überhaupt anwenden darf. Er sah den Lehrauftrag als eine Art Mission und kannte die allgemeine Schulordnung besser als jeder andere. Das wusste ich und wählte ihn deshalb zu meinem Verteidigungslehrer. Wenn jemand Schlupflöcher findet und sich in etwas verbeißt, dann Herr Teipel.

Die Verhandlung war nicht nur beschämend sondern auch zäh und langwierig. Es wurde diskutiert, gebrüllt und notiert, ich wurde befragt, bedroht und beschuldigt. Alles wie in einem richtigen Gerichtssaal. Dann kam das Plädoyer der Anklage: Verweis von der Schule und Realschulverbot in NRW!

Wow, das muss ich erst mal sacken lassen. Ich war sprachlos und bekam erst jetzt mit, dass ich wahrscheinlich als abschreckendes Beispiel für folgende Generationen dienen sollte, da man der überall verbreiteten Legende vom 13-jährigen Bombenleger, der zum Schulheld wurde, etwas entgegensetzen wollte.

Herr Teipel war da etwas weniger zurückhaltend und holte tief Luft, bevor er zum Todesstoß ansetzte. Ich beobachtete ihn amüsiert, wie er hochrot, schreiend und spuckend um die Tische ging, während er in Matlock-Manier die Hobbystaatsanwaltschaft verbal zerhackte. Ich wusste, dass er der Richtige war!

Nach kaugummiartigen zwei Stunden Verhandlung wurde das Urteil gefällt. Ich bekam eine mündliche Verwarnung und wurde in eine Parallelklasse strafversetzt, da mein Verteidiger der Ansicht war, dass ich durch falsche Freunde und die schlechte Gesellschaft meiner jetzigen Klasse dazu verleitet worden wäre, den tugendhaften Weg der Gerechten zu verlassen. Was für ein geiler Typ!

Nachdem ich schon aufstehen und mit meiner Mutter den Saal verlassen wollte, stand Herr Teipel allerdings noch mal auf und richtete das Wort an das Kollegium:

„Bevor wir die Verhandlung schließen, möchte ich noch kurz im Interesse meines 13-jährigen Mandanten erwähnen, dass er die Tat zutiefst bereut, nicht stolz darauf ist und als Zeichen seiner Schuldanerkenntnis einen freiwilligen, dreimonatigen Sozialdienst in einem Altersheim seiner Wahl verrichten wird."

Waaas? Das war nicht abgemacht, du Spinner, was erzählt der da, die Sache war doch schon gelaufen! Ich fühle, wie sich mein

Hals zusammenzieht als ich mich zu meiner Mutter umdrehe, die wissend grinst und mir dabei nickend mit einer Hand über den Rücken streicht.

Das war mit mir so nicht abgesprochen und ich frage mich, ob Herr Teipel beim Feilschen auf ‚nem Flohmarkt auch 20 € für ‚ne Schallplatte bezahlt, die eigentlich nur 10 kosten soll. Ich? In einem Altersheim? Auf keinen Fall werde ich dort hingehen und arbeiten! Niemals! Ich wäre lieber tot!

„Altenzentrum St. Kilian" steht auf dem großen, schwarzen Schild vor der Eingangstür, auf das ich gerade starre, während ich auf der hauseigenen Parkbank sitze und eine selbst gedrehte Kippe rauche. Die weißen Klamotten passen mir nicht besonders gut und in Verbindung mit den Birkenstockschlappen sehe ich so schlacksig aus, wie ein 13-Jähriger in Altenpflegerkleidung nur aussehen kann. Das Päckchen VanNelle und die Blättchen verstecke ich wieder unter dem Blumenkübel, der mir bis jetzt gute Dienste als toter Briefkasten geleistet hat.

Seit einer Woche bin ich nun hier und habe mich noch nicht so ganz eingelebt. Alte Menschen sind scheiße, jedenfalls riechen sie so. Und sie sind unfreundlich, verhärmt und haben jegliche Freude am Leben verloren. Es kommt mir zumindest so vor. Jeden Tag der gleiche Scheiß: Aufstehen, waschen, essen und dann irgendwo abstellen. Die Omis und Opis werden zum Beispiel im Garten geparkt oder bei schlechtem Wetter in den Gemeinschaftsraum gebracht, eine Art Wartehölle mit dem Charme eines SED-Funktionär-Büros. Tische, Stühle, Gesellschaftsspiele und ganz selten auch mal Verwandte der Insassen findet man hier.

Macht sich hier eigentlich niemand Gedanken darüber, ob es vielleicht eine Alternative zu dieser stumpfen Massenverwahrung gibt? Ich meine, da sitzen drei demente Ü90-Mädels an einem Tisch und vor ihnen ist ein Activity-Spiel aufgebaut! Den taubstummen Herrn Fischer setzt man vors Radio, und einige der faltigen Säcke haben kurz vor dem Abendessen immer noch die Krümel vom Nachmittagskuchen im Mundwinkel, weil es dem Personal am Arsch vorbei geht.

Herr Hellwig stellt alle zwei Meter ein Mensch-ärgere-dich-nicht-Püppchen auf den Handlauf des Hauptgangs, nur um sie danach mit gekonnter Tennisrückhand wieder runterzufeuern. Ich hebe sie dann auf und gebe sie ihm für einen weiteren Versuch zurück. Irgendwie erinnert mich das Ganze hier an den Film „Einer flog über das Kuckucksnest“, ich wünschte, ein großer Indianer würde gleich reinkommen um mir den Fluchtweg mit einem Waschbecken freizumachen, nachdem ich ihn mit einem Kaugummi bestochen habe.

Da es in diesem Film eigentlich erst so richtig lustig wird, als Jack Nicholson beginnt aufzubegehren, beschließe ich, es ihm gleich zu tun. Vor einer Lobotomie brauche ich keine Angst zu haben, deswegen schreite ich gleich zur Tat. Ich setze mich in den Gemeinschaftsraum und beobachte die anwesenden Senioren. Einer, nur einer hier reicht aus um herauszufinden, ob die wirklich alle Zombies sind oder ob es an der Art der Haltung liegt, die aus den alten Menschen hier todeserwartende Sabbermonster macht. Mein Blick schweift durch den Raum und tastet wie ein Scanner die Umgebung ab, als ihn plötzlich entdecke.

Herr Schlummer sitzt in einem Lehnstuhl am Fenster und starrt vor sich hin. Herr Schlummer hat nicht nur einen geilen Nachnamen, sondern ist auch der bestgekleidetste Herr im Haus, er trägt immer einen Anzug mit Hemd und Krawatte, auf seinen goldenen Manschettenknöpfen prangt das schlummersche Familienwappen und seine wenigen, grauen Haare trägt er stets mit Brisk-Frisiercreme streng nach hinten gekämmt, alte Schule eben.

Ich setze mich neben ihn und frage ihn nach seinem Befinden.

„Wie geht‘s uns denn heute, Herr Schlummer?“, frage ich ihn und bin mir dessen bewusst, dass ich jetzt schon im Plural rede, wie meine verhassten, kaffeesüchtigen Kolleginnen auch.

„Häh? Wer is da?“

Scheiße, Herr Schlummer ist nicht nur schwerhörig sondern auch blind, na super. Hab ich mir ja den Richtigen rausgesucht. Egal, ich zieh das jetzt durch.

„Wie geht‘s uns denn heute, Herr Schlummer? Ich bin der Sascha, ich mache hier Sozialstunden!“

„Häh? Wer is da?“

„Ich heiße Sascha“, wiederhole ich artig etwas lauter und muss über mich selbst lachen. Was mache ich hier eigentlich?

„Wie…, wer?“

„SASCHA!“

„Wasser?“

„SAASCHAA!“

„Wasser?“

„Nein, SASCHAAA!“

Herr Schlummer schüttelt den grauen, faltigen Kopf, holt tief Luft und stößt diese dann wieder zischend aus.

„Pfffft..., Wasser! Das ist aber ein seltsamer Name, sind Sie Afrikaner?“

Ich muss lachen. Herr Schlummer erklärt mir laut, dass er früher Briefträger war und dadurch viel mit Menschen jeglicher Herkunft zu tun hatte. In manchen Ländern nennen die Menschen ihre Kinder oft wie das, was sie am meisten begehren. Gläubige Spanier heißen oft Jesus oder Maria, türkische Namen bedeuten häufig so was wie Blume oder Glück - da läge es ja auch nahe, dass ein hungriges und durstiges Afrikanerpärchen ihrem Spross den Namen Wasser gäbe.

Das kann ja lustig werden hier, schlagfertig ist er jedenfalls, auch wenn er ziemlich einen an der Mütze hat. Seine Augen sind weit geöffnet und sie zucken ständig hin und her wenn er redet, in den Augenwinkeln haben sich große Mengen getrockneter Tränenflüssigkeit gesammelt, sieht ziemlich eklig aus. Ich frage mich, wie sein Leben wohl verlaufen ist. Krieg, Familie, Kinder, der ganze Scheiß eben.

„Herr Schlummer, wollen wir raus in den Garten?“

„Ach..., nääh!“, entgegnet er mir gelangweilt.

Ich schnappe mir seinen Rollstuhl und schiebe ihn einfach durch den Hauptflur zum Ausgang. Er protestiert nicht, seine anfängliche Ablehnung war vermutlich ein angelerntes NEIN, dass er immer von sich gibt, da ihm eh nur scheiß Vorschläge zur Freizeitgestaltung gemacht werden. Das sieht man ja schon daran, dass sie einen Blinden ans Fenster stellen und er dort eh nichts sehen kann und sich zu allem Überfluss noch in der Sonne den schönen Anzug vollschwitzt.

Herr Schlummer freut sich über das schöne Wetter, er atmet tief ein und aus und lächelt dabei verschmitzt.

„Weißt du, Wasser, als ich früher Postbote war, da hab ich so einige Sachen erlebt. Wenn die Damen die Post geliefert bekommen haben und ihre Männer auf der Schicht arbeiten waren, da bin ich oft auf ein Küsschen ins Haus eingeladen worden. Aber ich war immer ein Gentleman, das darfst du nicht falsch verstehen, ich weiß ja nicht, wie das bei euch in Afrika so läuft… "

Verdammt! Schlummer, du alter Stecher. Ma schön die ungebumsten Weiber der HOESCH-Malocher abgegriffen, so ist das richtig! Ich kann ihn mir bildlich vorstellen, wie er am Gartenzaun lehnt, die Postmütze leicht schräg auf dem Hinterkopf sitzend während er kräftig mit den Damen possiert. Spitze, er wird mir immer sympathischer.

Im Laufe der nächsten Wochen freunde ich mich mit mehreren Bewohnern im St. Kilian an. Klara Pütter ist über 90 und kann sich nichts merken außer meinem Namen - obwohl mich hier mittlerweile eh alle nur noch „Wasser" nennen - und wann ich Dienst habe. Das fühlt sich gut an. Hermine kann angeblich nicht sprechen und hat zu meinen Kolleginnen noch nie ein Wort gesagt, sie ist irre und bösartig sagen die anderen Pflegerinnen. Komisch, denn bei mir hat sie sich schon zweimal augenzwinkernd bedankt nachdem ich sie gefüttert und dabei von mir erzählt habe.

Mir war es egal, ob sie davon was mitbekommt und ich hab mir Zeit gelassen. Ich war höflich zu ihr und hab gelacht; auch wenn es meine eigenen Witze waren, scheint ihr das gefallen zu haben.

Mittlerweile kennt mich jeder Bewohner auf meiner Abteilung und ich freue mich schon jedes Mal auf die Stories der hübschen 73-jährigen Zwillinge Rosa und Helga, die hier als junge Hüpfer gelten. Herr Schlummer und ich aber werden echte Freunde. Er sitzt jeden Tag vor der Tür im Rollstuhl und wartet auf mich. Wie er dahin kommt ist mir und allen anderen ein Rätsel. Wir verbringen viel Zeit miteinander, wenn ich meine Leibeigenendienste für den Opaknast soweit verrichtet habe. Es werden schmutzige Witze ausgetauscht, Anekdoten erzählt und vor allem wird gelacht, viel gelacht.

Bei schlechtem Wetter besuche ich Herrn Schlummer auf seinem Zimmer. Es ist sehr ordentlich und aufgeräumt, denn obwohl er blind und fast taub ist, kennt er in seiner gewohnten Umgebung jeden Quadratzentimeter und sorgt dafür, dass alles an seinem Platz ist. Das beruhigt und gibt Sicherheit, das leuchtet auch mir ein.

Herr Schlummer hat eine große Büchersammlung und seit er nicht mehr sehen kann, ist es ihm leider verwehrt geblieben, sich der schönen Kunst zu widmen. Seit etwa einer Woche lese ich ihm vor. Laut. Sehr laut. Manchmal so laut, dass andere Bewohner sich danach für das schöne Vorlesen bedanken, obwohl sie gar nicht mit im Zimmer waren. Herr Schlummer liebt das. Er verdreht manchmal seine eh schon ziemlich verdrehten Augen und reibt sich dann mit dem Handrücken Tränen aus den Augen. Er sagt dann Sachen wie:

„Heute ist es wieder schlimm mit dem Brennen in den Augen."

Ich weiß aber genau, dass er vor Freude weint, weil ihm die Stelle des Textes so nahe geht. Meist, wenn es darin um Familie oder Kinder geht. Seine eigene Familie habe ich hier noch nie gesehen, seine Tochter und ihr Mann schicken ihm in regelmäßigen Abständen Pakete, die immer das Gleiche enthalten: Ein Fläschchen Rasierwasser „Tabak Original", manchmal neue Hosenträger oder eine Krawatte, aber immer mindestens zwei Schachteln „Mon Cherie". Diese stapeln sich überall in Schlummers Zimmer, da er mit dem Essen nicht nachkommt und er sie so langsam auch nicht mehr sehen kann.

Jedes mal, wenn ich ihm vorlese, mache ich vorsichtig mit einer Hand eine Schachtel auf, nehme langsam ein paar „Mon Cheries" heraus und esse sie schnell in den Atempausen beim Vorlesen. Da er eh kaum etwas hört, bekommt er davon natürlich nichts mit und somit verdrücke ich in den drei Monaten meiner Sozialstunden geschätzte 200 „Mon Cherics", dic anschcincnd niemand vermisst.

Die Tage kleckern so vor sich hin und meine Meinung zu den Bewohnern hier hat sich im Laufe der letzten Wochen stark verändert. Menschen, die ich erst für total weggetreten oder zumindest debil gehalten habe, erscheinen mir jetzt wie Überlebenskünstler, die selektiv entscheiden, wem sie sich öffnen, und die ihre Energie für die wirklich wichtigen Sachen und die richtigen

Menschen aufsparen. Abscheu und Ekel sind Bewunderung und Freundschaft gewichen und ich fühle mich reifer und besser als je zuvor.

Die Strafe ist im Endeffekt eine Belohnung, denn ich gehe mittlerweile richtig gerne zum Dienst, und auch wenn manchmal unschöne Dinge passieren - wie Bewohner, die sich und ihr Zimmer mit ihrem Durchfall dekorieren - könnte es schöner nicht sein.

Als Frau Pütter gestorben ist war ich wahrscheinlich trauriger als ihre eigene Familie, die mich beim Abholen von Klaras persönlichen Sachen verwirrt anschaute, weil ich schluchzend in ihrem Zimmer stand, als sie hereinkamen. Auch das gehört dazu.

Dann war es soweit. Ich gehe den Weg von unserer Wohnung zum St. Kilian zum letzten Mal entlang, gedankenversunken lasse ich mir alles noch mal durch den Kopf gehen, was mir in dieser Zeit passiert ist und was ich daraus mitgenommen habe. Ich bin durch diese Erfahrung sicher kein Heiliger geworden und nach dem Dienst habe ich auch weiterhin mit Freunden im Park oder vor McDonalds gekifft oder mir den Arsch volllaufen lassen. Aber irgendwie sehe ich einige Sachen jetzt anders und das fühlt sich richtig und gut an.

Ich drehe mir vor der Tür noch eine Zigarette und suche Herrn Schlummer. Er ist nicht da. Liegt wahrscheinlich daran, dass er bei dem leichten Nieselregen in seinem Zimmer auf mich wartet. Nachdem ich den Tabak unter dem Blumenkübel versteckt habe, gehe ich zu meiner Abteilung. Ich gehe um die Ecke des Treppenhauses auf den Flur zu, als es mich wie ein Schlag trifft.

Alle Bewohner der Abteilung stehen oder sitzen da, sehen mich an und winken mit kleinen, weißen Taschentüchern. Die Tränen schießen mir in die Augen als ich über ihnen das selbstgemalte Plakat entdecke, auf dem steht:

„Auf Wiedersehen, Wasser!"

Um den Schriftzug haben sie ihre Hände mit Farbe aufgedruckt und wenn ich es nicht besser wüsste, würde ich denken, eine Pflegerin mit 50 Jahren Berufserfahrung würde hier verabschiedet werden. Ich bin zutiefst berührt und glücklich und als wenn diese Nummer nicht schon genug gewesen wäre, kommt nach all dem noch eine Steigerung. Eine der Pflegerinnen macht sich den Weg durch die Bewohner frei und führt an ihrem Arm Herrn Schlummer zu mir.

Er trägt seinen schwarzen Sonntagsanzug und eine breite, gelbblaue Postkrawatte, keine von den neumodischen, schmalen, die seine Tochter ihm immer schickt. Seine verkrusteten Augen sind ganz feucht und es fällt ihm sichtlich schwer, sich von mir zu verabschieden. Er hat eine Plastiktüte in seiner linken Hand, die er versucht hinter seinem Rücken zu verbergen. Das macht er gar nicht schlecht für einen Blinden. Wortlos streckt er mir die Tüte entgegen und ich nehme sie zitternd an mich. Darin befinden sich fünf Schachteln „Mon Cherie".

Schlummer zieht mich an sich und drückt mich fest an seine Schulter während er mir ins Ohr flüstert:

„Hier, Sascha, auch wenn mir Wasser besser gefällt, die magst du doch so gerne und dann brauchst du auch nicht immer meine fressen!"

Wir lachen beide lauthals los und ich bin wirklich und wahrhaftig gerührt von soviel ehrlicher Menschlichkeit und Offenherzigkeit. Da ich nach diesem Erlebnis heute unmöglich noch arbeiten kann, werde ich von den Pflegerinnen aus dem Dienst entlassen und verbringe die restlichen Stunden mit den Bewohnern im Gemeinschaftsraum. Es gibt wie immer schlechten Kaffee und billigen Kuchen, nur dass es diesmal richtig gut schmeckt.

Herr Schlummer und ich sehen uns auch nach meinem Dienst im Gulag St. Kilian noch in unregelmäßigen Abständen zum Vorlesen und Spazieren, bis er ein halbes Jahr später stirbt.
Die Pflegerinnen wollen mir Herrn Schlummers Büchersammlung mitgeben, nachdem sie das mit seiner Tochter abgesprochen hatten. Ich lehne dankend ab. Das, was ich aus diesem Haus mitgenommen habe, ist größer und bedeutsamer als jedes Buch.

STEIFF WIE EIN BÄR

Ich habe mir keine Gedanken gemacht, wie so oft. Bei fast allen Deadlines bin ich der Letzte, der, der alles bis zum letzten Moment hinaus schiebt und dann einen Tag vorher da sitzt und sich überlegt, was überhaupt die Vorgabe war.

Eine Vorgabe hatte ich in diesem Fall gar nicht. Ich sollte meinem Lehrer lediglich bis heute mitteilen, in welchem Betrieb ich mein Schulpraktikum machen sollte. Gehemmt von chronischer Unlust und Trunksucht schob ich diese Entscheidung seit Monaten vor mir her. Ich hatte nicht den Hauch einer Idee. Mitschüler freuten sich auf ihr Praktikum und berichteten schon Wochen vorher davon, wie sehr sie sich darauf freuten, endlich in der Firma ihres Onkels mit anpacken zu können.

Ich wusste bei diesen Ausführungen nie, ob ich lachen, heulen oder kotzen sollte. Irgendwo mit anzupacken war nichts für mich. In der Firma meines Onkels zu arbeiten genau so wenig. Erst einmal hatte mein Onkel keine Firma und wenn, wäre ich sicher ganz unten auf der Liste seiner Wunschpraktikanten gewesen. Verständlich.
Meine Tätigkeiten beschränkten sich auf Kiffen und billiges Bier trinken, auf Abhängen und Ärger machen. Ich war so perspektivenlos, dass ich dieses Wort nicht mal kannte. Was zur Hölle sollte ich also als Praktikant machen? Ein Praktikant, der praktisch pragmatisierend permanent Panik propagiert und penibel pingeligen Praktikumsprobanten als Parität des Prästandum dient. Das Grinsen im Gesicht meiner Mitschüler als Herr Tull, mein rundbäuchiger Klassenlehrer, mich fragte, ob ich nun einen Platz im angehenden Arbeitsgewerbe vorweisen könnte,

war breit und zweifelsfrei von Schadenfreude geschwängert. Ich selbst war einfach nur genervt.

Ich, der Typ, der nach eigener Erkenntnis zu den Leuten zählte, die im Restaurant selbst in einer Portion Käsespätzle einen Kirschkern entdecken würden. Der angetrunkene Dauerloser, der auf Parties seiner Klassenkameraden nicht eingeladen wurde, aus Angst, er könnte den After Shave Vorrat des Vaters wegsaufen. Der Kartenverkäufer im Kino der Underdogs, der Captain Ahab Iserlohns, der sich selbst auf den weißen Wal der drogenaffinen Verlierer festgeschnallt hatte, nur um bei jedem Auftauchen der restlichen Besatzung mit einer Dose Hansa Pils zuzuprosten und dabei doch optisch lediglich an Queequec zu erinnern.

Was sollte dieses Mal anders sein? Doch wie üblich drehte ich mich auch hier mit dem linken Fuß in der Bärenfalle zu meinem Lehrer um und lächelte, als ich mit an Wahnsinn grenzender Überzeugung sagte:

„Ja, sicher! Ich mache mein Praktikum als Verkäufer bei Karstadt in der Spielwarenabteilung."

Diese Antwort war so abstrus, so lächerlich, so abenteuerlich und gleichzeitig so falsch und an den Haaren herbeigezogen, daß niemand, wirklich niemand, meine Antwort anzweifelte.

Her Tull wirkte kurz, als hätte ihn der Vereisungsstrahl eines alternden Superhelden mitten ins Gesicht getroffen. Überrascht und gleichzeitig begeistert entgegnete er mit verbalem Schulterklopfen, was wiederum den gleichen Gesichtsausdruck bei meinen Mitschülern auslöste.

Die restlichen Schulstunden verbrachte ich damit, über die Möglichkeiten nachzudenken, diese Lüge in Wahrheit umzuwandeln. Nach dem Unterrichtsschluss begab ich mich umgehend in die Telefonzelle, die mir schon zwei Jahre zuvor dazu gedient hatte, einen Bombenalarm an meiner Schule auszulösen. Heute nutzte ich sie, um bei Karstadt in Iserlohn anzurufen. Ich räusperte mich während der Wartezeit, die das Tuten des Verbindungssignal benötigte und säuselte nach dem Abhenben des Hörers am anderen Ende der Leitung mit meiner freundlichen Fickstimme in den Fernsprecher.

„Hallo, mein Name ist Sascha und ich wollte mich nach einem Praktikumsplatz erkundigen, können Sie mir da weiterhelfen?"

Die nette, nicht weniger fickfähige Stimme, entgegnete mir mit einer unerwartet freundlichen Antwort.

„Die Praktikumsplätze sind seit Wochen vergeben. Allerdings schickt sie der Himmel, denn eine unserer Praktikantinnen kann ihre Stelle aus Krankheitsgründen nicht antreten. Allerdings ist das wahrscheinlich nicht gerade ihre Wunschvorstellung…, wir suchen noch jemanden in der Spielwarenabteilung. Als männlicher Bewerber wohl nicht gerade das Praktikum ihrer Wahl, oder?"

Ich vollzog einen alten indianischen Tanz in der Telefonzelle während ich mit einer Hand den Hörer zuhielt und der Dame am Telefon anschließend versprach noch morgen meine persönlichen Unterlagen ebenso persönlich vorbeizubringen.
To make a long story short, ich schaffte es tatsächlich diesen von mir erfundenen Platz zu bekommen, die Täuschung vor den Lehrern zu verheimlichen und alle im Glauben zu lassen, der

richtige Kandidat für diesen Job zu sein. Ein paar Wochen später war es soweit. Mein erster Arbeitstag. Eigentlich sollte ich mich freuen. Tat ich aber nicht, denn Arbeit war mit Dingen verbunden, die mir gar nicht behagten. Die da waren:

- Früh aufstehen
- Pünktlich erscheinen
- Nüchtern sein
- Arbeiten

Wer konnte das ahnen? Allerdings gelang es mir, meine fehlende Motivation und deren Auswirkungen mit Hilfe eines von Geldsorgen geplagten Rucksackurlaubers, der Ketama-Haschisch aus Marokko nach Deutschland geschmuggelt hatte, zeitweise in die Belanglosigkeit zu verbannen. Ehrlich gesagt war es sogar ganz witzig. Ich betrat das Kaufhaus morgens durch den Personaleingang und ging im Halbdunkeln durch die einzelnen Abteilungen bis zu den Spielwaren.

Es ähnelte meinen Kindheitsträumen, in denen ich mir ausgemalt hatte, in ein Kaufhaus eingeschlossen zu werden und dort mein Unwesen zu treiben. Natürlich konnte ich mich hier nicht um 8:30 Uhr mit Wackelpudding einreiben und Bowlingkugeln durch die Gänge schieben, um von mir zuvor aufgestellte Schaufensterpuppen umzuballern. Auch die ewig geplante Fressaktion mit gesalzenen Chips und Nutella würde hier nicht auf Begeisterung stoßen. Ich war allerdings so breit, daß die Vorstellung ausreichte, um eine Art der Zufriedenheit und Professonalität auszustrahlen.

Die sogenannten Arbeitstage strichen dahin und ich erschien fast gerne in der Spielwarenabteilung des Iserlohner Karstadts. Die

Kollegen lachten und scherzten mit mir und hatten sich schnell an mich, meine roten Augen und den mir inne wohnenden, seltsamen Humor gewöhnt. Ich wurde sogar zur Weihnachtsfeier im Warsteiner Eck eingeladen. Der Abend war ungezwungen, gemütlich und es wurde viel Warsteiner getrunken, bis ich den Verzehr von Appelkorn ankurbelte und die Weihnachtsfeier dadurch zu einer Trinkspielparty modifizierte.

Die Feier war an einem Donnerstag, der Abteilungsleiter, Herr Kleinmann, erschien Freitags nicht zur Arbeit. Jedenfalls nicht pünktlich. Gegen 11:00 Uhr kam Michael, wie ich ihn seit gestern nennen sollte, total zerfickt den Gang zur Abteilung herunter getorkelt. Er trug nicht nur den gleichen Anzug, wie gestern, sondern auch einen riesigen Karton vor sich her.

Nachdem er mir offenbarte, daß er nicht Michael, sondern Herr Kleinmann heiße und von Spaziergängern im Gebüsch am Seilersee, dem Naherholungsgebiet Iserlohns, gefunden und geweckt wurde, mega Ärger mit seiner Frau hatte und sich noch ganz genau daran erinnern konnte, daß ich ihm und seinen Angestellten im Warsteiner Eck mehrfach meinen Penis gezeigt hatte, drückte er mir den Karton in die Arme und sagte schroff:

„Hier, auspacken, anziehen, mitkommen!"

So sehr es auch in mir brodelte, ich verkniff mir ein Lachen, denn es wäre mir eh im Hals stecken geblieben, nachdem ich den Inhalt des Kartons gesehen hatte. In der angeknacksten Pappkiste lag ein lebensgroßes Werbekostüm der Firma Steiff. Ein großer, hellbrauner, plüschiger Teddybär-Anzug, in den man reinschlüpfen konnte und der, nachdem man sich den dazu gehörigen, riesigen Kopf übergestülpt hatte, die Illusion eines zwei Meter großen Steifftiers hinterlassen sollte. Meine Begeisterung hielt sich in Grenzen.

War ich doch in meinen Augen der Outlaw meiner Heimatstadt und sorgte lieber für Ärger als für Gelächter. Warum ich? Es gab allerdings weder eine Erklärung, noch eine Option für mich. Ich vermutete, daß es eine Mischung aus Praktikantenaufgabe und der Bestrafung für das Entblößen meiner Genitalien auf der Weihnachtsfeier war.

So schlüpfte ich also in das Bärenkostüm und ging, wie mir aufgetragen wurde durch die Gänge der Spielwarenabteilung, um Kinder zu begrüßen und zu bespaßen. Einige der kleinen, halslosen Monster zerrten und zupften an mir und dem kleinen flauschigen Bürzel, der meinen pelzigen Hintern zierte und ich musste mich hier und da mit gezielten Arschtritten von den Blagen befreien, wenn ihre Eltern nicht in der Nähe waren.

Nach etwa einer Stunde lief mir mein eigener Schweiß in die Augen und ich hatte Schwierigkeiten, zu erkennen, mit wem Herr Kleinmann da vorne am Infoschalter redete und dabei auf mich zeigte. Dann erkannte ich Herrn Tull, meinen Klassenlehrer, der mit einem sehr breiten Grinsen auf mich zu kam, etwa einen Meter vor mir stehen blieb, mich langsam von oben bis unten musterte und dann zu mir sagte:

„Ach, Sascha, mein Bärchen, dass ich das noch erleben darf."

In diesem Moment trafen wir, also Herr Tull, Herr Kleinmann und ich eine stille Vereinbarung. Niemand erfuhr, daß Herr Kleinmann auf der Weihnachtsfeier seine Zunge in Frau Hampe gesteckt hatte, Herr Tull erfuhr nicht, daß ich nach einem Liter Appelkorn meine Fleischpeitschen-Nummer aufgeführt hatte und ich erfuhr, wie demütigend es sein kann, wenn nach Praktikumsende im Klassenraum eine öffentliche Bewertung der Tätigkeiten stattfindet. Meine Mitschüler hatten einen Bärenspaß…

GRANADA – IMMER EINE REISE WERT

Das erste Mal wirklich wahrgenommen hatte ich dieses Fahrzeug als kleiner Junge, auf der Couch vor dem Fernseher sitzend. Ich mampfte ein paar Chips der Billigmarke „A&P“ von Tengelmann. Das Kürzel stand für „Attraktiv und Preiswert“, wurde von Klassenkameraden allerdings schnell zur Abstufung Kinder mittelloser Herkunft verwendet und unter der Bedeutung „Asozial und Primitiv“ gehandelt.

Meine Mutter füllte mir eine kleine, hölzerne Schale mit diesen Chips, Geschmacksrichtung „asoziale Paprika“ und ich nahm auf dem zerknautschten Zweisitzer unserer grauen Couchgarnitur von Möbel Schäfer platz, um mir etwas im TV anzusehen. Es muss so um 1981 gewesen sein, denn es war eine Erstausstrahlung oder zumindest eine der ersten Folgen dieser neuen Serie, die man nicht verpassen durfte.

Das Angebot war damals nicht so erdrückend, wie heute, man lief also Gefahr, etwas zu versäumen, das andere Kinder nicht versäumten, und am Montag auf dem Schulhof in der großen Pause nicht mitreden zu können und das Arschloch zu sein. Hatte man etwas nicht gesehen, konnte man es nicht in der Mediathek ansehen, den Inhalt der Folge googlen oder seinen Festplattenrekorder beschwören. Den Videorekorder konnte man nicht benutzen, da die einzige im Haus befindliche Videokassette von Mutti mit Folgen des Traumschiffs gefüllt war und das Überspielen von Sascha-Hehn-Dialogen mit dem Tode bestraft worden wäre. Verpasst hieß also verpasst, fertig.

Die Sendung, die ich also als überlebenswichtig erachtete hieß im englischen Original „The Professionals“ und im deutschen

Fernsehen wurde sie ausnahmsweise auch eins zu eins übersetzt mit „Die Profis". Eine actionreiche Serie mit den beiden CI-5 Agenten Bodie und Doyle, die für ihren Chef George Cowley so einige unangenehme Dinge erledigten. Der Vorspann würde heute wahrscheinlich selbst bei fünfjährigen Vorschulkindern lautes Gelächter auslösen, damals war es jedoch der absolute Hammer. Und in der ersten Szene in genau diesem Vorspann sah ich ihn das erste Mal.

Den Ford Granada 2,8 Liter Ghia, wie er als 4-türige Limousine durch eine Glasscheibe ballerte und den Weg freimachte für die Vorstellungssequenzen der abgebrühten Protagonisten.

Der Ford Granada. Ein Fahrzeug, wie von Gott gemacht. Sechs Zylinder, 160 PS und eine Innenausstattung, die locker mit jedem Oberklasse-Mercedes konkurrieren konnte. Zwischen den weich gepolsterten Sitzen verbargen sich ausklappbare Armlehnen, der Aschenbecher hatte durch seine enorme Breite eine eigene Postleitzahl, die damals noch vierstellig war und die Chromleisten und der bullige Kühler machten dieses Fahrzeug zu einer Offenbarung. Ich war verliebt. Hätte mir damals jemand gesagt, daß ich sieben Jahre später, also mit zarten 15 Jahren, genau diesen Ford Granada 2,8 Liter Ghia in smaragdgrün-metallic zu Schrott fahren würde, ich hätte es ihm nicht geglaubt.

„Wir haben kein Geld, sehen wir aus, als hätten wir Geld?" Ich zeige auf Ralf und Schorschi. Eigentlich zeige ich nur auf Schorschi, Ralf sitzt neben mir auf dem gefliesten Boden der Einkaufspassage und versucht sich eine Zigarette anzuzünden. In der Passage ist das Rauchen verboten. Wir sind so besoffen, daß uns das egal ist und die Security-Mitarbeiter sind so konfliktscheu, daß es ihnen auch egal ist.

„Geld hab ich nicht, ich hab Schnaps…, willste'nen Schluck?"

Wankend, mit fragendem Blick, halte ich dem Obdachlosen meine Flasche Korn hin. Er lächelt.

„Trägt Coco Chanel 'n schwarzes Kleid?" fragt er kopfschüttelnd.

Sein Bart ist lang und grau, unter der Nase ist er vom Nikotin gelb gefärbt. Seine dreckigen Hände mit den langen Fingernägeln greifen zitternd nach der Flasche, die ich ihm immer noch hinhalte. Als er sie greift, hellt sein Gesicht auf und er grinst mich mit seinem zahnlosen Mund an.

Er sieht jetzt ein bißchen so aus wie der alte Mann auf dem Etikett der Flasche, der als Scherenschnitt mit gespitzten Lippen an einem Pinnchen dieses Getränkes zu schlürfen scheint. Der Name ist Programm, Schwarze Weizen Frühstücks Korn. Heute morgen haben wir damit angefangen und es läuft seitdem kontinuierlich in unsere gierigen Schlunde. Wir trinken seit etwa 10:00 Uhr heute morgen. Wir mischen den Korn mit Fanta. Wir rauchen dazu filterlose Zigaretten und essen BiFi. Wir sind stockbesoffen.

„Genau, nimm ma 'nen ordentlichen Hieb zum Frühstück!" schreit Ralf während er lachend zur Seite kippt.

Schorschi und ich setzen uns ächzend, wie zwei vom Rheuma geplagte Opas, dazu. Schorschi redet nicht, er ist, wie so oft, in seinem Film versunken, flucht leise vor sich hin und spuckt vorbeigehenden Passanten vor die Füße. Seine mit Domestos gebleichte Jeans ist speckig und so hochgekrempelt, daß die schwarzen DocMartenBoots bis zum vierzehnten Loch nach oben sichtbar sind. Ein paar Tage zuvor haben wir uns gegenseitig die Köpfe rasiert, Ralfs und Schorschis Birne ziert oben noch ein Rest Haare, meine Rübe ist komplett rasiert. Unsere Kompetenz in Sachen Alkoholismus und Asozialität wird von den vorübergehenden Schaufensterbummlern nicht einen Moment in Frage gestellt. Es ist uns egal. Schorschi ist es nicht ganz so egal.

„Wichserse! Alles arrogante Wichserse!" murmelt er mit kornbenetzten Lippen.

Flasche drei oder vier wechselt abermals den Besitzer. Wir haben aufgehört zu zählen, hatten es eigentlich nie vor. Ludwig, der obdachlose Mittrinker, ist in unserem Kreise aufgenommen und dreht uns Kippen, lacht mit und über uns und trinkt bereitwillig aus jeder Flasche, die wir ihm hinhalten. Es ist Samstag. Es ist Mittag. Es ist 1988.

„Wie kommen wir jetzt eigentlich nachher ins Chameleon?"

Ralf hat ein Auge zugekniffen und erwartet eine Antwort aus der Richtung, in die er schielt. Das Chameleon ist unsere Stammdisko und befindet sich im Nachbarort, etwa 10 km entfernt.

Disko! Ein geiles Wort eigentlich. Sagt heute ja keiner mehr. Heute heisst das Club und wenn du da ´nen Fanta-Korn oder Asbach-Cola bestellst, rufen sie dir auch direkt noch´n Taxi dazu. Damals war nicht alles besser, es kommt einem aber so vor. Vielleicht liegt es aber auch nur am Mariacron.

Das Chameleon ist jeden Samstag unser Anlaufpunkt. Hier treffen wir Freunde und Feinde, Leidensgenossen und Freudenspender. Hier wird unsere Musik gespielt, unsere Sorgen ertränkt und über unsere Witze gelacht. Ein zweites Zuhause. Für viele das einzige.

„Na, wie sollen wir da schon hinkommen?" lacht Schorschi. „Mit dem Granada natürlich!"

Ich pruste den Schluck Korn durch meine geschlossenen Lippen über den Boden der Einkaufspassage und schnappe nach Luft.

„Granada? Was für'n Granada?" schreie ich Schorschi erwartungsvoll ins Gesicht.

„Mein Granada. Ford Granada! 2,8 Liter Ghia. Mein fahrendes Wohnzimmer mit 160 PS. Hab ich mir gekauft. 2500 Mark. Die beste Investition meines Lebens. In dem Ding kannst du dich bei 200 Sachen noch normal unterhalten und es fühlt sich an, als würdest du 50 fahren. Ausserdem passen da bis zu acht Leute rein. Mit Kofferraum sogar 12!"

Mein Unterkiefer klappt herunter und ich sehe immer wieder von Ralf zu Schorschi und zurück, als würde ich darauf warten, daß mich jemand darüber aufklärt, das Schorschi lügt. Aber das tut niemand. Er lügt nicht. Aus der Tasche seines Donkey-Jackets zieht er einen schwarzen Schlüssel mit einem ledernen Ford-Emblem daran hervor und schwenkt ihn vor meinem Gesicht hin und her.

Es folgen meinerseits tränenreiche Lobeshymnen auf dieses, von mir so begehrte Fahrzeug und detaillierte technische Aufzählungen mit ergänzenden Geschwindigkeits-Superlativen von Schorschis Seite. Meine Augen leuchten, ich nicke übertrieben oft und heftig und grinse über das ganze Gesicht. Wir liegen uns in den Armen, Ralf, Schorschi, Ludwig und ich. Die Fanta ist alle, wir trinken den Korn pur.

Eine gefühlte Ewigkeit später, Ludwig wurde es mit uns zu asozial und er ist einfach verschwunden, torkeln wir durch die Innenstadt von Iserlohn in Richtung Busbahnhof. Direkt am ZOB, dem zentralen Omnibusbahnhof, habe er geparkt, erklärt Schorschi lallend während er vor Mc Donalds in einen Blumenkübel pisst.

Die verächtlichen und angeekelten Blicke der Menschen um uns herum nehmen wir nicht mehr wahr. Das haben wir uns abtrainiert. Der Rausch hat uns in sein vorgewärmtes Wohnzimmer eingeladen und wir haben auf seiner hochprozentigen Chaiselongue Platz genommen und suhlen uns in der Geborgenheit des trostspendenden Destillats. Wir fühlen uns wie Kinder. Praktisch, denn ich bin ja noch eins.

Wir liegen uns in den Armen, lachen, singen und weinen zwischendurch auch mal. Doch die Tränen kommen mir erst so richtig, als ich hinter der Ecke der alten griechischen Pommesbude am ZOB den Granada entdecke. Smaragdgrün, frisch gewaschen und etwas keck schaut er uns entgegen und zieht mich wie in Hypnose in seine Richtung. Schorschi schliesst die Fahrertür auf, nachdem er dreimal neben das Türschloß gestochen hat und das dumpfe Klacken der Zentralverriegelung lässt mich jauchzen. Ich greife den chromfarbenen Griff der Beifahrertür und öffne die Limousine der Pandora, während Schorschi immer noch auf der anderen Seite steht und etwas unmotiviert versucht, den Schlüssel wieder aus dem Schloß zu ziehen.

„Nix da, du sitzt hinten. Alter vor Schönheit!" Ralf zeigt auf die hintere Tür und sieht sehr bestimmt aus. Zuerst will ich Widerstand leisten, denke dann aber an die geräumige Rückbank und die Möglichkeit, die Füße während der Fahrt hochzulegen. Mit der rechten Hand fasse ich den formschönen Türrahmen, der beim Ghia-Modell schwarz lackiert ist, und werfe die Tür mit einem leichten Schwung in das satt klackende Schloß. Ich drehe mich zur hinteren Tür und will nach ihr greifen, als ich merke, daß mich irgendwas festhält. Ralf ist es nicht, der steht auf der anderen Seite des Wagens und pisst an den Opel Omega, der neben uns geparkt hat. Schorsch kämpft immer noch auf der Fahrerseite mit dem Wagenschlüssel. Mein Blick wandert langsam an meiner Schulter meinen Arm hinunter und endet an meiner rechten Hand. Ich halte immer noch den Türrahmen fest. Die Tür ist zu. Meine vier Finger liegen sauber aufgereiht auf der Seitenscheibe, mein Daumen allerdings befindet sich immer noch im Wageninneren. Ich habe vergessen meine Hand vom Türrahmen zu nehmen als ich sie zugeknallt habe und hab mir dabei den Daumen in der Tür eingeklemmt.

Klack! Die Zentralverriegelung schliesst, Schorschi hat den Schlüssel rumgedreht. Ich schreie ihn an.

„Mach die Tür auf, mein Daumen ist noch drin!"

Mit meiner linken Hand rüttel ich immer wieder am Türgriff, während Ralf und Schorschi lachen und um den Wagen herumgehen, um meinen Daumen zu begutachten. Sie kichern und stützen sich gegenseitig, zeigen auf mich, auf den Daumen, auf die Tür und wedeln mit dem Schlüssel vor meiner Nase herum. Ich muss mitlachen, obwohl der Korn so langsam nicht mehr gegen das hämmernde Pochen meines Daumens ankommt und der Schmerz eine gewisse Übelkeit aufkommen lässt. Der Schlüssel wird irgendwann wieder in seiner verchromten Freundin versenkt und gibt mit einem weiteren Klacken der ZV meinen Daumen endlich frei. Das Gefühl, als ich die Tür öffne, ist ekelhaft.

Das obere Glied meines Daumens hat die Form des Türprofils angenommen, der Daumennagel ist nur noch auf einer Seite befestigt und klappt, vom Bluterguss darunter angehoben, nach links weg. Mir ist schlecht.

Lachend sitzen wir im Auto, meinen Daumen ziert ein Papiertaschentuch und ein Stück Gaffertape. Ich fühle mich wie in einem sehr schlecht gezeichneten Comic, mein Kopf sackt durch den Korn immer wieder zur Seite weg und auch die Dialoge meiner Mittrinker erinnern irgendwie an einen Film von Jacques Tati. Nicht einen Moment kommt uns der Gedanke, daß Fahren in diesem Zustand eine schlechte Idee wäre. Nicht einen Moment.

Schorschi startet das Aggregat und der Motor blubbert, während wir langsam über den Parkplatz rollen. Die Ausfahrt scheint sich zu verengen, je näher wir ihr kommen, als ein kratzendes Geräusch die umstehenden Passanten aufschreckt. Wir haben mit der linken Seite einen der großen Steine touchiert, die rechts und links an den Seiten der Ausfahrt aufgestellt wurden. Spätestens jetzt, nach den ersten erfolglosen fünf Metern, die wir in diesem tonnenschweren Mordinstrument hinter uns gebracht haben, sollten wir einsehen, daß wir der großen Aufgabe Verkehr und Disziplin nicht gewachsen sind.

„Das mach ich morgen mit 'nem Lackstift wieder weg." sagt Schorschi, bevor er mit einem irren Lachen und beherztem Tritt auf das Gaspedal jegliche Zweifel an seiner Fahruntüchtigkeit zerstreut.

Im integrierten Stereo-Kassetten-Radio läuft vom abgenudelten 90Minuten BASF-Tape der Song „Don't go in the woods" von Demented are go und für uns gibt es jetzt kein Halten mehr. Im wahrsten Sinne des Wortes. Wir kreischen mit und feuern Schorschi mit „Jaaaaa, Vollgaaaaaas, Jaaaaaa"-Rufen an, während er rote Ampeln einfach missachtet, Zebrastreifen mit Maximalgeschwindigkeit überfährt und an besonders engen Kurven die Handbremse zur Unterstützung der Driftversuche einbaut. Wir sind besoffen, verrückt und vollkommen gleichgültig.

Ralf verschüttet in regelmässigen Abständen Korn und Hansa-Pils aus Dosen auf seinem Schoß, seinem Hemd und den nicht mehr ganz so weichen Polstern des Gefährtes der Firma Ford. Ich weiß nicht ganz genau, wie wir es geschafft haben, den Innenraum des Autos nach unserem kurzen Kiosk-Stop zum Bierholen, in eine Müllkippe zu verwandeln, aber überall liegen Papier, leere Dosen und Kippenstummel herum.

Krach! Ein lautes Geräusch lässt mich kurz aufsehen, ich war eingenickt, Schorschi wohl auch. Als ich mich rumdrehe, sehe ich noch einen Seitenspiegel eines parkenden Autos über die Straße schlittern. Die Jungs vorne lachen laut und als ich einstimme, nimmt Schorsch das als Ermutigung auf, diesen Vorgang zu wiederholen. Er lenkt den Granada mit einem Ruck nach rechts und schleift an einer Reihe parkender wagen auf dem Bordstein entlang. Der Ford knallt in die anderen Leichtkarossen, drängt sie mit seinen zwei Tonnen Kampfgewicht zur Seite und zerstört alles, was mit ihm und damit uns in Berührung kommt. Aussenspiegel fliegen wie wegrasiert über den Wagen, Scheiben bersten und mindestens 10 Wagen haben es komplett hinter sich, nachdem wir mit etwa 90 km/h daran vorbei geschreddert sind. Passanten springen in Vorgärten oder schreien im Vorbeifahren gegen unser Lachen an, Handies sind noch nicht erfunden und der zeitliche Versatz zum Notruf, dessen Entgegennahme und Reaktion haben uns schon immer ein Lächeln entlockt. Straffrei, kugelsicher, reuelos…, das könnte auf unseren T-Shirts stehen, die in jeder Kurve mehr Bier und Korn abbekommen.

Schorschi knallt mit etwa 100 km/h über die Kuppe der Brinkhofstrasse, die dahinter mit einem Gefälle von 9% in Richtung Letmathe führt und sich in einer Ypsilon-Gabelung vor einem Hochhaus aus den Sechzigern in zwei Richtungen aufteilt. Rechts zum Stadtzentrum, links zum Chameleon. Schorschi hält stur auf das Hochhaus zu, Ralf und ich greifen nach dem „Oh-Shit-Handle" am Wagendach und ziehen die Augenbrauen hoch. Noch 50 Meter, noch 30 Meter…., er reisst das Steuer nach links herum, die vordere, rechte Radkappe überholt uns und fliegt über den Rasen bevor sie an der Wand des Hochhauses zerplatzt, als wäre sie aus Zuckerguß.

Der Granada ächzt und quietscht während er gegen physikalische Grundgesetze kämpfend, die Strasse zu unserer Stammdisko entlangfräst und 10 Meter davon entfernt frontal in die Leitplanke der Zufahrt zur Disko einschlägt. Der Motor ist aus. Es ist still. Im Wagen und auch um den Wagen herum. Ralf fängtt an zu lachen als Schorschi den Schlüssel herumdreht und der Wagen tatsächlich direkt anspringt, als wäre er nur eben aus der Garage gerollt. Schleifende Geräusche begleiten uns auf der Abfahrt zum Parkplatz des Chameleons. Schorschi parkt langsam ein und wir steigen aus. Nachdem wir uns etwa 12mal jeder High-Five gegeben haben, sehen wir, daß der Granada aussieht, als wären wir damit durch Damaskus gefahren…, mit einer israelischen Fahne auf dem Dach.

Schorschi geht langsam um den Wagen herum und begutachtet die tiefen Beulen, Kratzer, die abgerissenen Spiegel beidseitig, die eingedrückte Motorhaube und den rauchenden Kühler und bevor er wieder anfangen kann, seinen Lackstift zu erwähnen, rüttelt Ralf an meiner Schulter und sagt ganz langsam:

„Wieso ist hier kein Mensch? Niemand! Hier ist niemand! Wo sind die alle?“ Er zeigt wankend auf den menschenleeren Parkplatz, zieht die Achseln hoch und sieht uns fragend an.

Tatsächlich. Sonst jeden Samstagabend mit hunderten betrunkener Psychobillies gefüllt, müsste jetzt nur ein Strohbüschel vom Wind vorbeigefegt werden, um die Illusion einer verlassenen Westernstadt zu komplettieren. Auf der Laderampe der alten Firma gegenüber steht ein Typ im Blaumann, der uns ungläubig anstarrt und kurz und trocken, die nicht an ihn adressierte Frage mit dem Satz beantwortet:

„Vielleicht weil wir erst 16:00 haben!“

Verdammt. Er hat Recht. Es ist sogar noch hell, nicht mal das ist uns aufgefallen. wir sind so besoffen und beknackt, daß wir nur daran gedacht haben, heute hier zu feiern. Das Wo und mit der Höllenfahrt das Wie waren also geklärt, nur über das Wann hatte sich niemand Gedanken gemacht.

Erst als Schorschi vor Lachen laut aufschreit und sein Bier über den Parkplatz rotzt, stimmen Ralf und ich mit ein und liegen uns in den Armen.

„Was machen wir denn jetzt?“ frage ich nach ein paar Minuten. „Hier ist doch vor 21:00 kein Schwein anzutreffen.“

„Dom-Stube?“ flüstert Ralf fragend in die Runde.

„Jaaaaaaa!“, schreien Schorschi und ich und als wäre es das Normalste auf der ganzen Welt, steigen wir alle wieder in den qualmenden Granada, wirbeln beim Anfahren Kies und Staub vom Parkplatz auf und knallen mit der gleichen intelligenzbefreiten Fahrweise zur Dom-Stube, eine kleine, griechische Kneipe am Rande der Stadt. Ehrlich gesagt fehlt mir ab diesem Zeitpunkt ein ganzes Stück, ich habe mich im Wagen und auch in der Dom-Stube mehrfach übergeben und man sagte mir, ich hätte nach ein oder zwei großen Willy-Bechern Bier einen Schlafplatz unter dem Billardtisch aufgesucht. Ralf und Schorschi sind am Tisch sitzend eingeschlafen und erst gegen etwa 21:30 Uhr wurden wir von Papa, dem Wirt mit dem flachen Hinterkopf geweckt, da sich andere Gäste beschwerten, was in diesem Etablissement wirklich etwas heissen sollte.

Ralf zog mich an meinen Füßen unter dem Billardtisch hervor und als ich wach wurde, fragte er mich, ob ich noch fahren könnte. Schorschi sei so besoffen, daß er mit dem Ghosts´n Goblins Arcade-Automaten reden würde und schon mehreren Gästen Schläge angedroht habe. Er würde ihm nicht mehr vertrauen.

„Ralf" entgegnete ich. „Ich bin 15, ich habe keinen Führerschein und das einzige Mal, das ich gefahren bin, war der Golf 1 Automatik von meinem Bruder. Ich bin stochbesoffen und habe gerade vier Stunden unter einem Billardtisch geschlafen, während draussen im Blumenbeet geparkt eines der schönsten Fahrzeuge der Welt steht. Natürlich kann ich fahren!"

Nachdem wir die Kotze von der Rückbank rudimentär beseitigt, Schorschi auf der Rückbank abgelegt und die Zeche geprellt hatten, startete ich das V6 Aggregat und trat auf das rechte Pedal. Das hatte ich so beobachtet und mir angeeignet. Die Automatik hatte ich auf D gestellt, was in diesem Fall für Dulle stand und der Granada schoß vorwärts in den Abendverkehr dieser angenehmen Wochenendaktivität. Die anderen Autos hupten und machten Lichthupe, während ich, von der Kraft dieses Fahrzeugs total überwältigt frontal über zwei Verkehrsinseln ballerte, wobei beide Vorderreifen platzten. Der Granada fräste sich unter unserem Lachen auf den Felgen durch den Asphalt der Von-der-Kuhlen-Strasse, vorbei an ungültig staunenden Fussgängern, wild ausweichenden Fahrern und lustigen Verkehrszeichen, von denen mir keins wirklich etwas sagte.

Nach etwa 10 Minuten Odyssee, knallte ich zuerst frontal in die selbe Leitplanke, die uns vorhin schon am Chameleon gestoppt hatte, nur um dann die Abfahrt herunter zu rasen und dabei die komplette rechte Seite an der Leitplanke entlang zu scheuern und diese aufzureissen.

Ralf lachte wie irre, Schorschi schlief, ich dachte an eine Reparatur mit dem Lackstift und parkte den Wagen vor allen unseren lachenden Freunden auf dem Parkplatz der Disko mit der Handbremse ein. Bis auf den linken Hinterreifen waren alle Räder platt, die komplette rechte Seite war eingedrückt, Spiegel, Blinker, Scheinwerfer und Antenne waren nicht mehr vorhanden und der invertierte Kühlergrill gluckerte, knackte und rauchte. Der Wagen war Schrott.

Unter dem Applaus der Umstehenden hieften wir uns und Schorschi aus dem Auto und ließen uns feiern. Wofür genau wußten wir nicht. Am nächsten Tag gab es mehrere Berichte über eine Amokfahrt in unserem Heimatdorf, Augenzeugen hatten widersprüchliche Aussagen gemacht und das Fabrikat des Wagens war nicht genau zu ermitteln, ebenso der Halter und dementsprechend das Kennzeichen. Die Verfasser der Zeitungsartikel waren ratlos und eine Anzeige gegen Unbekannt wurde erwähnt. Unbekannt 1, Unbekannt 2 und Unbekannt 3 haben an diesem Abend noch mehrere Kaltgetränke verklappt, wie mir zugetragen wurde, bevor auch sie den Geist aufgaben.

Sie lachten, weinten und tranken auf den Tod eines der schönsten Fahrzeuge der Welt, den Ford Granada 2,8 Liter Ghia.

DAS GLÜCK DER ERDE

Das Glück der Erde liegt auf dem Rücken der Pferde. Auf dem Rücken der Pferde? Wer hat sich denn den Schwachsinn ausgedacht? Ich war's nicht. Ich hab aber auch noch nie nachgesehen. Als ich sieben Jahre alt war, hatte ich die Möglichkeit, mal nachzusehen. Genauer gesagt hätte ich unter meinem Arsch nachsehen müssen, denn damit sass ich ja schliesslich auf dem Rücken des Pferdes.

Ein Gaul, so gross wie ein Feuerwehrauto, so mein Eindruck damals. Das Glück zu dieser Zeit bestand eher darin, diesen Ritt lebend zu beenden. Ich hasste Pferde. Heute machen sie mir nur noch Angst, weil sie so emotionslos aussehen. Diese riesigen Augen, die langen Beine und dann noch die Youtube Videos, in denen sie Leuten in die Oberarme beissen oder ihnen mit einem Tritt das Licht ausknipsen. Ich mache einen grossen Bogen um Pferde. Und manchmal auch um das Glück. Vielleicht sollte ich mal wieder Pferde aufsuchen, auf ihrem Rücken nachsehen, ob das Glück da irgendwo liegt. Obwohl das wahrscheinlich zwecklos ist, jemand hat was gesucht, dass sich auf „Glück der Erde" reimt, mehr nicht.

Das Glück der Erde liegt im Darm eines Opossums wäre kein guter Titel für einen so tiefgründigen Inhalt gewesen. Gibt es das denn überhaupt? Das Glück der Erde? Ist Glück denn so gleichsam, dass es auf der ganzen Erde das gleiche Glück ist? Ist Glück nicht für jeden anders und dann auch noch unterteilbar in zeitabhängiges und dauerhaftes Glück?

Sachen, die mich vor 20 Jahren glücklich gemacht haben, sind jetzt oft weniger erstrebenswert und mein heutiges Glücksempfinden hätte früher wohl eher Kopfschütteln ausgelöst.
Mit 5 Jahren war ich glücklich, wenn ich durch die Milchglasscheibe unserer Wohnzimmertür das bunte Schimmern der Weihnachtsbaumbeleuchtung erspähen konnte und die Vorfreude auf die Bescherung für unkontrollierbaren Harndrang sorgte. Heute bin ich am Heiligabend um die gleiche Uhrzeit meist schon besoffen und schenken will mir auch kaum noch jemand was.

Als ich 10 Jahre alt war, hat es mich glücklich gemacht, zu wissen, dass ich am Samstag nach dem Baden mit meinem Plastik-U-Boot, nur noch einen hellblauen Frotteschlafanzug anziehen und auf der Couch der Eltern vor dem Fernseher Platz nehmen musste, um den Tag zu beenden. Keine Verabredungen, keine Termine, kein WhatsApp und vor allem nicht auf irgendwelchen Pferderücken nach Dingen suchen, die ich mir gar nicht vorstellen konnte.

Später verschieben sich die Prioritäten. Mit 16 Jahren fand ich die Badewannen anderer Menschen viel interessanter, die von meiner Freundin zum Beispiel. Besonders wenn sie mit mir darin sass. Glück kann auch geil sein, oder geil machen.

Als ich vier Jahre später aus dem Gefängnis entlassen wurde, wäre eine Badewanne nicht unbedingt meine erste Wahl gewesen, um den Zustand der Glückseligkeit zu erreichen. Auch nicht die dazu gehörige Freundin, wie man vielleicht meinen könnte. Nein, damals hat mich etwas so profanes glücklich gemacht, dass es mir heute nur noch ein Lächeln entlockt. das Erste, was ich gemacht habe, war in eine Frittenbude zu gehen und mir eine

Currywurst-Pommes-Mayo zu holen. Gott, war ich glücklich. Als das Zeug etwa eine halbe Stunde später meinen Körper wieder auf der anderen Seite verlassen wollte, hielt sich das mit dem Glücklichsein in Grenzen.

Glück kann man nicht konservieren, so viel ist sicher. Es fliesst durch mein Belohnungszentrum, verweilt kurz, hinterlässt manchmal Spuren und zieht dann weiter. Glück gehabt, heisst es dann. Das kann es aber auch heissen wenn man in der fünften Klasse seine Hausaufgaben nicht dabei hatte und bei den stichprobenartigen Überprüfungen übergangen und der Sitznachbar erwischt wurde.

Das Glück des Einen ist oft das Pech des Anderen. Ein kleiner, vietnamesicher Junge wurde an einem nicht genau bekannten Tag des Jahres 1973, welches auch mein Geburtsjahr ist, in einem kleinen Dorf namens Sóc Trâng geboren, in einem Waisenhaus in Saigon abgegeben, von einem Hubschrauberpiloten und seiner Frau aus Niedersachsen adoptiert, besuchte ein Gymnasium in Deutschland, wurde Gesundheitsminister und Bundesminister für Wirtschaft und Technologie, anschliessend sogar Vizebundeskanzler. Das war Glück für den kleinen Fipse Rösler. Pech für die FDP. So kann's gehen.

Glück liegt nicht auf dem Rücken der Pferde. Glück liegt auch nicht auf der Strasse, da liegt ja schon das Geld. Glück hat man nicht, Glück muss man sich nicht erarbeiten. Glück ist ein flatterhafter Begleiter eines Jeden, es fliegt dir zu. Dann musst du es fühlen, so lange es da ist. Wenn es geht, darfst du es nicht vermissen. Man darf es anderen gönnen und sollte es niemandem neiden. Glück ist überall und für alle da. Glück ist wahrscheinlich der Zustand, der uns dazu befähigt, es überhaupt zu erkennen. Ich sehe Glück als einen Freund, der sich selten meldet. Wenn er es dann tut, sollte man nicht sowas sagen wie: „Ach, du lebst auch noch?"

Dann wird das Glück zum Unglück, der Freund zum Unfreund. Lass es rein und wälze dich mit dem Glück auf dem Boden, umarme es und lass es wieder los, dann hat es vielleicht Bock öfter mal vorbeizuschauen. Such nicht auf dem Rücken von Tieren, such nicht in deinem Portmonnaie, such nicht in deiner Liebe. Such gar nicht. Es findet dich.

Gestern bin ich nach dem Saufen aufgewacht, glücklicherweise. Mein Mund fühlte sich an, wie mit Epoxidharz ausgegossen und ich hatte einen ekelhaften Geschmack im Mund. So als hätte ich die Pissrinne im „Spirit" in Dortmund mit der Zunge gesäubert. Als ich mich zur Seite drehte, sah ich mein Glück ganz deutlich. Eine ungeöffnete, kühle Flasche Mineralwasser, direkt neben meinem Bett. Manchmal ist das Glück also in Glas verpackt und es gibt sogar noch Pfand drauf. Ein Pferderücken hätte mich wohl auch eher wütend gemacht.

Frauen machen glücklich. Wenn man sie kennenlernt und manchmal auch wenn man sie wieder los wird. Bei Männern soll das ähnlich sein, sagte mir eine Freundin mal. Sie ist übrigens Dressurreiterin, hat also auch schon Vergleichsmöglichkeiten bei all den Optionen.

Glück ist Gesundheit und Gesundheit ist Glück. Glück ist nicht erhältlich, es erhellt dich. Glück ist für mich, da zu sein, wo ich jetzt bin. Überhaupt zu sein. Zu tun, was mir gefällt und zu leben, wie ich es mir aussuche. Morgen ist Glück vielleicht schon wieder was anderes für mich. Mein Glück ist ein wechselhafter

Begleiter. Aber es ist da. Schon immer und für immer. Das zu wissen, macht mich glücklich.

Glück auf!

LIVESEX MIT FOLGEN

Tommy! Tommy! Tommy! Wie oft ich an diesem Abend seinen Namen geschrien habe... Und nicht etwa, weil ich vor ihm kniete und er es mir besorgt hat. Nein, weil es alle 10 Minuten nötig war, ihn zur Raison zu bringen. Dabei war er der, der uns retten sollte, der, der uns den Abend versüßen und diesem scheiss Tag ein würdiges Ende anknoten sollte. Eigentlich...

Ich fange besser ganz vorne an. Ich arbeitete an diesem Samstag als Piercer für das Tätowierstudio, in dem ich angestellt war, auf einer Erotikmesse. Ich hasse diese Messen. Freitag, Samstag, Sonntag. Etwa 15.000 Idioten schieben sich auf der Suche nach Inspiration für Ihr verkacktes Sexleben durch die mit billigen Ständen bestückte Halle und bleiben hier und da stehen, bestaunen Dildos mit 30cm Durchmesser, lächeln verschmitzt über Plüsch-überzogene Handschellen und kaufen am Schluss ein Fläschchen Spanische Fliege, das danach in der Glasvitrine der Schrankwand von Poco verstaubt und nie ausprobiert wird.

Genau so war es auch auf dieser Messe. Die Berlethalle in Hagen-Hohenlimburg war zum Bersten gefüllt mit den stonewashedjeanshosentragenden Honda Civic Piloten und ihren ungefickten Unterlegscheiben. Ein absoluter Albtraum für uns, denn wir hatten uns auf Kundschaft eingestellt. Wenigstens ein oder zwei Bauchnabelpiercings, ein bisschen Werbung machen und vielleicht ein paar brauchbare Kontakte knüpfen. Nix da.

Der Tag zieht sich wie Kaugummi wenn niemand an deinen Angeboten interessiert ist. Also beschlossen meine Kollegen und ich irgendwann mit dem Trinken zu beginnen und die Attraktionen der Messe selbst zu erkunden. Nachdem wir sämtliche

Bierstände abgeklappert und uns so richtig in Fahrt gebracht hatten, stießen noch Freunde zu uns, die wir gar nicht erwartet hatten.

An einem der Hardcorepornostände in der unteren Etage stand ein Schild, das verkündete, hier an einem Pornocasting teilnehmen zu können. Man musste einen Fragebogen ausfüllen, in dem abgetastet wurde, wozu man bereit war und was man grundsätzlich ablehnte. Also ähnlich eines Multiple Choice Formulars…

Anal(aktiv/passiv), oral(aktiv/passiv), Rough Sex(komischerweise nichts in Klammern), NS/KV(aktiv/passiv) und diverse andere Schweinereien. Eine Sicherheitsgebühr von 100 DM wurde erhoben, um zu verhindern, dass sich ekelige, alte Herren hier erleichterten oder sabbernde Frühspritzer mit Kamera um den Hals den ersten Orgasmus ihres Leben kostenlos absahnten, wobei das Wort Absahnen hier eine ganz neue Bedeutung bekommen würde.

Mein Kumpel Dennis war mittlerweile betrunken genug, um hier und da einige Kreuzchen auf dem Formular zu hinterlassen und nach seiner Unterschrift und der Aufwandsentschädigung seinen ersten Fick vor laufender Kamera zu beginnen. Sein Vollrausch schien niemanden zu stören und erst als ihm während einer analen Exkursion sein Vorhautbändchen unter der Last des zu großen Intimpiercings riss, sackte die Stimmung am Set in den Keller.
Das Kondom füllte sich schlagartig mit Blut und als er seinen erschlaffenden Freund aus der wenig amüsierten Dame herauszog, sah es aus wie ein mies gelaunter, labberiger Wasserballon,

der nicht mal mehr in einer schlechten Jackass-Folge für Heiterkeit sorgen würde.

Dennis lachte gehässig als er sich den Pariser runterzog und die Blutbombe neben dem angeekelten Kameramann entleerte. Die Aufnahme war im Kasten. Unbrauchbar, aber endlich zu Ende. Was haben wir gelacht. Der Alkohol hatte das Zepter in der Hand und unsere Gesichter verzerrten sich von Stunde zu Stunde mehr zu einer Grimasse, die jeder nur bei dem jeweils anderen bemerkte. Die schlimmsten und abartigsten Seiten kamen in uns zum Vorschein, sabbernd und volltrunken rappelten wir mit den peinlich berührten Gästen der Messe zusammen und schleppten uns durch die vollgepackten Gänge. Uns wurde nahegelegt, alle Dildos, mit denen wir uns gegenseitig ins Gesicht schlugen, wieder sauber und ordentlich an Ort und Stelle zu legen. Wir wurden aus einer Livesex Show geworfen, weil wir die Protagonistin lautstark anfeuerten, während sie sich von einer Fickmaschine aus Edelstahl durchbuttern ließ und wir wurden gehasst. Von fast jedem hier.

Ich weiß nicht mehr, wer auf die Idee kam, Tommy anzurufen, aber irgendwann warteten wir auf ihn und seine Kurierware, die wir bestellt hatten und die uns wieder wach und klar machen sollte oder den Wahnsinn weiter anschüren würde.

Tommy kam. Auf einmal war er da. Bestückt mit genug bolivianischem Marschierpulver, um ein Sterbehospiz in eine Sambaschule zu verwandeln und mit etwas weniger Alkohol im Blut als wir. Das sollte sich schnell ändern. Nach etwa einer halben Stunde waren wir alle so auf Sendung, dass man ahnen konnte, dass dieser Abend nicht gut enden würde. Ich musste kotzen und als ich aus der Toilettenkabine kam, drückte Dennis mir sein mit Blut verklebtes Kondom in die Hand und wünschte mir einen guten Appetit. Ich ging dann nochmal kotzen, wusch mir dreimal die Hände und fotografierte das gerissene Vorhautbändchen von Dennis unter den ungläubig schauenden anderen Besuchern der Herrentoilette.

Der Tiefpunkt war erreicht.
Da die Messe morgen noch weiterlief, brauchten wir unseren Stand nicht abbauen und konnten uns mit einem Grossraumtaxi irgendwann entfernen, was allen Beteiligten sehr gut gefiel. Uns, und natürlich auch den restlichen Gästen. Selbst die offensichtlich hafterfahrenen und im Umgang mit Durchdrehern sehr geübten Securitymitarbeiter wünschten uns an der Tür keinen schönen Abemd sondern warteten nur auf einen Fehler von uns um uns so richtig auf die Fresse zu hauen.

Tommy hätte ihnen beinahe einen Grund geliefert, ich könnte ihn gerade noch davon abhalten einen blöden Spruch zu lassen. Er wirkte sehr angespannt. Sehr angespannt.
Es gibt diese Leute, die sich betrinken und dann total lustig werden. Sie kommen aus sich heraus und man denkt nach kurzer Zeit, dass dieser Typ eigentlich eine eigene Fernsehsendung verdient hätte. Nach drei Wein der geborene Alleinunterhalter.
Dann gibt es so Typen, die werden still. Sie sitzen am äußersten Platz des Tisches und starren auf den Boden. Spricht man sie an, winken sie ab und haben feuchte Augen. Schlechte Begleiter auf jedem Junggesellenabschied.

Tommy war in keiner dieser Kategorien. Tommy wurde zu einem Arschloch wenn er voll war. Er rempelte Unbekannte an, machte sich über Andere lustig und war ungehobelt zu Frauen. Ein unangenehmer Begleiter wenn man nicht auf dem gleichen

Level war wie er. Dass der Abend aufgrund seines Verhaltens noch eine dramatische Wendung nehmen würde, hatte ich nicht gedacht.

Wir lassen also das Ficktheater in der Berlethalle hinter uns und fahren mit dem Taxi nach Iserlohn. Tommy war noch nie abends in Iserlohn raus und ich will ihm meine Stadt zeigen. Die dümmste Idee des Abends.

Auf der Fahrt belehrt Tommy mehrfach den Taxifahrer und beschuldigt ihn uns zu betrügen, da er einen zu langen Weg fährt. Kein schlechter Versuch den Fahrtpreis zu drücken wenn wir nicht auf der Autobahn wären und es demnach keine kürzere Strecke zur Auswahl gibt. In Iserlohn angekommen verabschiedet uns der Fahrer mit einem kurzen „Verpisst euch jetzt!" und wir torkeln die Straße zum Dönermann hoch. Ich kaufe acht Flaschen Bier, die ich auf zwei Tüten aufteile, um die Gefahr des Reißens zu halbieren. Als ich aus dem Dönerladen komme, sehe ich wie Tommy im Vorbeigehen jemanden anrempelt, sich umdreht und ihm hinterher flucht. Es ist bereits dunkel und der Typ ist etwa 30 Meter von uns weg, da schreit Tommy ihm nochmal hinterher.

„Is auch besser so, geh lieber weiter, du Hurensohn!"

Alle kichern und schütteln den Kopf über seine unfreundliche Abendgestaltung. Der Typ bleibt stehen und dreht sich um.

„Was hast du gesagt?" Ruft er in unsere Richtung.

Nicht jetzt, denke ich so bei mir und rufe ihm entgegen:

„Gar nix, geh einfach weiter!"

Der Typ tuschelt kurz mit seinem Kollegen und geht dann geradewegs in unsere Richtung. Mit jedem Schritt, den er auf unsere Gruppe von immerhin acht Leuten zugeht, wird er größer und größer und bedrohlicher und bedrohlicher.
Jetzt steht er vor mir, Tommy steht zwei Schritte weiter hinten, die anderen sehen mich an und sind auf einmal sehr still. Der Typ ist etwa zwei Meter groß, sehr muskulös und hat einen riesigen, kantigen Kopf auf seinen breiten Schultern. Er sieht mich von oben an und fragt nochmals ganz langsam und leise:

„Was hast du gerade gesagt?"

Ich schlucke kurz und antworte:

„Ich hab gar nix gesa…., Bäääääm! Eine Ohrfeige trifft meine linke Wange.

Es ist die Art von Ohrfeige, die einen vollkommen aus dem Konzept bringt. Eine klatschende Variante der Todesschelle, kurz, ansatzlos, verheerend. Menschen, die in der Lage sind, diese Schelle zu verteilen, können auch Wildschweine ohne Waffen töten und beim Armdrücken Unterarme brechen. Der Typ hat Hände wie Klodeckel und kann damit umgehen, als hätte er nie etwas anderes gemacht.

Die Ohrfeige trifft also meine linke Wange, ich falle nach rechts um und schlage auf den Boden auf. Die beiden Tüten mit dem Flaschenbier halte ich rechts und links in den Händen, die ich nach oben strecke, um das Trinkgut nicht zu gefährden. Auf dem Boden liegend, mit einem ordentlichen Klingeln im linken

Ohr und einem starken Brummen im gedemütigten Kopf, sehe ich zu Tommy und den anderen hoch, die sich peinlich berührt gegenseitig ansehen und mir schließlich hoch helfen.

Das Muskelmäuschen entfernt sich so schnell, wie er gekommen war und zurück bleibt ein metallischer Geschmack in meinem Mund. Was für eine Schelle!
Wie geprügelte Hunde gehen wir schweigend weiter in Richtung meiner Wohnung, auf einen Clubbesuch haben alle keinen Bock mehr. Unterwegs fängt Tommy an mit Aussagen wie:

„Den hätten wir umhauen sollen, diesen Wichser!"

Alle sehen ihn strafend an. Es scheint zu wirken. Tommy geht still neben uns her und tritt hier und da gegen einen Mülleimer. Nach etwa 200 Metern kommen mir Freunde entgegen, sie sind ähnlich betrunken und haben ihre Cousins, die aus Marokko zu Besuch sind, im Schlepptau. Tommy und meine arabischen Freunde haben eins gemeinsam. Sie vertragen Alkohol nicht so gut und auch sie leiden unter dem Napoleonsyndrom. Kleine Männer, die ihre Größe mit Dominanz zu kompensieren versuchen.

Dic Auscinandersetzung lässt nicht lange auf sich warten. Während ich mich noch lachend mit Hamid unterhalte, haut Tommy seinem Cousin eine rein. Von einer Minute auf die andere stehe ich mit meinen zwei Plastiktüten voller Bier inmitten einer Gruppe aus etwa 10 besofffenen Marokkanern und sieben meiner Freunde, die sich gegenseitig auf die Fresse hauen. Ich rufe allen zu, sich sofort in Ruhe zu lassen und damit aufzuhören, wissend welche Wirkung eine zweite Ordnungsschelle bei mir im Belohnungszentrum hinterlassen würde, doch in dem üblichen Gedränge und Geprügel werde ich natürlich dezent ignoriert.

Da Tommy die größte Schnauze hat und ja auch mit dem Ärger angefangen hat, konzentrieren sich die Jungs immer mehr auf ihn und jagen ihn durch die Iserlohner Innenstadt in Richtung Rathaus. Ich laufe hinter der Gruppe her und sehe, wie Tommy mit schnellen Schritten auf die Karstadtbrücke zuläuft, als er seinen rechten Schuh verliert. Unbeirrt rennt er weiter, fasst das Brückengeländer mit beiden Händen und springt mit einer Drehung über den Rand der Brücke.

Ich und auch alle anderen bleiben auf der Stelle wie angewurzelt stehen. An der Stelle geht es hinter dem Geländer etwa 9 Meter in die Tiefe, darunter befindet sich die Hauptstraße, also harter Asphalt.

Durch die Drehung konnte ich Tommy noch in sein entsetztes Gesicht sehen, bevor er verschwand und ein dumpfer Knall seine Ankunft auf der darunter liegenden Straße verkündete. Die Marokkaner schauen kurz über das Geländer nach unten, sehen sich entsetzt an und rennen dann in die Nacht, als hätten sie den Teufel gesehen. Langsam gehen wir anderen an den Rand der Brücke, sehen hinunter und erblicken Tommy.

Er liegt völlig verdreht, den linken Arm unter dem Körper vergraben, auf dem Haltestreifen der Bushaltestelle. Tommy bewegt sich nicht, die Augen sind geschlossen, es beginnt zu regnen. Einen Sturz aus dieser Höhe kann man nicht überleben. Tränen schießen mir in die Augen. Langsam, fast wie in Zeitlupe, stelle ich meine Plastiktüten mit den Bierflaschen ab und gehe die Treppen zur Hauptstraße hinunter. Die Regentropfen fallen auf mich herab als ich mich neben Tommy knie, ihn auf meinen Schoß ziehe und seinen Namen immer wieder rufe.

„Tommy! Tommy! Tommy!"

Keine Regung. Total verdreht liegt er da, die Arme hängen schlaff an ihm herunter, die Szene erinnert an das Ende eines Kriegsfilms, in dem der Protagonist stirbt und sein letzter Kamerad die Hände gen Himmel reckt und zu Gott schreit, so laut er kann. Die Anderen stehen um uns herum und schweigen, die Verzweiflung steht Ihnen ins Gesicht geschrieben. Den Abend hatten wir uns anders vorgestellt. Ganz anders.

Nach gefühlten Stunden erreicht der Rettungswagen die Bushaltestelle vor der wir uns befinden, das Blaulicht hüllt die dunkle Ecke unter der Karstadtbrücke in ein gespenstisches Licht. Der Sanitäter prüft Tommies Vitalfunktionen, er sieht ähnlich besorgt aus wie wir. Als er Tommy zur Seite dreht um seinen Hinterkopf nach Wunden abzusuchen, öffnet der plötzlich seine Augen. Langsam bewegt er sein linkes Bein, alle starren ihn ungläubig an und können es nicht glauben, dass er die Nummer überlebt hat. Tommy sieht den Sanitäter an und bewegt vorsichtig seine Lippen.

„Morgen! Hast du mal ne Kippe für mich? Und ein Bier bitte, ich hab 'nen ganz schön trockenen Mund."

Ich muss lachen. Der Sanitäter nicht.

„Du kannst auch ins Krankenhaus laufen. Sei mal froh, dass du noch lebst und halt die Fresse."

Ich kann es nicht fassen. Den ganzen Abend auf Suche nach Streit, Unmengen an Drogen und Alkohol, ein Rauswurf aus einer Livesex-Show, zwei Schlägereien in 10 Minuten und als wäre das noch nicht genug, springt er rückwärts aus neun Metern Höhe von einer Brücke und überlebt das Ganze, nur um dem Sani danach mit Getränkebestellungen auf den Sack zu gehen.

Die Nacht war noch lang. Nachdem Tommy abtransportiert wurde, standen wir noch etwa eine Stunde unter der Brücke und tranken das Bier aus meiner Plastiktüte, schwiegen und rauchten. Tommy hatte sich den rechten Arm gebrochen, viele Hämatome und eine Schädelprellung abbekommen, lächerliche Verletzungen für die Aktion.

Ich besuchte ihn zwei Tage später und scherzte mit ihm an seinem Krankenbett. Zwei Wochen nach diesem Horrorabend traf ich Franzl, meinen guten Freund mit dem Ich früher mal Thaiboxen trainiert habe. Er hatte seinen neuen Co-Trainer kennengelernt und sollte mich ganz lieb von ihm grüßen. Er hieße Waldemar, ein russischer Boxer, der mir am Samstag vor zwei Wochen vor einer Menge Freunden eine Ohrfeige gegeben hätte. Ob ich mich an ihn erinnern könne, fragte Franzl. Ich konnte mich erinnern. Sehr gut sogar. An ihn und an seine Todesschelle. Franzl lächelte süffisant und sagte:

„Na ja, wie dem auch sei, ich soll dich grüßen und dir seinen Respekt aussprechen. Du seist zwar umgeknickt wie ein Streichholz, aber die Plastiktüte hast du im Fall so geschickt hochgerissen, daß kein Bier kaputt gegangen ist. Sowas leidenschaftliches hat er noch nicht gesehen, soll ich dir ausrichten."

Wir lachten beide. Ich etwas beschämt, Franzl aus vollem Herzen. Tommy wurde nach etwa drei Wochen aus dem Krankenhaus entlassen. Waldemar trainiert immer noch in Iserlohn. Der Sanitäter hat mittlerweile geheiratet und arbeitet nicht mehr im Nachtdienst. Die junge Dame aus der Livesex-Show macht es nur noch vor ausgewähltem Publikum. Ich war seitdem nie wieder auf einer Erotikmesse.

MENSCH BLEIBEN!

Diese Magenschmerzen bringen mich noch mal um. Höchstwahrscheinlich nicht nur sprichwörtlich, sondern sinngemäß. Mich plagen seit Wochen krampfartige Konvulsionen, deren Intensität rasch wechselt. Mal ein andauerndes, einem leeren Magen gleichendes Ziehen, dann wieder fast rhythmische Zuckungen begleitet von einem Schmerz, der eine Art Mischung aus nahender Sprühwurst und physischen Tiefschlagfolgen bildet.

Was zum Teufel hab ich mir dabei gedacht? Bin ich wirklich so naiv zu glauben, dass ich über zwei Dekaden Raubbau am eigenen Körper betreiben kann, ohne dafür die Rechnung zu bekommen?

Meine ersten bierseligen Erlebnisse, die die Trunk- und Vergnügungssucht einleiteten, hatte ich im Alter von zwölf Jahren - obwohl, ich kann mich daran erinnern auch gerne mal vor dem Zubettgehen einen heimlichen Schluck aus der alten Biertulpe von meinem Vater genippt zu haben. Da muss ich so vier oder fünf gewesen sein.

Es war die Zeit, zu der ich anfing, den Alkohol in Papas Glas dem kratzigen Drei-Tage-Bart-Gute-Nacht-Kuss vorzuziehen. Papas Glas war gefüllt mit Warsteiner, the queen of german beers. Eigentlich eher the beer of german queens, das bemerkte ich aber erst Jahre später. Die Flasche hatte damals noch die Form eines Bowling-Pins und den plumpen Hals schmückten dreizehn Quadratzentimeter Goldfolie, die man sich als Glastrinker, wie mein Vater einer war, nicht aus dem Rachen fischen musste, wenn man sie ordentlich mit dem Daumen runter geknibbelt hatte. Sogar Warsteiner-Flaschen sahen damals brachial aus und vermittelten den Eindruck eines Feldhaubitzen-Projektils.

Das war lange, bevor sich Geräuschdesigner auf ihre Erfindung der Longneck-Pullen einen runterholten. Da waren die Etiketten noch schnörkellos und direkt und trugen Beisätze wie „Schmeckt“ oder „Extra stark“, die ich als Kind zwar nicht gelesen habe, aber die mich bis in meine frühe Jugend begleitet haben.

Die Flasche stand also auf dem kleinen Beistelltischchen neben dem Sessel meines Vaters. Dieser Tisch wurde aus heutiger Sicht mit Sicherheit von Alkoholikern für Alkoholiker entworfen und gebaut. Bei Ikea hätte er wahrscheinlich den einprägsamen Namen „SNAPS“ oder „TRESEN“ bekommen.

Die Grundfläche war eher klein, von hinten konnte man in drei schräge Fächer Zeitungen einlegen, vornehmlich Fernsehzeitungen und schlimme Boulevardblätter. Vorne jedoch war aus einem chromfarbenen Drahtgeflecht eine Vorrichtung arretiert, in die man fünf Flaschen Bier oder Schlimmeres stellen konnte. Neben der Flasche und dem Glas stand auf dem Trinkerschrein noch ein Raucher-Set; der Name allein ist schon ein Patent wert.

Ein Raucherset, in diesem Fall das Set meines Vaters, bestand aus einem Aschenbecher, einem Feuerzeug und einer Zigarettendose, allesamt aus massivem Speckstein in Marmoroptik und an Flohmarkttauglichkeit heute nicht mehr zu überbieten. Die Zigarettendose bot Platz für circa einhundert Reval ohne Filter, die rauchte mein Vater zu seinem Feierabendbier.

Er hatte ein Ritual entwickelt, dass ich bisher noch nicht wieder gesehen habe. Die Zigarette wurde aus der Dose genommen und in eine Zigarettenspitze, eine Art schwarz-silbernes Mundstück mit Aktivkohlefilter, gesteckt und entzündet. Nicht jedoch, bevor er sie in zwei Hälften gebrochen hatte und die eine Hälfte der Reval wieder in die Dose legte. Der Verbrauch von 25 Reval am Tag wurde so auf 50 halbe Reval modifiziert und sollte wohl den Eindruck von Genügsamkeit vermitteln.

Jedenfalls wollte ich unbedingt auch ein solches Ritual, aber Rauchen erschien mir zweifelhaft und so entschloss ich mich für das gelbe Wasser. Zack, Grundstein gelegt.

Dann krabbelt man auf Familienfeiern unterm Tisch herum und wenn niemand hinsieht trinkt man Reste aus Gläsern oder ein besoffener Schwippschwager ist der Meinung, dass ein ordentlicher Schluck Mariacron noch niemandem geschadet habe. Es folgen Kommunion, Firmung, Geburtstage, Familienfeste, Hochzeiten und eine Menge kleinerer Anlässe, die alles eins gemeinsam haben: Es gibt immer was zu Saufen.

Irgendwann hat es sich verselbstständigt und eh man sich versieht, ist man 38 und kann sich eigentlich gar nicht mehr so genau daran erinnern, wann aus dem Genuss Missbrauch geworden ist, oder ob es nicht sogar umgekehrt der Fall sein könnte.

Heute stehe ich sicherlich nicht mehr mit drei Paletten Hansa-Pils in Dosen am Autoscooter auf der Iserlohner Kilian Kirmes, dafür knalle ich mir bei einem gemütlichen Abend zwei bis drei Liter Riesling hinter den Knorpel und halte es für völlig gesundes Sozialverhalten. Dazu ‚ne Schachtel Gitanes, fettiges Essen und fünf Stunden Schlaf - fertig ist das Magengeschwür.

Davon hab ich nun zwei. Eins blutet und das andere ist mit dem Fahrrad weg, Bier holen.

Vielleicht sollte ich weniger arbeiten, mehr schlafen, weniger trinken, mehr entspannen, weniger Probleme und mehr Geld haben. Vielleicht bin auch zu emotional und lasse alles viel zu nah an mich heran. Vielleicht irrt sich aber auch der Arzt und will mir mit seinen Tests nur den Neid mitgeben, den mein lustiges Leben bei ihm auslöst.

Vielleicht ändern sich manche Dinge aber auch nur, wenn man wirklich will und das Gefühl hatte ich irgendwie noch nie. Ich gelobe Besserung, halte mich kurz daran und verfalle dann wieder in alte Schemata, wie ungefähr 95 % meiner Freunde, Bekannten und Verwandten auch. Wir sollten uns dringend mal zusammensetzen und darüber reden, ob das so weiter gehen kann und soll.

Morgen Abend bei mir, für Getränke wird gesorgt!

PAYBACK ODER CLUBSMART?

Das Klicken des Blinkers macht mich mürbe. Klick, klack, klick, klack, diese Ampelphase ist die wohl längste, die ich je miterleben durfte. Die Autos von rechts fahren doch jetzt schon zum zweiten Mal an mir vorbei, oder spinne ich? Eine alte Dame mit Hackenporsche und Hund überquert die Straße vor mir. Das linke Rad ihrer antiquierten Einkaufshilfe eiert etwas und macht den Eindruck, als hätte es genug von den ewigen Touren mit der Omi. Der Hund war früher wohl mal ein Rauhaardackel. Das war lange, bevor er durch das konsequente Füttern von Leberwurstschnittchen und Gouda aus Frauchens Hand zu einer Art haarigem Zeppelin mit Beinen mutierte. Sie meint's sicher nur gut.

Ah, jetzt, Rot-Gelb, Grün! Endlich geht's weiter, ich bin schon viel zu spät dran. Noch kurz die Oma vorbeilassen. Sie bewegt sich, als hätte jemand auf den Matrix-Knopf an ihrem Gehstock gedrückt. Gaaaanz langsaaaam, einen Stützstrumpf vor den anderen setzend, lächelt sie verlegen zu mir rüber und deutet an, dass sie es gleich geschafft hat, die Straße zu überqueren. Gelb, Rot, Scheiße!

Also noch eine unendlich lange Ampelphase. Verdammte... - nein, sie ist alt und gebrechlich, wer weiß, wie lange ich in zwanzig, dreißig Jahren brauche, um über die Straße zu kommen.

Ich fühle mich ja jetzt teilweise schon so, als ob ich achtzig wäre: Drei Mal pausieren beim Sprudelkastentragen, hinter der Bahn her rennen und danach vor lauter Atemnot für zwanzig Minuten mit klatschnasser Stirn und Schäferhundzunge auf dem Behin-

dertensitz kleben und natürlich nach dem Sex aussehen, als wäre man selbst gefickt worden.
Wo soll das noch hinführen?

Rot-Gelb, Grün, los geht's! Die Kupplung meines 16 Jahre alten Weggefährten der Firma Ford krächzt und stinkt, als der Wagen seine von der Sonne ausgeblichene Motorhaube über die Haltelinie schiebt. „Schönes Wetter“, denke ich noch so bei mir und betätige den Scheibenheber - in diesem Fall müsste er eigentlich Scheibensenker heißen, aber ich will nicht kleinlich sein. Die zwischen Scheibe und Dichtung festgetrocknete Taubenscheiße löst sich mit einem Knacken und ein angenehmes Lüftchen weht durch den ansonsten verrauchten Innenraum. Im Rückspiegel sehe ich, wie meine geliebte Hundedame ihren schlanken Kopf in die Höhe reckt und die Luft mit ihrer zuckenden Nase, die gerade einem nassen Radiergummi ähnelt, nach Eindrücken durchsucht.

Ab auf die B1 Richtung Bochum, dann abfahren in Richtung Hagen, Zwischenstopp BP-Tanke kurz vor der Ausfahrt. Mein Tank ist gefüllt, also direkt ohne Tankvorgang vorbei an den Zeitschriften zur Theke des Supermarktbäckereilottozigarettenkneipenbistros.

„Eine Geflügelrolle, ‚nen kleinen Kaffee und ein Mettbrötchen mit Zwiebeln, ohne Butter oder Margarine, bitte!“

Die kleine Blonde hinter dem Tresen mit stonewashed Stretch-Jeans und abgeknabberten Fingernägeln nimmt einen Plastikhandschuh und fängt an, mir meine Bestellung zurecht zu legen. Bei ihren Fingern freue ich mich über den Plastikhandschuh, sonst finde ich die Dinger eklig bei Lebensmitteln, weil sie mich an die Dieselhandschuhe von der Zapfsäule erinnern.

„Geflügelrolle warmmachen?"

Warum spricht sie nicht in ganzen Sätzen? Kann sie nicht!

„Geflügelrolle kaltlassen!" antworte ich.

Das Ding bekommt bei Wärme eine ganz seltsame Geruchsdeformation, die bei späterem Rülpsen oder auch nur leichtem Aufstoßen in geschlossenen Räumen schnell zu Unannehmlichkeiten führen kann. Schon in kaltem Zustand verliert man schnell alle Freunde, wenn man ihnen nach dem Verzehr zu nahe kommt.

Ich nehme noch einen frischen Saft aus dem Kühlregal und stelle ihn neben die Kasse. Mein Blick schweift über das Kippenregal auf der Suche nach der mir so vertrauten und fast allen Verkäufern so fremden Schachtel, in der sich die Lungenbrötchen meiner Wahl befinden.

„Den Smoothie auch?"

Halt die Fresse, du scheiß Kuh! Smoothie! Das ist ein scheiß Saft mit Fruchtfleisch. Warum muss für alles erst ein neuer scheiß Name erfunden werden, war der alte nicht ausreichend? Saft, nicht Smoothie. Hausmeister, nicht Facility Manager. Eiskaffee zum Mitnehmen, nicht Iced Frappucino to go. Diese verkackten Anglizismen! Und dann noch von einer Ungelernten in einer Tankstelle mit Shopping Mall, wie man hier sagen würde. So was macht mich rasend!

„Ja, den Smoothie auch! Und ‚ne Schachtel Gitanes!"

„Schachtel waaas?"

Sag noch einmal so einen Halbsatz und ich schneide dir hier mitten im Laden die Titten ab!

Für meine Gedanken kann ich nichts, ich finde es auch normal, so was zu denken. Besser als es zu tun! Es beruhigt mich innerlich, wenn ich jemanden denkend beschimpfe und mir wirklich schlimme Strafen für ihn ausdenke. Dieser Bäckereitrulla hier wünsche ich einen harten Auffahrunfall nach Feierabend, den sie natürlich verschuldet.

„Gitanes, bitte. Dort oben links neben.... ja... daneben..... nee, neben den John Player.... ja.... nee, die daneben mit Filter.... ja, genau die! Danke!"

„13 Euronen und 70 Centinen bitte, junger Mann!"

Aaaaaaaaaah, innerlich füllt sich meine Lunge mit benzingetränkter Luft und simuliert das anstehende Schreien für mein Gehirn. Euronen! Du unlustige Fotze! Sagst sicher gerne solche Sachen, was? Euronen! Centinen! Bestimmt auch bei Freunden gerne einmal jährlich „Schmerzlichen Glühstrumpf" oder „Auf Wiesegehen". Warum?

Ich schaudere immer, wenn jemand schankedöhn oder schitteböhn sagt, wenn Tschüssikowski auf Supi trifft oder immer noch auf dem Alter der Schweden herum geritten wird. Es ist nicht lustig, wenn man bei einer infektiösen Schnittwunde sagt:

„Das kann ja Eiter werden!"

Das war bei Otto Waalkes nicht lustig und auch jetzt, gefühlte 50 Jahre nach Erstbenutzung dieses Verbalfauxpas, ist es das immer noch nicht. Ich lehne das ab, und zwar kategorisch!

Ich zahle, lasse mir 30 Centinen rausgeben und wünsche einen angenehmen Resttag. Raus aus dem Little Shop of Horror zu meinem Auto. Ich nehme die Fahrt wieder auf und bewege mich mit meinem Gefährt auf die Bahn in Richtung Hagen, einer Stadt, die im Krieg komplett zerbombt wurde und dann in den Fünfzigern von alkoholisierten Betonfetischisten und Architekturversagern innerhalb von zehn Jahren wieder aufgebaut wurde. Und so sieht Hagen auch aus! Autobahnen, die im Innenstadtbereich in der Höhe des vierten Stocks mit einem Meter Abstand an Wohnhäusern vorbeiführen. Eine Innenstadt, die den Rekord an nutzlosen Handyzubehör-Läden, leeren Einkaufspassagen und Ein-Euro-Shops hält. Also eine Mischung aus Bitterfeld und Marxloh, nur hässlicher!

Aber gut, dass ich da nicht hin muss, ich will nur in die Richtung denn das Ziel heißt Iserlohn. Noch eine Ausfahrt nach Oestrich, dann bin ich da. Meine Heimatstadt. meine Wiege, mein Glück und mein Albtraum.

Aber dazu ein andern Mal mehr….

Ungeöffnet bei maximal +2°C
zu verbrauchen bis:

15.02.1973

10:14 44 Ident Nr. 25381009

Einwaage:

300 g

2.99€

MINDESTENS HALTBAR BIS

Nur noch ein paar Stunden und dann hab ich Feierabend, um 19.00 Uhr schlägt für mich die Freiheitsglocke. Okay, morgen muss ich noch mal arbeiten, aber da es sich dann nur um ganze vier Stunden handelt, kann ich damit gut leben. Heute Abend entspanne ich zu Hause. Das heißt bei mir, dass ich mit Wanda eine Hunderunde gehe, mir was zu Essen besorge und dann elektronische Medien auf mich einprasseln lasse.

Zuerst das Internet. Ich lese Mails, checke meinen Blog, natürlich Facebook, dann noch etwas surfen und anschließend ins Bett. Gegenüber meinem Lager hängt der Flachbildschirm an der Wand wie der Altar des kleinen Mannes. Ich sehe nichts Bestimmtes, im Fernsehen läuft eh nur Scheiße, ohne 3Sat, arte, ZDFinfo und EinsFestival hätte ich die Kiste wohl schon aus dem Fenster geschmissen.

Ich hab mir heute bei Feinkost Scholz eine schöne Vase Riesling gekauft und die werde ich mir nachher vornehmen. Dazu etwas Serrano Schinken, eine Sportzigarette und den bekackten Fernseher als Einschlafhilfe. Ich darf nur den Sleeptimer nicht vergessen, sonst wache ich heute Nacht wieder auf, wenn die Wiederholung von TalkTalkTalk mit ihren überspitzten amerikanisch-deutschen Synchronstimmen versucht meine Synapsen weich zu kochen.

Ich war schon so lange nicht mehr freitags feiern, irgendwie fehlt mir das. Mal wieder ein ganzes Wochenende, also Freitag und Samstag, so richtig einen drauf machen. Obwohl, früher hab ich drei Tage gesoffen und musste mich danach einen Tag regenerieren, heute saufe ich einen Tag und der Rest der Woche ist fast im Arsch. Ich werde alt und das merke ich, und zwar deutlich!

Es sind viele Dinge, die mir zeigen, dass ich nicht mehr 15 bin. Damit meine ich nicht die eindeutigen Zeichen, wie den grauen Bart, der mein Kinn unsicher macht, oder den kleinen Hintern, den ich früher Knackarsch nannte und heute gar nicht mehr weiß, welchen Spitznamen er jetzt noch verdient hätte. Es ist auch nicht die Tatsache, dass ich nach drei Stunden Fahrrad fahren die Treppen hochgehe als würde ich einen Achttausender ohne Sauerstoff besteigen. Nein. Vielmehr ist es das Denken, dass sich gewaltig ändert und dir mit einem gezielten Faustschlag in die jugendliche Magengrube die fast 40 Lebensjahre verdeutlicht, die du auf dem Buckel hast.

Manchmal erschrecke ich mich vor mir selbst. In Momenten zum Beispiel, in denen ich beim Betreten eines Clubs denke: „Oh Mann, das ist aber ganz schön laut hier!“ Oder dass man sich dabei erwischt, wie man die alten, ausgetretenen Pfade seiner Eltern beschreitet und natürlich auch gleich noch die dämlichen Sprüche und Ratschläge adaptiert.

Letzte Woche zum Beispiel habe ich eine Unterhaltung zwischen zwei Mädels - ich nenne sie hier mal Mädels - in der U43 belauscht. Eigentlich musste ich sie gar nicht belauschen, da sie so laut geredet haben, dass man zwangsläufig das gesamte Ausmaß der rhetorischen Entgleisung wie einen Erdbebenbericht in der Tagesschau vorgesetzt bekam. Die eine, etwas beleibtere von den beiden H&M-Grazien, beschwerte sich lautstark über das Trinkverhalten ihres Freundes, während die andere ihr, den leeren Kopf nickend, recht gab.

„Ey, er is herbe süß, ja? Abba isch kann da nisch drauf wenn der immer so voll is. Letzten Saaaamstach, ja, da hat er mein Spumante gesoffen und noch den Baileys und nachem Kotzen hatta sisch mit meim Hello-Kitty-Slip den Mund abgewischt, ja? Der is voll der Freak, ja?"

„Eeeescht? Isch würd den klatschen wenn das meina wär, ja!"

Ich sitze direkt vor den beiden auf einem kleinen, zur Hälfte aufgeschnittenen Sitz und versuche durch das Lesen von Tags mein Lachen zu unterdrücken. Oder waren es Tränen, die ich zurückhalten wollte? Ich weiß es nicht mehr genau. Auf jeden Fall erwischte ich mich dabei, wie ich diesen Gedanken durch meinen Kopf schießen sah. Dieser Gedanke, der mir so bekannt vorkam und der mir auf die eindringlichste und schrecklichste Art und Weise verdeutlichte, dass ich alt werde, so denke, und ja, so werde wie meine Eltern! Ich dachte:

„Die Jugend von heute! Das hätte ich mir damals nicht geleistet … ."

Grauenhaft! Was kommt als nächstes? Werde ich schon morgen Papierschnipsel vom Bordstein mit meinem Krückstock in den Rinnstein schubsen? Werde ich den spielenden Türkenkindern von gegenüber den Ball wegnehmen, wenn sie damit zu laut gegen die Garagentore schießen? Werde ich auch bei meinen eigenen Kindern, falls ich so was noch hinkriegen sollte, solche Verhaltensmuster an den Tag legen? Werde ich ihnen klarmachen, dass die Einhaltung von Regeln mit der Position ihrer Füße unter meinem Tisch zusammenhängt? Ich muss mich schütteln.

Nein, das werde ich nicht! Dafür bin ich doch viel zu locker! Oder? Wir werden es abwarten müssen. Ich werde mich selbst überwachen und kontrollieren, ob es sich verschlimmert und bei starker Veränderung des Krankheitsbildes sofort Gegenmaßnahmen einleiten. Es kann ja wohl nicht sein, dass ich hier zusehends altere und niemand etwas dagegen unternimmt. Na ja, ich mache jetzt erst mal Feierabend und freue mich ganz unbefangen und ohne Gedanken an mein Alter auf das Wochenende. Vorher muss ich noch kurz bei der Apotheke vorbei. Hab mir gestern beim Hausflur wischen irgendwie den Nacken verknackst. Ich denke, ein ABC Pflaster über Nacht und ich kann morgen wieder gerade gehen.

DER SCHROTT DER ENGEL

So hatte ich mir das gar nicht vorgestellt. Es ist riesig, heiß und stickig, ja - aber irgendwie auch gar nicht so wie erwartet. Erwartungen habe ich ja nicht besonders viele, Los Angeles jedoch hatte ich mir anders vorgestellt. Irgendwie dreckiger, lauter und auf den ersten Blick auch gefährlicher.

Vor ein paar Stunden war ich noch in Iserlohn, das hat mir mehr Angst gemacht. Nun stehe ich am Ausgang des LAX, ein Flughafen mit eigener Postleitzahl, warte auf mein Taxi und weiß gar nicht wo ich hin will. Ich habe weder ein Hotel noch eine Ahnung, wie ich mit dem besoffenen Kopp überhaupt eine annehmbare Entscheidung treffen kann. Delta Airways ist schmuddelig und die Flugbegleiterinnen sind extrem hässlich. Vielleicht nicht immer. Bei meinem Flug schon. Aber diese Fluglinie verfügt über einen schier unerschöpflichen Vorrat an hervorragenden Weinen. Ich bin mir sicher, dass auch noch Wein da war, als er mir verweigert wurde. Ein schroffes „Sie haben genug!“ machte meine Pläne, den Rekord für „die größte von einer Einzelperson getrunkene Menge Wein während eines Fluges“ zu erreichen, zunichte.

Als ich auf den Mülleimer mit integriertem Aschenbecher zugehe, muss ich kotzen. Es überkommt mich recht schnell, ohne Ankündigung. Befreiend. Peinlich. Mein Taxi kann ich mir abschminken, der Fahrer nimmt jemanden mit, der seinen Mageninhalt nicht außerhalb mit sich führt. Ich lasse mir ein neues Taxi bestellen, kontrolliere in der Scheibe der Werbetafel für Mountain Dew meine Mundwinkel und stelle mich brav aber wankend an den Straßenrand.

Fette Karre. Das Taxi ist riesig. Nachdem das Gepäck verstaut ist sitze ich, durch eine zerkratzte Plastikscheibe vom Fahrer getrennt, auf klebrigen Kunstledersitzen hinten und sehe grinsend aus dem Fenster. Die Klimaanlage ballert auf Hochtouren und alle Fenster des Taxis sind trotzdem geöffnet. Mein erster Einblick in die an Größenwahn grenzende Verschwendungssucht der Westküstler.

Im Radio läuft „Hotel California" von den Gipsy Kings. Ich frage den Taxifahrer, ob es dieses Hotel California denn auch wirklich immer noch gäbe. Er bejaht die Frage und schaut mich besorgt im Rückspiegel an. Ich glaube, ich bin ihm nicht ganz geheuer. Meine Tätowierungen, der offensichtlich stark angetrunkene Zustand und das ewige Fragen in lallendem Akzent machen ihn nervös.

„Ok, take me to the Hotel California!"

Er nickt kräftig, beruhigt durch den Umstand jetzt ein Ziel zu haben, an dem er mich los wird. Sicher beschäftigte ihn die Sorge, mich den ganzen Tag von Bar zu Bar zu fahren, hunderte sinnloser Fragen zu beantworten und am Ende wahrscheinlich auf seinem Fahrpreis sitzen zu bleiben. Ich lehne mich zurück, nehme ein paar hundert Meter der Autofahrt mit meiner Kamera auf und lasse den Urlaub beginnen.

Das „Hotel California" ist eine asoziale Surferabsteige. Der Charme des Songs verfliegt auf der Stelle. Preislich kann man nicht meckern, die 70 $ pro Nacht sind okay, vorsorglich habe ich aber direkt Bescheid gesagt, dass ich nur 2-3 Tage bleiben werde. In weiser Voraussicht, denn ich kann mir schon vorstellen, dass ich den Plan hier einzuchecken morgen nicht mehr so toll finden werde, weil ich dann nüchtern bin. Um dem entgegen zu wirken mache ich mich auf, die Umgebung nach einer hotelnahen Stammkneipe zu erkunden.

Irgendwie abgefahren: Ich kenne die ganze Ecke hier aus dem Fernsehen. Vorbei am Santa Monica Pier, dem hölzernen Steg, der gespickt mit Kirmesbuden, Fresstempeln und Bars in den Ozean ragt, bis hin zur Third Street Promenade. Es wirkt irgendwie surreal auf mich. Auch ohne Alkohol. Glaube ich.

Die Third Street Promenade ist eine kleine Straße, in der keine Autos fahren, was für die USA eine extrem ungewöhnliche Straße aus ihr macht. Sie wirkt auf mich wie eine verkehrsberuhigte Zone in Deutschland, rote Pflastersteine, Blumenkübel, Straßenmusiker. Das rotleuchtende Schild mit der Aufschrift „BAR“ zieht mich zu sich und lässt mich wie ferngesteuert die Tür darunter durchschreiten. Die Bar sieht aus wie ein Bistro, hell, modern und funktional. Soll mich nicht stören. Ich bestelle ein Bier und mache von dem Angebot Gebrauch, sich gegen den kleinen oder auch großen Hunger einen Burger von „Johnny Rocket's“ gegenüber liefern zu lassen. Der Kellner bemerkt meinen Akzent und fragt, woher ich komme. Nachdem ich ihm mitgeteilt habe, dass ich aus Deutschland bin, nickt er mit leerem Blick, der mir zu verstehen gibt, dass er nicht den Schimmer einer Ahnung hat, was und wo Deutschland ist. Er bestätigt mich mit dem Zusatz:

„I love Scotland, man! You have nice girls over there!“

Ich versuche nicht, ihm die geografische, kulturelle und sprachtechnische Entfernung Deutschlands zu Schottland näher zu erläutern und stürze mein Bier herunter. Ich merk schon. Das wird hier nicht einfach mit den Amis.

Die Bar ist lahm. Uninteressant, zu steril. In der Nordstadt in Dortmund gibt es solche Läden gar nicht. Dafür jede Menge Spelunken. Und die liebe ich. Also haue ich mir den wirklich großartigen Burger mit Fries zu Ende rein, trinke dazu ein weiteres Helles und mache mich auf den Weg, das echte, unverfälschte Amerika zu entdecken. Große Worte, wenn man nicht einmal mit Bestimmtheit sagen kann, ob es das überhaupt gibt. Bis jetzt habe ich davon nicht viel gesehen. Nur Kitsch, Oberfläche und Dummheit. Nicht sehr befriedigend, da hätte ja auch ‚ne Fahrt nach Düsseldorf gereicht.

Warum bin ich überhaupt hier, hätte ich mein Geld nicht besser auf den Kopp hauen können? Zu Hause war ich gerade in einer ziemlich miesen Situation. Gerade aus einer Beziehung raus, die nächste irgendwie schon vor der Tür stehen, Altlast meets new trouble. Will ich das jetzt? Ich musste einfach weg, weit weg. Der Umstand, dass ich mir jedes Jahr eine Weltmetropole oder zumindest eine interessante Großstadt vornehmen wollte, ließ Los Angeles als Reiseziel vor meinem inneren Auge immer deutlicher Gestalt annehmen. Dienstag morgens ins Reisebüro, Flug gebucht, Tasche gepackt, Donnerstag geflogen. Kein Hotel, keine Ahnung, keine Termine, so macht‘s mir am meisten Spaß.
Dieses Erkunden, erleben was und wann man möchte. Niemand, der mit Sonnenbrille und Stadtplan neben dir her läuft und so Sachen sagt wie:

„Wenn wir da vorne rechts gehen kommen wir zu den Universal Studios, wo wir doch gerade hier sind!?“

Nein, ich hab keinen Bock auf diese ganze Scheiße. Abklappern von dämlichen Orten mit dämlichen Namen, an denen vor mir schon Millionen anderer dämlicher Urlauber die ewig gleichen Fotos geschossen und ewig gleichen Sachen gesagt haben. Das ist doch kein Urlaub, das ist Scheiße. Ich will aufwachen, von mir aus um 17.00 Uhr und dann machen, worauf ich Lust habe. Im Bett liegen bleiben bis 18.00, zweimal hintereinander wichen, duschen und dann vor die Tür gehen.

Einfach loslaufen oder mit ‚nem Taxi soweit fahren, bis man irgendwas Interessantes sieht und anhält. Die Welt erkunden. So schnell und so intensiv wie ICH es gerade für richtig halte. Das is doch geil.

Die Sonne geht langsam unter und berührt das Meer. Ich sitze hinter dem Hotel am Strand neben dem Pier und wühle mit meinen Zehen den Sand auf. Hinter mir wird gerade eine Szene für eine amerikanische Vorabendserie gedreht, irgendwas mit Cops auf Mountainbikes in schwulen Uniformen.

Dann sehe ich ihn. Der Typ ist groß, stämmig, bärtig und ziemlich stark tätowiert, sein Gang lässt ihn auf Außenstehende wirken, als wüsste er, wo er hin will und was er dort machen wird. Er kommt direkt auf mich zu, lächelt nicht, zeigt keine Regung im Gesicht. Jetzt werde ich langsam nervös. Ich überlege, welchen Gegenstand ich ihm in die Schnauze hauen soll, falls er mich angreift oder mir blöd kommt. Ich umklammere meine Kamera feste mit der rechten Hand. Ist ‚ne alte Digitalkamera, sollte sie in seinem Mund zu Bruch gehen, werde ich das überleben.

Sein Schatten verdunkelt mein Gesicht und ich merke, wie ich innerlich bebe. Aber anders als erwartet fragt mich der bärtige

Typ nach meinem Befinden, amerikanisch oberflächlich zwar, aber immerhin. Meine Tattoos gefielen ihm und wo ich denn herkommen würde. Nach anfänglicher, typisch deutscher Scheu gegenüber soviel Interesse an einer fremden Person läuft unser Gespräch fast wie von selbst. Wir quatschen, lachen und lästern über die Filmcrew und die Schauspieler hinter uns, bis es endgültig dunkel wird. Er greift in seine Tasche, zieht eine kleine, braune Papiertüte hervor und reicht sie mir. Bourbon! Da kann ich nicht nein sagen. Das verbietet schon die Höflichkeit.

Er muss lachen als ich ihm erzähle, dass ich im Hotel California wohne und bietet mir an bei ihm zu wohnen. Viel Platz habe er nicht aber es wäre schließlich umsonst und er könne mir L.A. zeigen…

Der Gedanke, in Los Angeles mit einem tätowierten, bärtigen, fremden Mann nach Hause zu fahren, der nett zu mir ist und mir Whiskey gibt, nachdem er mich am Strand angesprochen und mir Komplimente zu meinen Tattoos gemacht hat, lässt mich kurz innehalten. Bärtige Bären reizen mich gar nicht und Arschficken ist was für mich, so lange ich den aktiven Part übernehmen darf. Nach kurzer Überlegung aber höre ich mich sagen:

„Sure! Thank you!"

Wir gehen zum Parkplatz und steuern auf seinen Wagen zu, einen Lincoln Continental in bronzemetallic mit einem Aufkleber am Heck der da sagt: „Vietnam Veteran on Board!" Auf mein Nachfragen bestätigt er die Teilnahme an einem der sinnlosesten Kriege der Geschichte. Ich frage nicht weiter, schließlich will ich eine entspannte Zeit verleben und nicht Traumata ehemaliger Vietcong-Jäger wecken. Wir schweigen während der Autofahrt durch riesige Straßenschluchten, verkommene Ecken mit Wahrsagerbuden und Fastfood Restaurants, nur unterbrochen von kurzen Erklärungen meines ungewöhnlichen Chauffeurs zu Bauwerken und Straßennamen.

Mir fällt auf, dass ich seinen Namen gar nicht weiß, ich frage ihn und er antwortet kurz und süffisant:

„Call me Dad!

Ich bin mir immer noch nicht ganz sicher, ob es die richtige Entscheidung war zu ihm in den Wagen zu steigen, ich weiß ja nicht mal, wohin wir fahren. Was hab ich mir dabei gedacht? Zwei Liter Chardonnay, ein paar Bier und ein Schlückchen Bourbon reichen also aus, um sämtliche anerzogene Vorsichtsmaßnahmen, die man als Kind mit auf den Weg bekommen hat, auszublenden. Jetzt sitze ich hier völlig besoffen in einem alten Wagen mit einem alten Fremden, 9.320 km von Dortmund entfernt und bin auf dem Weg nach… - scheiße, genau! Wohin fahren wir eigentlich? Ich hab nicht mal gefragt, wo „Dad" wohnt, bin ich eigentlich total bescheuert?

Beruhige dich, Sascha, alles wird gut. Du bist paranoid. Was soll schon passieren, der Typ ist freundlich und will dir helfen, gib ihm eine Chance. Du weißt doch wie es ist, wenn man vorschnell beurteilt wird. Ich frage ihn wo er denn wohne.

„Inglewood!"

Verdammt! Ich sehe mich schon mit diesem dicken, weißen Typen in einem Viertel, in dem sonst nur 4 % der Einwohner die gleiche Hautfarbe haben. Jetzt ist mir endgültig mulmig und ich stelle mir vor, wie ich von zwei schwarzen Rappern auf Dads Veranda angeschossen werde. Ruhig bleiben.

Ich versuche, mich etwas abzulenken. Dad hört Rammstein und ich übersetze ihm ein paar Zeilen des Songs „Du riechst so gut". Er ist belustigt und gibt zu, dass er sich die deutsche Bedeutung wesentlich spektakulärer vorgestellt hatte. Seiner Meinung nach hätte es ruhig was mit dem Holocaust zu tun gehabt haben können.

Wir biegen in eine kleine Gasse ein und Dad deutet auf eine Garage mit einem kleinen Grünstreifen daneben. Am Dach der Garage ist ein Basketballkorb befestigt. Hier wohnt Dad also. Ich jetzt auch. Prost Mahlzeit.

Drinnen ist es größer als erwartet. Ein Tisch, eine Couch, eine Matratze, ein paar Regale und ein Waffenschrank. So kann man's aushalten. Nachdem Dad mir erklärt, dass er auf der Matratze und ich auf der Couch schlafen werde, bin ich etwas beruhigt. Dad fragt mich, ob ich Waffen mag.

Natürlich mag ich Waffen, ich liebe sie. Anhand meines Grinsens kann er erkennen, dass wir die gleiche Leidenschaft teilen und beginnt sofort damit, mir den Inhalt seines Schrankes vorzuführen. Ich bin begeistert. Nachdem er ein paar Handfeuerwaffen Typ Beretta 92 vorgeführt hat, zeigt er mir einen vernickelten Revolver im Kaliber 454Casull, ein Gerät mit dem man Lkws stoppen kann. Ich bekomme feuchte Augen. Er zaubert Waffe um Waffe aus seinem Schrank, Pumpaction-Schrotflinte mit Klappschaft, Scharfschützengewehre aus Vietnam, Kevlar-Rifles mit Laseroptik und die gute alte Tommy Gun aus Al Capones Zeiten.

Zu guter Letzt kramt er noch eine alte Gasmaske aus dem Schrank, an die er einen Schlauch angebracht hat, der am Ende ein Köpfchen einer Graspfeife besitzt. Dad verspricht mir, am nächsten Morgen die ABC-Angriffs-Bong zu laden, mit mir zu rauchen und dann mit mir zum Schießstand zu fahren um die Casull auszuprobieren. Der Urlaub scheint doch noch etwas entspannter zu werden. Komisch, dass der Umstand, dass Dad kifft und schießt, mich irgendwie zu beruhigen scheint.

Ich verbringe die nächsten Tage bei Dad. Wir gehen essen, schießen, wir versuchen bekifft vor der Garage Körbe zu werfen, singen in Karaoke Bars „Suspicious Minds" von Elvis, zocken Billard mit dicken Samoanern mit Zöpfen in Baseballtrikots, wir cruisen durch L.A., flüchten vor vollgekoksten Mexikanern, die auf unsere Tattoos nicht klarkommen und haben einfach eine scheißgute Zeit… , aber irgendwas fehlt mir.

Es ist nicht das Essen, nicht die Leute oder das Wetter. Es ist irgendwas Unerklärliches. So was wie Heimweh, glaub ich. Ja, scheiße, es ist Heimweh. Ich bin in einer Stadt, die ich aus tausenden Filmen kenne, die ich immer mal besuchen wollte. Eine Stadt, in der alles möglich scheint, vieles zu viel ist und manches nötig wäre. Eine Stadt mit Charme, Herz und Kopf.

Das ist es wahrscheinlich auch, was mich an zu Hause erinnert. Es reicht mir. Ich hatte eine tolle Zeit, aber ich will nach Hause. Zu Kronen Pils und Currywurst, zu wortkargen Arschlöchern am Kiosk und zu meinen Leuten. Freunde, Familie, all dem Kram, der mich weggejagt hat, der mich ins Reisebüro, ins Flugzeug und auf einen anderen Kontinent getrieben hat. Genau dahin wünsche ich mich jetzt zurück.

Einen Tag später verabschiede ich mich von Dad, eine toller Begegnung mit einem tollen Menschen, die ich nie vergessen werde. Ich buche meinen Rückflug zwei Tage früher und verschwinde.

Manchmal muss man wohl erst Abstand haben, um zu erkennen, was einem dieser ganze Scheiß bedeutet. Ich freue mich schon auf den Weißwein beim Rückflug.

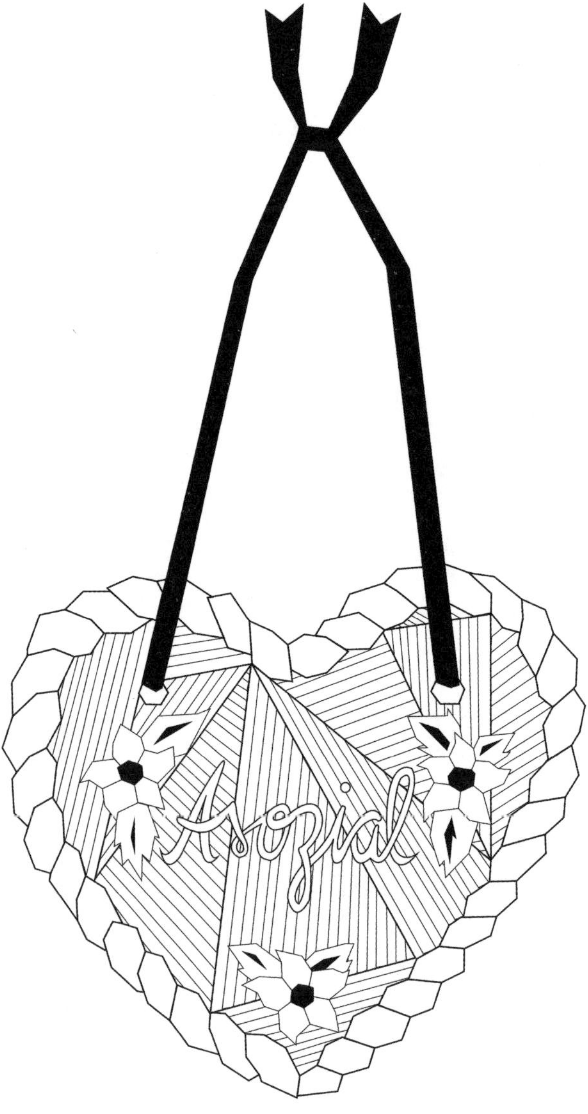
Asozial

NÄCHSTE FAHRT RÜCKWÄRTS

Es regnet. Seit Stunden. Unaufhörlich und wie aus Eimern. Ich weiß nicht genau, warum es im englischsprachigen Raum Katzen und Hunde regnet, hier sind es jedenfalls keine Bindfäden, sondern Schiffstaue.

Die Regentropfen auf der Scheibe liefern sich ein Rennen nach dem anderen, ich habe aufgehört Favoriten zu ernennen, da die Teilnehmerzahl langsam ins Unermessliche steigt und ich die Tropfen auch nicht mehr auseinander halten kann. Das Wetter sorgt für Flaute in der Ladenkasse, die Leute wollen sich anscheinend nur piercen lassen, wenn die Sonne scheint, obwohl sie dann mit dem frischen Schmuckstück eh nicht die Freuden des Sommers genießen dürfen. Aber die Logik der Kundschaft bleibt mir seit jeher verschlossen.

Vielleicht ist auch eine Kirmes in der Nähe. Hier, in der ländlichen Gegend, in der ich gerade meine Arbeitszeit absitze, ist so eine Kirmes wie ein Magnet. Und das nicht nur für die Jugend. Kollektive Besäufnisse von Dart-, Kegel- und Sparklubs werden nirgendwo so exzessiv zelebriert wie auf der Kirmes.

Kirmes! Als Kind löste allein das Wort bei mir einen freudigen Schauer inklusive Gänsehaut aus. Drei tolle Tage standen mir bevor, wenn in Iserlohn-Letmathe die Kilian Kirmes, benannt nach dem heiligen St. Kilian, aufgebaut wurde. Für die dörfliche Lage war diese Kirmes recht groß, dutzende Fahrgeschäfte, Los- und Wurfbuden, Schießstände und Fresstempel reihten sich aneinander. Von Freitag bis Sonntag war ich da. Jeden Tag. Vom Anfang bis zum Ende. Montags war eigentlich auch noch was los, aber ich hatte die drei Tage zuvor so was von Vollgas gegeben, dass mir der Montag egal war. Da das Bierzelt überdacht war, konnte ich eh nichts von dem Feuerwerk sehen.

Die Finanzierung der drei Tage übernahmen meine Eltern. Kirmesgeld war das Zauberwort! Mein Vater zückte dann immer sein braunes Lederportemonnaie, das über die Jahre die Form seiner rechten Arschbacke angenommen hatte, da er seit 1973 darauf saß, und steckte mir 100 Mark zu. Natürlich nicht, ohne mir flüsternd verstehen zu geben, dass ich Mama davon nichts sagen sollte. Das gleiche machte meine Mutter. Sie kramte dann immer in der Küche in ihrer Handtasche und steckte mir 50 Mark zu. Natürlich versprach ich auch ihr, meinem Vater nichts davon zu erzählen. Wieso sollte ich auch?

Bewaffnet mit 150 Mark, einer Flasche Berendsen Appelkorn und der Bereitschaft, heute alle sozialen Verhaltensmuster abzulegen und mich besinnungslos zu trinken, stapfte ich von zu Hause los. Ich war dreizehn und sehr wohl in der Lage, zu Hause den aufgeweckten Sohnemann zu spielen, der gerne Karussell fährt und Zuckerwatte an seine Freundin verschenkt, nachdem er ihr ein Lebkuchenherz geschossen hatte. Sobald ich jedoch das Haus verlassen hatte, mutierte ich zu einem asozialen Gesellschaftsterroristen, der sich nichts sehnlicher wünschte, als auf 2,8 Promille am Autoscooter zu stehen und die Nationalhymne zu rülpsen.

Mein alter Ego fühlte sich wohl in Stretchjeans, Cowboystiefeln und Jacketts mit Schulterpolstern. Die Haare an den Seiten nach hinten gegelt und eine Schachtel Marlboro unter das T-Shirt an der rechten Schulter geklemmt, stand ich am Autoscooter und beobachtete die zahnlosen Mitarbeiter beim rückwärts Einparken der kleinen Flitzer. So asozial, fertig und abstoßend diese

Typen das ganze Jahr über auch waren - an diesen Tagen bekamen sie bewundernde Blicke von allen Seiten. Denn auch wenn es niemand zugeben wollte, so hätte man doch gerne selbst einen Universalschlüssel aus Plastik mit Fuchsschwanz für alle Wagen gehabt und wäre noch lieber im Stehen, mit einer Hand an der Antenne, rasant an kleinen Mädels vorbei gefahren, um ihnen ein Auge zuzukneifen. Na ja, heute sammeln diese Typen Pfandflaschen im Park und die einzige Antenne, die sie noch anfassen, ist der DVB-T Empfänger im Männerwohnheim.

Gut, dass ich damals nicht sofort meine Koffer gepackt habe, als ich das erste Mal das Schild „JUNGER MANN ZUM MITREISEN GESUCHT“ gesehen habe. Wie bei vielen Dingen des Lebens ist die Vorstellung ja meist schöner als die Realität. Für mich hatte das Schaustellerleben nichts mit harter Maloche und Entwurzelung aus der Heimat zu tun, sondern war eine romantisch verklärte Mischung aus trinkfreudigem Zigeunertum und der ersten Folge von „Silas“ mit Patrick Bach.

Der Autoscooter war so was wie ein Treffpunkt der Trinkerelite in meiner Stadt und ich denke, dass dieses Phänomen sicherlich grenzüberschreitend für alle Dörfer gilt. Nach und nach trudelten alle ein und man merkte von Stunde zu Stunde deutlicher, dass man nicht mehr über sich selbst bestimmte. Etwas anderes hatte von mir Besitz ergriffen! Natürlich in erster Linie der Alkohol, denn nachdem man geschätzte acht Dosen Hansa Export mit einem Schraubenzieher aufgestochen und auf Ex geleert hatte, gab man gerne die Kontrolle in die Hände einer höheren Macht.

Allerdings gab es da noch etwas anderes auf der Kirmes, das angetrunkene Jungs und Mädchen zu Marionetten des Volksfestes machte. Die Rede ist von Hormonen! Spätestens nachdem die Sonne untergegangen und die Kinderkarussells ihre Bleche runter geklappt hatten, wurde man zum Spielball des anderen Geschlechts. Der Treffpunkt verlagerte sich unbesprochen vom Autoscooter zum Schlager-Express. Hier war der hintere Teil blickdicht mit einer Plane verdeckt, sodass man nicht nur rauchen konnte, ohne von den Nachbarn gesehen zu werden, sondern auch knutschen, so fern man eine adäquates Pendant gefunden hatte. Adäquat hieß in diesem Fall, dass sie nicht vorher gekotzt haben durfte oder - wenn sie sehr attraktiv war -, dass sie nach dem Kotzen ein Kaugummi gekaut hatte.

Das Knutschen im hinteren Teil des „Schlager-Express“ oder auch der Yuppie-Variante, der „Petersburger Schlittenfahrt“, folgte einem bestimmten Ritual, das man automatisch übernahm ohne es zu hinterfragen. Die Mädels saßen auf dem Metallgeländer des Fahrgeschäftes und als Kirmesfreund platzierte man sich davor zwischen ihren Beinen und knutschte, rauchte und soff in dieser Position. Unterbrochen wurde dieses seltsame Balzen, dass Prof. Bernhard Grzimek sicher interessiert hätte, nur von Kurzbesuchen am „Hau-den-Lukas“, dem Stromschlagkasten und dem Boxautomaten. Hier war der Ort für den obligatorischen Schwanzvergleich der Männchen meiner Spezies. Es konnte durchaus vorkommen, dass sich manche Paarungen hier auflösten und neu gemischt wurden. Im Endeffekt war es ja auch egal, vor wem man sich am nächsten Morgen ekeln musste.

Das Bierzelt weckte eigentlich erst mein Interesse, als ich 16 oder 17 war. Da war die Zeit reif für ein Umdenken in meinem Trinkverhalten. Ich brauchte wesentlich mehr Bier und Schnaps als in den Jahren zuvor, um den Zustand der Glückseligkeit zu erreichen, und so entschloss ich mich gegen Autoscooter, Round-Up und all die anderen Laufstege der Eitelkeiten und für das Bierzelt.

Besser war die Gesamtsituation dort sicher nicht, aber die Mädchen im Zelt waren zugänglicher und das Bier kam mehr oder weniger frisch gezapft ins Glas. Als störend empfand ich lediglich die Grünröcke, Schützenvereinsmitglieder in Uniform. Das Hemd aus der Hose, die Krawatte gelockert und die Schirmmütze verkehrt herum, versuchten sie sabbernd im Rudel, die soeben eroberten Kirmesschnicksen abzuwerben.

Die Erfolgsquote der Schützenbrüder war zwar verhältnismäßig gering, jedoch nervte es ordentlich, seinen Tisch und den daran sitzenden Fang alle dreißig Minuten verteidigen zu müssen, als wäre es ein imaginäres Aufzuchtrevier einer Wildschweinfamilie. Inklusive Grunzen und Beißen.

Schlägereien waren eh keine Seltenheit und da im Sauerland eine ordentliche Zeltwemserei quasi zum guten Ton gehört, trafen sich hier nicht nur Alkoholiker und Notgeile, sondern auch echte Iserlohner Streetfighter, die sich das ganze Jahr darauf freuten, dir die Schnauze einzuschlagen. Was sie dann meist auch taten! Besonders wenn es regnete und das Bierzelt total überfüllt war, weil keiner Bock hatte, sich den Arsch vollregnen zu lassen. Während man kopfüber im „Ranger" festsaß, konnte es schnell passieren, dass Gläser flogen.

Apropos Regen! Der Regen hat aufgehört. Kundschaft kommt aber immer noch nicht. Ich werde jetzt mal Feierabend machen und noch kurz in die Innenstadt gehen, was essen und ‚n Bierchen trinken. Mal sehen, vielleicht ist ja wirklich Kirmes…

BLEIBEN SIE DRAN

Es gibt nichts, was uns hält, Au Revoir
Und zum vierten Mal holen wir den Pokal
Jetzt ist die Zeit, nach 24 Jahren
Wir bringen ihn Heim, Au Au
Au Au Au Revoir
Au Revoir
Maracanã
Au Revoir"

Was zum Teufel?

Wenn meine Ohren kotzen könnten, hätte ich den ganzen Tag nasse Schultern. Es fällt mir mittlerweile mehr als schwer, gute Miene zum bösen Spiel zu machen. Ich komme mir verarscht vor. Verarscht und bevormundet. Und das in allen Bereichen meines Lebens. Was ist bloß passiert?

Sachen, die im Radio laufen, die im Fernsehen ausgestrahlt werden, Sachen, die in der Werbung, auf dem Telefon oder in der Zeitung abgehen. Das alles macht mich fertig, echt fertig. Eine Zeit lang kann man sich ja zurückhalten, alles abnicken und auf Besserung hoffen. Doch dann kommt doch wieder der Moment, indem man merkt, dass man nur nicht dagegen aufbegehrt, weil es einem nicht mehr auffällt. Die Scheiße hat sich dann so hoch um mich herum aufgetürmt, dass ich den Überblick verloren habe. Ich erwische mich, wie ich vor dem Fernseher liege und mir ernsthaft dreimal direkt aufeinander folgend einen Werbeclip ansehe, der für eine Telefonhotline wirbt.

„Der Sinn des Lebens? – Warum haben auch Männer Brustwarzen?“

Ich schrecke hoch und denke, dass das ja gar nicht sein kann, dass ich das freiwillig sehe. Irgendwas hat die Kontrolle übernommen. Keine Außerirdischen oder so was, sonst würde ich mir einfach ‚ne schicke Mütze aus Alufolie basteln und die Attacke wäre abgewehrt. Nein, eine definitiv nicht höhere Macht, sondern eine ganz niedere hat mich geschwächt und verseucht mit ihrem gehirntodbringenden Wahnsinn. Ganz langsam fängt das an. In der Kindheit. Bei jedem Einzelnen.

Ich habe es letzte Woche noch gesehen. Eine junge Frau, etwa 28 Jahre alt, modisch gekleidet, Kinderwagen dabei, hat ihr zweites Kind an der Hand und fragt die alles entscheidende Frage:

„Jonas-Maria, magst du dein Eis nicht? Wenn du es nicht isst und dich nur damit vollschmierst, soll ich es weiter essen?“

Uaaaah, was passiert da mit Müttern? Vor zehn Minuten noch hat die Mutti geschätzte zwanzig mal gerufen:

„Tschüß, Jonas-Maria, Tschüüüühüüüüüüß... , die Mama geht jetzt!“

In der Hoffnung Jonas-Maria wüsste, was sie meint und es würde ihn auch noch interessieren, schiebt sie den Kinderwagen langsam vor sich her, winkt ihm zu und deutet an, einfach weiter zu gehen, damit ihm die Dringlichkeit des eigenen Weitergehens bewusst wird.

Das interessiert Jonas-Maria aber herzlich wenig, denn ein Kaugummiautomat mit Inhalt und angeflemmter Kunststoffscheibe ist für ihn definitiv aufregender, als die völlig absurde Vorstellung, seine Mudder würde ihn wirklich alleine hier stehen lassen. Sie zieht die Nummer doch eh täglich durch und bis jetzt ist er immer wieder nach Hause gekommen. Und zwar mit dieser lausigen Schauspielerin.

Und jetzt, zehn Minuten später, so eine diffizile Frage zum Eis essen. Da muss er doch verwirrt sein. Wenn er reden könnte, würde er ihr wahrscheinlich sagen, dass ihn das einen scheiß interessiert, wenn er sich mit Eis bekleckert. Er muss den Mist doch nicht waschen. Zu Hause putzt ihm die Alte den Arsch sauber und hier regt sie sich über Stracciatella auf, da stimmt doch was nicht!

Und genau damit fängt es an. Dieses „hier-stimmt-doch-was-nicht-Gefühl" beginnt genau hier und es wächst stetig und unaufhörlich. Manche hinterfragen es irgendwann nicht mehr, andere bemerken es gar nicht. Ich allerdings bin kurz davor, daran zu zerbrechen. Es macht mich direkt mürbe. Mürbe und müde.

Während der Schule, der Lehre, des Studiums, whatever, wird es langsam und unauffällig weiter ausgebaut. Der Wahnsinn manifestiert sich. Zu diesem Zeitpunkt hat ein durchschnittlicher Mensch schon so viele Lebensweisheiten, dumme Sprüche, Bilderfluten, Werbe-Jingles, Photoshop-Ohrfeigen und unterschwellige Botschaften geschluckt, dass die Saat aufgehen und gedeihen kann.

Man hinterfragt weniger oder gar nicht mehr, hält es für normal, wenn man alleine bei McDonalds am Tresen steht und nach einer Bestellung von vier Big Mäc Maxi Menüs gefragt wird, ob es zum Mitnehmen oder hier essen sei. Man wundert sich nicht, wenn bei Umfragen 65 % der Befragten glauben, dass es sich bei Willy Brandt um einen Zwieback-Fabrikanten aus Hagen handelt oder dass man durch die Legalisierung von Schaschlik niederländische Zustände herauf beschwören würde.

Niemand würde eine 100 qm Wohnung mieten, wenn er nur 50 qm davon nutzen würde, das wäre Verschwendung. Aber ich habe einen Handyvertrag mit 3000 Frei-SMS, obwohl ich höchstens 100 verschicke. Niemand würde die durchschnittlichen 89,2 kg Fleisch jährlich essen, wenn er sehen würde, wie es hergestellt wird. Aber da in Bärchenwurst gar keine Bären enthalten sind, auf der Verpackung nichts über den Tathergang des Tiermordes steht und sie auch noch lustig aussieht, kann es ja so schlimm nicht sein.

Niemand, der sein eigenes Geld verdient, würde gerne Schutzgeld zahlen. Ich habe trotzdem eine Haftpflichtversicherung, eine Unfallversicherung, eine Hausratversicherung, eine Rechtsschutzversicherung und eine - Achtung, jetzt kommt's – Lebensversicherung. Bei SATURN kauft man sich einen 3D-LED Full-HD Fernseher, obwohl kein Sender dementsprechendes Material ausstrahlt. Die Glotze kostet Saturn im Einkauf 350 € - genau der Betrag, den sie dir dann noch als 5 Jahre Garantieverlängerung auf den Preis von 1500 € draufschlagen. Schnäppchen gemacht!

Aus dem überbewerteten Film Fight Club stammt das Zitat: „Von dem Geld, das wir nicht haben, kaufen wir Dinge, die wir nicht brauchen, um Leuten zu imponieren, die wir nicht mögen." Und das trifft es ganz gut. Die Einschläge, die die Werbemeteoriten in unseren Gehirnen hinterließen, haben wir zwar nicht bemerkt, aber man kann sie deutlich sehen. Ein Beispiel: Ich sage so was wie „Waschmaschinen leben länger mit....", oder etwas wie „Carglass repariert... "

Funktioniert mit etwa 500 anderen Teilzitaten genau so effektiv und herkunftsübergreifend. Das ist auch nicht spooky oder yolo, das ist schrecklich. Schrecklich schlimm. Warum kommt das Gefühl dann nicht hervor? Das „Hier-stimmt-doch-was-nicht"-Gefühl. Es ist nicht mehr da. Tot.

Dann sitzt man in der Bahn auf dem Weg zur Arbeit, schlecht gelaunt, müde, verkatert oder gestresst, mit 120 anderen Idioten und man schüttelt kollektiv den Kopf über den Typen im grünen Parka, der um 08.30 Uhr morgens eine Flasche Weinbrand ansetzt und nach einem ersten großen Hieb das Gesicht verzieht, um dann in schallendes Gelächter auszubrechen. Jetzt gerade weiß ich gar nicht, wer ich lieber wäre. Aber das ist halt so. Das macht man so. Das haben wir schon immer so gemacht. Das wird weiter so gemacht. Was will man machen? Da machste nix.

Deshalb auch die Gleichgültigkeit. Im Radio läuft nach „Whistle" von Flo Rida mittlerweile „Geboren um zu leben" von Unheilig. Meine Stirn schmerzt. An meinem Türrahmen läuft Blut herunter. Ich brauche ein Tempo. Scheiße, ein anderes Papiertaschentuch geht auch.

HUND, KATZE, ARSCH

Die kleine, schwarze, Nase schnüffelt sich zuckend über den Asphalt, als ich an der Strasse stehenbleibe, um nochmal einen Blick nach rechts und links zu werfen, bevor ich über die Kreuzung gehe.

Die Autofahrer in der Nordstadt nehmen das mit den Ampelzeichen manchmal nicht so genau, und da ich ja mit Wanda, meiner Hündin, noch eine Schutzbefohlene mit mir führe, ist Kontrolle jetzt definitiv besser als Vertrauen. An der Haltelinie kommt ein mattschwarz foliierter Audi 80 älteren Baujahrs, Gott sei dank kontrolliert, zum Stehen. Der Fahrer tippt in seinem Handy wahrscheinlich gerade eine SMS an einen Homie, Quizduell oder Foursquare traue ich ihm irgendwie nicht zu.

Seine Beifahrerin lächelt Wanda mit verträumtem Blick an. Sie hat ihre pinken Airmax auf dem ohnehin abgerockten Armaturenbrett geparkt und ihr, mir verhasstes, Hundegrinsen von einer dieser beschissenen Fellkapuzen eingerahmt, die alle Durchnittsmösen am oberen Ende ihres schwarzen Daunenmäntelchens tragen, zugeworfen.
Die beiden sind so klischeehaft und austauschbar, dass ich kurz nachdenke, ob ich sie vielleicht kenne und das Grinsen deswegen aufgesetzt wurde. Nein , ich kenne sie nicht. Ihn auch nicht. Gut so.

Es ist ein extrem verbreitetes Phänomen. Wildfremde Menschen lächeln meinen Hund an. Nicht mich, meinen Hund. Manchmal schon aus mehreren Metern Entfernung. Das sind ganz unterschiedliche Typen von Menschen.

Ältere legen gerne den Kopf dabei auf die Seite und kommentieren dann den Faktor des Süßseins des Hundes wenn sie auf gleicher Höhe sind.

Junge Frauen, sagen nichts, ihr Lächeln ist allerdings das einer Irren. Ich nehme die Leine dann extra kurz, da ich manchmal befürchte, sie könnten auf die Knie gehen und Wanda die Lefzen lecken.

Pärchen grinsen den Hund an, dann ihren Partner um sich eine wortlose Bestätigung in Form eines zu einem „Oooooh“ geformten Mundes abzuholen und dann mit einem verklärten, sich dem Kinderwunsch entfernenden, Semilächeln weiterzugehen.

Sie alle wirken wie Verrückte auf mich, welchen Eindruck ich bei ihnen hinterlasse, kann ich mir nur schwer vorstellen. Eigentlich nehmen sie mich ja gar nicht wahr, ich bin uninteressant für die Irren, es sei denn, Wanda kackt. Dann geht die Niedlichkeit dahin und das andere Ende der Leine gewinnt an Bedeutung. Macht er die Scheisse weg oder lässt er sie liegen. Auch hier wird aber nochmal abgewogen. Macht er sie weg, ist alles auf Null und man geht seiner Wege. Macht er sie nicht weg und er sieht so aus wie ich, also tätowiert und möglicherweise angetrunken, ist auch alles ok. Macht er sie nicht weg und strahlt eine Art hilf lose, schwächliche Stimmung aus, wird er auf sein Fehlverhalten hingewiesen, beschimpft oder mit der Scheisse seines Köters beworfen und von einem fackeltragenden Mob durch die Straßen gejagt.

Menschen sind komisch. Also nicht komisch wie ein Clown, sondern komisch wie ein Erdbeben. Jeder hat davon gehört, man kennt es irgendwie aber wenn man mal live dabei ist, ist es halt komisch. Komisch wie schrecklich oder komisch wie Scheisse. Wie Hundescheiße.

Wanda und ich gehen über die Kreuzung in den Park am Naturkundemuseum, schlagen ein paar Haken durch die Scherbenhaufen, die die Modernisierungsverlierer hier bei ihrem letzten Gelage, in gleichgültiger Unachtsamkeit, durch den Wurf ihrer Flaschen gegen die mannshohen Findlinge, hinterlassen haben und kommen am Zielort an. Das Hundeghetto.

Ein, von einem freundlich, dunkelgrün gummiertem Drahtzaun, abgesperrtes und begrenztes Areal, das an einen Truppenübungsplatz nach einem Panzermanöver im Maßstab 1:25 erinnert und mit Kotbomben, Fäkalminen und Einschlagskratern durch Buddelangriffe übersät ist. Welcher Hund soll sich hier wohlfühlen?

Meiner nicht. Wanda fühlt sich eh nicht wohl, wenn andere Hunde zuviel Interesse an ihr zeigen und in diesen Ghettos sind meist eh nur gestörte Köter, da ihre Herrchen und Frauchen keinen Bock haben einen echten Spaziergang zu machen und sich mit einer Plastiktüte unter dem Arsch auf die integrierten Holzbänke setzen, um zu rauchen und das lecker Pils zu genießen, das sie von der Bude um die Ecke mitgebracht haben. Für viele der Hundebesitzer eine willkommene Auszeit von der selbstgewählten Hölle zu Hause, der Hund ist nur ein Vorwand, dem Partner das Saufen am Vormittag nicht erklären zu müssen.

Die Bezeichnung Hundeghetto habe ich gehört und übernommen, da ich sie echt treffend und einleuchtend fand und sie, auch ohne Bezug auf Warschau oder Johannesburg, für mich eine bezeichnende Darstellung von Ausgrenzung und Abschottung der Unterprivilegierten und Gehassten vermittelte. Hunde sind süß, wenn sie dir auf der Straße entgegenkommen, wenn sie kacken oder laufen wollen, hört der Spaß allerdings auf. Ähnlich wie bei Kindern.

Kinder haben aber noch die Möglichkeit, sich mitzuteilen, die kleinen Scheissviecher. Kackblagen, die Tjorben und Inken heißen, können ihren Eltern, die Susanne und Balian heißen, sagen, dass sie keinen Bock haben. Zumindest können sie es ihnen vorheulen. Diese Geschrei in jedem Café, jeder S-Bahn und jedem öffentlichen Ort, an den sie mit Buggies, Maxicosis und Tragegurten gekarrt werden, um dort ihrem Unmut Luft zu machen.

Sie quengeln, sie wollen, nein sie verlangen und sie schreien. Schreien für die Freiheit, schreien für ein Spielzeug oder einfach nur schreien, weil einer ihrer jetzt schon durch Apfelschorle kariösen Zähne durch das kleine, rosige Zahnfleisch drängt. Kinder schreien. Und man kann nicht mal einfach rübergehen und ihnen was in die Fresse hauen. Das wäre unpassend. Also für Susanne und Balian jedenfalls, für mich nicht. Ich hab mir das schon öfter bildlich ausgemalt, wie ich rübergehe an den Tisch dieser glutenfreien Mutter und mir den kleinen, fetten Samuel schnappe, ihm sage, dass er seine scheiss Fresse halten soll, weil ich gerade schreibe, mich unterhalten möchte oder einfach in Ruhe mein Bier trinken will. Die erschrocken glotzende Susanne bekommt Schnappatmung und sucht nach adäquaten Worten bevor ich sie teuflisch angrinse und ihr ins Gesicht brülle:

„Halte deinen kleinen Cerberus mal zurück, sonst trete ich ihm in die nicht vorhandenen Zähne, du dämliche Nutte. Und nimm das Wort Säugetier nicht zu wörtlich, das ist ein Café. Also pack deine welke Titte wieder ein, die mich stark an eine Orange in einer Tennissocke erinnert. Siehst du mich an der Titte meiner Begleitung lutschen? Nein! Also erwarte ich das von dir und deinen Bübchen-Öl-Freundinnen auch. Die Kellnerin war vorhin nur zu feige, dir in die Schnauze zu hauen, als du sie gefragt hast, ob du auch „nur" einen entkoffeinierten Espresso bekommen kannst, da du selbst laktosefreie Milch mitgenommen hast, die du ungefragt schon in deiner rotmetallicfarbenen Warmhalteflasche von Sigg auf dem Tisch platziert hast, bevor sie antworten konnte. Ich traue mich, ich hau dir ins Maul!"

Wo war ich gleich noch? Ach, ja…, Hunde. Menschen kann man grob einteilen, sagte man mir des öfteren. Einteilen in Hunde- und Katzenmenschen. Wahrscheinlich gibt es auch noch Kindermenschen, ich will gar nicht erst wieder davon anfangen. Hundemenschen sind so Typen wie ich, glaube ich. Ich mag Hunde. Nicht alle. Die kleinen Fotzenlecker, die in Handtaschen leben und Petersilie auf ihrem Nassfutter serviert bekommen, gehören nicht immer dazu. Sie mögen ja niedlich sein, aber spätestens wenn man sie mal so richtig durchkrault oder sie spielerisch von der Couch schubst, muss man sich 'nen neuen kaufen. Irgendwie auch Hunde, aber nicht so richtig halt.

Genauer gesagt, mag ich MEINEN Hund, die von Freunden auch und dann wird's auch
schon eng.

Katzenmenschen sind fanatische Verteidiger dieser Lebensform und lehnen Hunde meist ab. Sie umgibt eine elitäre Grundhaltung, die sich und ihr Tier über den Hund und seinen Besitzer stellt. Affektiert hochgezogene Einzelaugenbrauen kräuseln sich, wenn sie dir erklären, wie eine Katze, ihre Katze funktioniert. Diese Katzenmenschen beginnen gerne Sätze mit dem Wort Du oder deinem Vornamen, oder mit einer Kombination aus beidem.

„Du, Sascha…, der Anubis ist ein ganz stolzer Kater. Er sitzt auf seiner Fensterbank, beobachtet alles, schenkt aber nur den wichtigen, bedeutenden Dingen seine Aufmerksamkeit. Anubis ist extrem intelligent, nicht wie Hunde. Die machen, was du ihnen sagst, ohne nachzudenken. Wirfst du ein Stück Wurst auf die Autobahn, siehst du was ich meine…"

Dann muss ich mich kontrollieren, aufpassen, dass ich nicht mit dem Stammtischaschenbecher grobe Muster in den Katzenmenschenschädel schlage.
Das ist also Intelligenz? Ach was! In seinem Bühnenprogramm hat der begnadete Hasscomedian Götz Frittrang es mal ziemlich treffend beschrieben. Er bemerkte ganz nebenbei, dass Katzen ja sooo intelligent seien, das man nach Naturkatastrophen ja immer die Katzenstaffel ruft, um Menschen zu retten. Ganz zu schweigen von der bekannten Schweizer Lawinenkatze, die verschüttete Snowboarder regelmäßig aus den Schneemassen der schwarzen Pisten befreit. Dann gibt's da noch die Blindenkatze, deren Aufgabe darin besteht, ihr Herrchen an einer roten Ampel zu stoppen. Tolle Tiere. Ich lach mich tot.

Das Kackvieh sitzt auf der Fensterbank, weil direkt darunter die Heizung montiert ist und sie sich nicht den Arsch abfriert, wenn sie sich hinter der sicheren Scheibe vor Wanda's Fangzähnen versteckt, die ihr den pelzigen Arsch beim ersten arroganten Miauen aufreißen würden. Intelligenz manifestiert sich nicht beim Jagen eines roten Punktes aus dem Laserpointer auf der Wand und die Katze wird auch nicht besser als ein Hund, nur weil sie sich selbst sauberleckt. Wenn ich das könnte, wüsste ich auch ein, zwei Stellen, die ich mit meiner Zunge bearbeiten würde. Das ist also vollkommen gewöhnlich.

Anubis und Mietzi, Jorle und Felix. Sie alle können mal MEINEN Arsch lecken, ich scheisse auf sie. Auf sie und auf ihre affektierten Halter, die denken, Sheba wäre ein eigener Planet mit kleinen Trabanten, die Brekkies oder Whiskas heißen. Katzenmenschen treffen sich nachmittags in ihrem Königreichssaal der Katzen Jehovas und halten Versammlungen ab, in denen sie den Bau von Hundeghettos beschließen und sich anschließend gegenseitig ihre Analdrüsen reinigen. Katzenmenschen machen Granulat-Wandbilder aus Katzenstreu und versuchen nichts anderes als die Weltherrschaft an sich zu reißen. Katzenmenschen sind wie Kindermenschen. Ich scheisse auf sie.

Wanda scheisst gerade auf den Weg im Park vom Naturkundemuseum, ich nehme mit einem geübten Griff durch die Kacktüte ihr Häufchen auf und werfe es in den Mülleimer am Wegesrand. Eine ältere Dame geht vorbei und lächelt. Ich kann es ihr nicht verübeln. Ist ja auch echt ein schöner Tag.

INSEL DER VERDAMMTEN

Es ist schon wieder ein Jahr vorbei und ich habe die Bilder des letzten Jahres nicht mal so richtig aus dem Kopf bekommen. Jedes Jahr fahre ich mit den Kollegen aus dem Tattoostudio, in dem ich arbeite, in den Urlaub. Letztes und dieses Jahr nach Mallorca, Cala Ratjada. Es wirkt auf Außenstehende wahrscheinlich so, als wenn der Hochsicherheitstrakt der JVA Stammheim einen Betriebsausflug macht. Wir sind immer zehn bis fünfzehn Leute und keiner, wirklich keiner sieht aus wie der Standard-Mallorca-Urlauber. Es ist morgens 02.50 Uhr, ich stehe am Bahnhof und warte mit den anderen auf den Zug, der uns zum Flughafen bringen soll. Der Kreuzzug kann beginnen.

Zwei ältere Damen stehen am Bahnsteig und erzählen uns, dass sie seit 27 Jahren nach Ibiza fliegen, zusammen. Alle sind begeistert. Ich auch irgendwie. Allerdings glaube ich, dass sie uns unterschwellig unser Urlaubsziel entlocken wollen, um sicher zu gehen, dass sie nicht mit uns fliegen müssen. Verständlich. Sie lächeln beruhigt als wir kundtun, dass nur Mallorca vor uns zittern muss. Das Lächeln verschwindet prompt als einer meiner Kollegen einen Rülpser von sich gibt, der an ein rostiges Nebelhorn erinnert. Der Urlaub hat also begonnen.

Ein besoffener Schwarzer gesellt sich zu uns, er ist stark angeschlagen, singt alte Reggae Hits und geht fälschlicherweise davon aus, auf Freunde zu treffen, da wir ähnlich neben der Spur stehen. Er merkt recht schnell, dass der ganze Trupp eine eingeschworene Gemeinschaft ist, die Fremde langsamer toleriert als Nordkorea ausländische Journalisten - und das nicht wegen der Hautfarbe. Man hat es einfach schwer bei 12 ausgefeilten Charakteren, die jeder für sich schon schwierig sind. Aber gegen alle auf einem Haufen mit jeweils 2,5 Promille ist es so gut wie unmöglich. Er geht. Genau wie die anderen Fahrgäste in unserem Bahnabteil.

Es wird gefurzt, gelacht und geschrien bis Düsseldorf. Als wir endlich da sind, entspanne ich mich ein wenig. Der Flughafen ist etwas weitläufiger als die Regionalbahn, dadurch verläuft sich unser Geräuschpegel ein wenig leichter. Es ist nicht so, dass ich nicht ebenfalls zu einem asozialen Trunkenbold mutiere, wenn ich mit den Jungs unterwegs bin, aber manche Sachen lösen selbst bei mir den Fremdscham-Modus aus.

Ich öffne eine Dose Bier und winke einem Ehepaar zu, das mich mit offenem Mund anstarrt. Meine nicht freundlich gemeinte Freundlichkeit lässt sie zusammenzucken. Der Mann zeigt auf ein imaginäres Ziel neben mir um zu verdeutlichen, dass sie nicht mich angestarrt haben, sondern ihr Kopfschütteln dem Blumenkübel neben mir gilt. Ich grinse und rülpse in ihre Richtung, dabei zeige ich vorwurfsvoll auf den Blumenkübel und schüttelt meinen Kopf. Sie drehen sich rasch um und gehen Richtung Bistro. Schlechte Wahl, denn da gehen auch wir jetzt hin.

Auf halbem Wege jedoch ertönt die Ansage, die uns dazu aufruft, den Flieger sofort zu besteigen. Wir werden namentlich aufgerufen und haben es damit drei Jahre in Folge geschafft, ein Flugzeug auf uns warten zu lassen. Erschreckend!

An der Tür zum Ferienflieger werden wir nicht begrüßt und bekommen auch keine Zeitungen angeboten. Die anderen Urlauber sind stinksauer, und wenn hier heute jemand nach der Landung applaudiert, dann nur, wenn uns die Stewardessen mit einem Kissen im Schlaf erstickt haben. Drauf geschissen. Ich

verstehe eh nicht, wieso die Leute klatschen, wenn der Pilot das Ding runtergebracht hat, das ist sein scheiß Job! Ich applaudiere nicht, wenn der Bus hält oder das Taxi vor meiner Tür ankommt, nicht wenn der Müll abgeholt wird und erst recht nicht, wenn das Flugzeug landet. Ein Applaus impliziert doch immer, dass es eine zweite Option gibt, nämlich, dass er es nicht schafft.
Ich persönlich würde nur klatschen, wenn das Ding von einem der Fluggäste gelandet wird, weil der Pilot einen Schlaganfall hatte.

Da wir nur noch die übrigen Plätze zugewiesen bekommen, sitzen wir natürlich nicht zusammen, sondern über das ganze Flugzeug verteilt. Ich habe richtig Glück und sitze alleine in einer Dreierreihe auf einem Exit-Seat, der meinen fast zwei Metern Körpergröße sehr entgegenkommt. Ich schnalle mich an, bestelle zwei Fläschchen Grauburgunder und lehne mich entspannt zurück. Zwei Stunden, drei Wein, zweimal pissen und acht schmutzige Witze später landen wir auf Mallorca oder Malotze, wie die Einheimischen sagen. Mein Mund ist klebrig, weil ich besoffen mit offenem Mund geschlafen habe und die Klimaanlage meine Schleimhaut in ein Nutellabrot verwandelt hat. Sie mit dem Rest Wein zu befeuchten ist auch keine gute Idee, ich versuche es trotzdem.

Wie immer stürmen alle gleichzeitig los, plündern die Gepäckklappen und verlassen das Flugzeug, nur um dann wieder gemeinsam am Gepäckband zu warten. Ich schlurfe langsam hinterher und werde für meine entspannte Grundhaltung belohnt, in dem mein Koffer als Nummer drei aus dem Gepäckschlund geworfen wird. Ein guter Anfang meines Urlaubs. Am Zoll nochmal kurz zittern wegen des ganzen Partymaterials in unseren Körperöffnungen und dann sind wir auch schon am

Bus, der uns nach Cala Ratjada bringt. Eine Stunde fahren wir vom Flughafen bis zum Hotel, eine Fahrt durch die wüstenähnlich verdorrte Landschaft Mallorcas, gesäumt von alten Hunden und frisierten Motorrollern mit gebräunten Poolanimateuren, die ihren Sturzhelm grundsätzlich am Arm tragen statt auf dem Kopf. Ich bestaune einige Fincas und Häuschen und nehme mir fest vor, nach meinem nächsten Lottogewinn auch so ein Anwesen zu kaufen, und dann aus purer Verschwendung niemals darin zu wohnen.

Die ersten Hotelburgen tauchen am Horizont auf und die Dichte der kleinen Läden, die Luftmatratzen und Sonnenschirme verkaufen, nimmt ebenfalls zu. Ich habe mich sehr auf das Meer und die Sonne gefreut, die fetten Deutschen, die sonst überall auftauchen, wollte ich geschickt ausblenden, gar nicht so einfach in der Praxis. Das erste Elefantenpärchen erblicke ich Steuerbord und mir wird klar, dass es immer gleich ist. Also die Namen und Wohnorte der Urlauber sind wahrscheinlich unterschiedlich, die Kleidung und das Verhalten allerdings nicht.

Die Männer tragen, wenn sie über 50 sind, kurze Jeanshosen mit zugeknöpftem Polohemd, durch das man die Konturen des Schiesser-Unterhemdes noch erahnen kann. Dazu braune Ledersandalen mit weißen Socken, die bis zum Knie hochgezogen werden. In der Hand eine Videokamera und um den Hals ein Fotoapparat, beide Geräte natürlich aus der vor-vor-vor-vorletzten Generation und an Größe und Gewicht nicht zu überbieten.

Die Frauen tragen, wenn sie über 50 sind, bunte Kleider, vorzugsweise mit Blumenmuster, und dazu einen Schlapphut von Ambre Solair aus den Siebzigern, der sie seither in jeden Urlaub begleitet hat. Man holt sich ja so schnell einen weg in der Sonne. Die verhornten Hacken zieren weiße Ledersandalen mit leichtem Absatz und darin verhindern fleischfarbene Nylonsocken die Blutzufuhr zu den geschundenen Füssen. Über der Schulter trägt sie die Einkaufstasche "Big Shopper", in der sich alles befindet, was es auf diesem Planeten gibt. Sonnenmilch, Taschentücher, Tupperdosen mit Apfelspalten, Pflaster, alle Busfahrpläne von Spanien, Ausweise, Impfpass, Butterbrote mit Käse, eine Flasche Kölnisch Wasser, zwei Bananen, zwanzig Blatt Toilettenpapier, eine Tube Wund- und Heilsalbe, die aktuelle HÖRZU und natürlich die Ersatzakkus und das Ladegerät für die Videokamera des Gatten.

Die Männer unter 50 tragen Dreiviertelhosen mit Trekkingsandalen und ein Camp David Hemd mit Applikationen, die nach Prügel schreien. Auf dem Kopf eine Basecap von VW, die es damals für zwanzig Liter Sprit an der Aral Tanke dazu gab, und um den Hals ein enges Lederkettchen mit einer Muschel oder wahlweise einem Miniatur-Haifisch-Zahn als Anhänger daran. In der Hand halten sie nur ein Smartphone, mit dem sie filmen und fotografieren. Allerdings sind alle anderen Funktionen deaktiviert, da es sonst zu zusätzlichen Kosten im Ausland kommen könnte.

Die Frauen unter 50 sehen exakt genau so aus! Der einzige Unterschied mag vielleicht sein, dass sie statt der Trekkingsandalen meist diese total widerlichen Crocs tragen, eine Gartenschuhwerkdesignkatastrophe, die ausschließlich hergestellt wurde, um Menschen von Arschlöchern zu unterscheiden.

Alle diese Urlauber, egal welchen Alters, haben am Flughafen eine Software aufgespielt bekommen, die sie solche Sachen sagen lässt wie zum Beispiel:

“Nee, das ist aber ganz schön teuer!”

…oder aber:

“Kerlokiste, ist das heiß hier!”

Unser Bus ist vor dem Hotel angekommen und eine unverständliche Stimme nuschelt ins Bordmikrofon. Wir steigen aus und checken ein. Das Hotel ist eine Art Bungalow Anlage mit Selbstversorgung, finde ich ganz ok. Der Strand ist von hier zu sehen und die Bucht, in der das Hotel liegt, ist echt ein Traum. Ein Albtraum sind wir allerdings für unsere Nachbarn. Mit nacktem, volltätowiertem Oberkörper und einer Dose San Miguel in der Hand stehen wir auf den Balkonen und prosten uns zu. Revier angepisst!

Kurz frischmachen und dann geht‘s auch schon zum Strand, der zwar etwas voll ist, aber das sind wir ja auch. Ich schnappe mir meine wasserdichte Kamera und filme mich beim Pissen und Bier saufen im Meer, herrlich, darauf hatte ich mich gefreut. Das Meer hat nicht nur dank mir eine tolle Temperatur, und obwohl Wasser eigentlich gar nicht mein Element ist, plansche ich verzückt hin und her und genieße die heiße Sonne, die mir meinen angesoffenen Schädel röstet. Das ist so ein Moment, indem man lächelt und genau weiß, dass man genau deswegen hierher gekommen ist und alle Strapazen, fetten Urlauber und andere Querelen gerne dafür in Kauf nimmt.

Morgen werde ich nach dem ersten Kaffee und dem darauf folgenden Kacken ein Auto oder ein Motorrad mieten und nach einem Strand suchen, an dem ich vielleicht alleine bin. Oder ich baller nochmal nach Palma, da war ich letztes Jahr auch und hatte den besten Tag des Urlaubs, als ich durch die Gassen der Stadt geschlendert bin. Mal sehen, ich mach mir keinen Terminstress, ich bin ja schließlich im Urlaub.

RÜCKKEHR VON DER INSEL DER VERDAMMTEN

Ich hasse alles. Alles und alle. Ich, der Philanthrop, beschreite gerade ein Gebiet, welches mir zwar nicht fremd ist, das ich aber in dieser ausgeprägten Form lange nicht mehr für mich entdeckt habe. Den Hass.

Es ist 08.59 Uhr und ich sitze im Flughafen von Palma de Mallorca. Mein Flug hat über eine Stunde Verspätung, und nachdem ich schon im Hotel von einer besoffenen Diskomöse auf dem Heimweg aus meinem verdienten Schlaf gerissen wurde, ist jetzt das Limit erreicht. Ich halte mich nicht mehr zurück, meine Augenbrauen berühren sich in der Mitte und ich gebe jetzt alles. Hass für alle. Hass in rauen Mengen und für jeden. Keiner wird mich beruhigen, keine Worte mich besänftigen und kein Angebot könnte mich dazu verleiten, ein Lächeln aufzusetzen.

Jeder, der Beleidigungen oder Fäkalsprache ablehnt, sich in irgendeiner Form verletzt fühlen könnte oder zart besaitet ist, sollte jetzt unbedingt weiterlesen. Denn ich hasse auch euch. Und darum möchte ich der Welt und allem Leben darauf ein lautes FICK DICH entgegenschleudern. Willkommen in meinem Reich. Willkommen im Reich des Wahns und des Hasses.

Moment - die Lautsprecherdurchsage! Was sagt er? Oder sie? Ich habe kein Wort verstanden. Ach so, das war Spanisch, jetzt kommt Deutsch. Ich verstehe immer noch nichts.

In einem Zeitalter, in dem man im Fernsehen sieht, dass es möglich ist, in einen Honda Civic sieben Plasma-TVs und eine Stereoanlage mit 15.000 Watt Musikleistung einzubauen, ist man nirgendwo auf der Welt in der Lage, in einem Flughafen ein Lautsprechersystem zu installieren, welches eine einzige Aufgabe qualitativ zufriedenstellend bewältigt:

Einen einfachen, live gesprochenen Audiokommentar verständlich wiederzugeben.

Ich stehe von meinem Sitz im Wartebereich auf und gehe rüber zum Burger King. Mein Blick wandert von den definitiv saudummen Angestellten, das erkenne ich am offenen Mund beim Entgegennehmen der Bestellung, über die dreckigen Sitzplätze bis hin zum leeren Burgerregal oder der Burgerrutsche, wie man in Systemgastronomiekreisen zu sagen pflegt. Leer. Natürlich. Wieso sollte man denn auch Burger vorbereiten oder schon mal welche in das Regal legen. Wer kann denn schon damit rechnen, dass von den 71 Menschen, ich nenne sie jetzt einfach mal Menschen, die hier jeweils vor den zwei geöffneten Kassen stehen, irgend jemand etwas essen will. Nein, da wartet man jeden Wunsch erst ab, gibt ihn durch das durch Speichel verklebte Headset an den nächsten Vollpfosten hinter der Rutsche weiter und sagt dann in einem unverständlichen Kauderwelsch etwas, das einem vermitteln soll, es sei gleich soweit und man solle an der Seite warten.

Da stehen dann natürlich schon acht andere Arschlöcher, die einen so ansehen, als würde man auf ihren und nicht auf den eigenen Burger warten. Und warum spricht die kleine Halbfrau mit dem zu engen, roten Polohemd und dem Lippenpiercing eigentlich kein Wort Englisch? Ich hab doch gerade absichtlich nicht auf Deutsch bestellt, weil ich nicht davon ausgehen kann, dass das jeder versteht. Englisch ist doch zu erwarten. Auf einem Flughafen. In einem amerikanischen Fast Food Konzern. Oder hab ich mich verlesen? Da steht doch Burger King auf deinem Namensschild. Maria, du kleine Fotze. Da steht nicht "Hamburguesa El Rey"!

Grins mich nicht so debil an, Maria. Und wenn, säubere deine Zahnspange vorher von dem Dreck, den du mir auch gleich andrehst. Ich hasse dich. Dich und deinen scheiß Laden hier.

Mein totes Rind im Brötchen ist endlich fertig und ich kann hier weg. Maria lächelt, ich zeige ihr den Mittelfinger und gehe zurück zum Wartebereich D93.

Das D steht für Doomsday und die 93 ist eine Hommage an den Flug vom 11. September, der über Pennsylvania beschloss, seine letzte Landung wie einen Bullseye-Wurf beim Darten aussehen zu lassen. Jetzt hätte ich beinahe gelächelt. Das kommt sicher vom Gammelfleischsandwich. Von dem Teil ist mir mittlerweile so schlecht, dass Andere das Grummeln meines Magens hören können.

Ich gehe zu den Toiletten und stoße die Tür zum Herrenwaschraum mit dem Fuß auf, um die Türklinke nicht anzufassen. Wieso sagt man eigentlich Herrenwaschraum? Hier wird gepisst und geschissen, aber selten gewaschen, nicht mal die Hände. Fragt mal Maria...

Drinnen angekommen weiß ich, wieso ich die Tür nicht mit der Hand aufmachen wollte. Papiertücher sind natürlich nicht in den Spendern, wozu auch? Wer sich nicht wäscht, braucht sich nicht abzutrocknen. Die Toilettenkabinen sind besetzt, bis auf eine. Die ist vollgeschissen. Und zwar so, als wenn man eine Super-Soaker mit Gülle gefüllt und dann dreihundertmal gepumpt hätte, bevor man sie aus fünf Metern Entfernung auf die Kabine richtet und abdrückt.

Irgendjemandem scheint das nichts ausgemacht zu haben, denn in der Scheiße sind verschiedene Fußspuren zu erkennen, die nach dem Kackeattentat entstanden sein müssen. Die Pissoirs können nur noch mit Hammer und Meißel gereinigt werden und die Klofrau, die auch hier wie in jedem Land natürlich schwarz ist, weil Weiße und Scheiße anscheinend nur auf dem Papier zueinanderpassen, hat längst kapituliert.

Dann eben nicht. Dann scheiße ich eben das Flugzeug voll. Ich gehe zurück zu den Wartesitzen und beschließe, mich etwas hinzulegen. Früher ging das. Heute sind die Sitze nicht mehr gepolstert, sondern aus Metall. Zwischen den Sitzen sind große Lücken und die Randbereiche sind ergonomisch angehoben, damit sie bloß keine gerade Liegefläche bilden. Man will im Flughafen keine Menschen liegen sehen. Nicht, weil es an Mogadischu erinnert, sondern weil schlafende Menschen lange Wartezeiten verbildlichen und somit den Beförderungsfaschisten das eigene Versagen vor Augen geführt wird.

Ich setze mich auf den Boden und beobachte die anderen Arschlöcher, die auf ihren Flug warten. Wie viel menschlicher Schrott hier auf diese Insel kommt! Ich kann verstehen, dass die Einheimischen hier nicht so gut auf die Touris zu sprechen sind. Fette deutsche Rentner und fette englische Rentner saufen und huren um die Wette, in einem Paralleluniversum, das näher, günstiger und belastbarer nicht sein könnte.

Da! Wieder so ein Augenwinkelgucker! Das sind Typen, die sitzen schräg gegenüber und ihr Kopf ist geradeaus gerichtet. Die

Augen allerdings starren dich seitlich an, das Gesicht versteinert sich, weil es in den Augen weh tut oder brennt oder beides. Unsinnig, und sieht scheiße aus. Ich strafe ihn mit einem direkten Blickkontakt und gewinne das Duell.

Hier in der Flughafenhalle gibt es eigentlich momentan niemanden, dem ich nicht eine Zustellung eines Anthraxbriefes wünschen würde. Ich weiß schon ganz genau, wie der restliche Trip ab hier aussehen wird. Wir steigen in den total runtergekühlten Flieger, das Ding startet, wir langweilen uns, das Ding landet, die Idioten klatschen und das war's.

Wenn ich ehrlich bin, mache ich mir jeden Urlaub mit dem Rückflug wieder kaputt. Die Entspannung, die Alkoholexzesse, die Sonne - das alles verschwindet von meiner Seelenliste in dem Moment, wo die Organisation des Heimflugs beginnt. Ich weiß eigentlich gar nicht, warum ich mir das immer wieder antue. Doch! Jetzt weiß ich's wieder. Um es aufzuschreiben. Denn noch besser, als es zu erleben, ist es, davon zu erzählen…

NIGHT OF THE RAGING BULLS

Die Umkleidekabine erinnert ein wenig an alte Wochenschauberichte über Bergwerke und deren Kumpel, wie sie in ihren Waschkauen stehen und die Kohle aus ihren geschwärzten Poren waschen. Der Geruch ist fast unerträglich. Eine Mischung aus altem und neuem Schweiß, Kunststoff und Duschgel, man gewöhnt sich erst ganz langsam daran. Es ist Dienstag und ich habe heute Training. In vier Wochen ist mein großer Tag, dafür muß ich fit werden. Unbedingt. In vier Wochen wird sich zeigen, ob ich der großen Herausforderung gewachsen bin. In vier Wochen ist mein erster offizieller Boxkampf.

Seit etwa drei Jahren trainiere ich jetzt Muay Thai. Ich gehe nicht auf Wettkämpfe oder so, ich mache das, um fit zu bleiben und etwas Bewegung zu kriegen. Effektiver als ein Boxtraining geht es eigentlich nicht mehr. Als ich damals das erste Mal da war, hat es genau 20 Minuten gedauert, bis ich kapituliert habe. Ich war beim Aufwärmen schon so fertig, daß ich ernsthaft Probleme hatte, mein Essen in mir zu behalten. Vor Erschöpfung kotzen? Ach, das gibt´s nur bei Marathonläufern! Mmmh.., oder hier!

Es war schon ein wenig seltsam beim ersten Training. Ein guter Freund hat mich mitgenommen und mir Mut zugesprochen. Den hatte ich auch bitter nötig, als ich in die Trainingshalle kam. Alle starrten mich an, dachten aufgrund meiner Tattoos natürlich, daß ich hier für den Ernstfall auf der Straße übe und meine soeben gewonnenen Kampfkunstfähigkeiten direkt einsetzen werde um wehr- und harmlosen Omas ihre Handtasche zu entreißen, nachdem ich ihnen mit einem Kehlkopfschlag den nötigen Atem für Hilferufe genommen habe.

Ich blicke in Gesichter, die ebenso gut aus einem Scorsese-Film hätten stammen können. Die üblichen, türkischen Kids, die definitiv häufiger hier auftauchen als beim Freitagsgebet. Ein paar Russen, die stundenlang ohne Handschuhe auf Echtlederpratzen einschlagen, als wären ihre Fingerknöchel aus Beton und natürlich die Schwachköpfe. Schwachköpfe findet man in jedem Sportstudio, egal ob Fitnessbude oder Kickboxschuppen.

Das sind die Typen, die nach zwei Minuten am Boxsack einen halben Liter Eiweißdrink in sich reinschütten um dann weitere zehn Minuten vor dem Spiegel zu posieren und ihre nicht vorhandenen Trizepsstrukturen zu flexen. Vornehmlich tauchen diese Vögel im Rudel oder zumindest zu zweit auf. Da lobt man sich dann gegenseitig, hält dem anderen die Stange beim Bankdrücken und auch wenn einer mal sein Duschgel vergessen hat, so ist auf seinen Freund Verlaß.

Ich werde meinem Trainer vorgestellt. Joe ist ein feiner Kerl, das merkt man gleich. Er hat dieses verrückte Glänzen eines Straßenkämpfers in den Augen, daß er allerdings geschickt mit der väterlichen Freundlichkeit eines professionellen Boxtrainers zu verbinden weiß. Joe ist im Vergleich zu mir ziemlich klein, nachdem er mir zur Begrüßung die Hand gegeben hat, weiß ich jedoch, daß das nichts mit seiner Fähigkeit zu tun hat, dir innerhalb von Sekunden das Grinsen aus der Schnauze zu hauen. Ein kerniger Typ, ich bin gespannt.

Joe erklärt mir die Ausgangsposition und lässt mich etwa eine Stunde lang stupide Schrittfolgen und Schläge machen, langweilig! Aber obwohl ich eigentlich nur kleine Tippelschritte gemacht und ausschließlich den linken Jab geschlagen habe, fühle ich mich wie ein Kartoffelsack. Mein linker Arm hat ein eigenes Gehirn entwickelt und gehorcht mir nicht mehr, ich bin erschüttert.

Wie unfit kann man sein, daß man einen Muskelkater im Arsch kriegt, nur weil man eine Stunde einen Fuß vor den anderen gesetzt hat? Jetzt rächt es sich also, daß ich immer mit dem Taxi zur Pommesbude fahre wenn ich zu voll zum Laufen bin.

Joe ruft mich zu sich. Er erklärt mir, wie man mit Pratzen trainiert...., Pratzen, nicht Bratzen, wie er hinzufügt, als wäre er sich meiner bevorstehenden Frage bewußt, ob er damit meine Trainingspartner meine. Pratzen sind unförmige Lederkissen, die man sich an die Unterarme schnallt und dann seinen Trainingspartner darauf einschlagen lässt. Links, rechts, links. Links, links, Aufwärtshaken. Links, rechts, linker Haken. Links, rechts, links, Highkick zum Kopf. Bäääm!

Highkick zum Kopf hört sich easy an, ist es aber nicht. Natürlich kriege ich mein Bein so hoch. Allerdings reißt es auf halber Strecke mein anderes Bein mit hoch und ich liege für einen kurzen Moment horizontal in der Luft bevor mein Steißbein eine Delle in den Fußboden schlägt. Daher muß der Ausdruck kommen „der Gearschte sein", der Schmerz ist so ekelhaft und unerträglich, daß man sich wünscht, man wäre mit der Fresse aufgeschlagen. Kein Schmerz im Gesicht kann dem Schmerz eines geprellten Steißbeins das Wasser reichen.
Besonders wenn man merkt, daß den Aufschlag fast jeder gehört hat und sich alle nach dir umsehen. Dann heißt es cool bleiben. Jeder fällt mal hin oder um, es kommt darauf an, wie man wieder aufsteht und vor allem, wie man dabei aussieht.

Ich beiße auf die Zähne als ich mich wie eine Robbe auf den Bauch drehe und versuche in eine Art „100Meter-Sprint-Start-position zu kommen. Die Tränen schießen mir in die Augen als ich endlich wieder gerade stehe. Franzl, mein Trainingspartner, pisst sich fast in die Hose vor Lachen weil er sieht, daß mein Versuch cool auszusehen eher an den Bildband „Faces of Wurzelbehandlung“ erinnert. Ich stelle mich zu den Schwachköpfen an den Spiegel, trinke etwas und nehme mir eine kleine Auszeit. Franzl haut in der Zeit jemand anderem in die Schnauze. Das kann er.

Die Wochen und somit auch die Trainingsstunden ziehen ins Land, ich treffe mittlerweile mehr mit meinen Fäusten als mit meinem Arsch und die Fortschritte sind unübersehbar. Es macht echt richtig Spaß, ich trainiere mittlerweile vier bis fünf mal die Woche, kenne die Namen der anderen Haudegen hier und werde auch nicht mehr so dämlich angeglotzt wenn ich zum Training erscheine. Fitty, ein Freund von mir, ist zu meinem dauerhaften Trainings- und Sparringspartner geworden und Franzl bemüht sich weiterhin um den Feinschliff bei uns beiden Bewegungslegasthenikern.

Fitty und ich nehmen uns öfter mal, wenn wir Sonntags abends alleine im Gym sind, beim Sparring mit der Videokamera auf, um dann zu Hause vor den Frauen mit unseren urtriebigen Höhlenmenschenfähigkeiten zu prahlen. Die Szenen, wo man auf den Arsch fällt, kann man ja vorher rausschneiden. Kurzum, es ist ein geiles Hobby, das fit hält und auch noch Spaß macht. Sport war nie so wirklich mein Ding und darum freut es mich umso mehr, gerade in dieser Disziplin meine Leidenschaft gefunden zu haben.

Es ist schon spät als ich nach dem Training zum China-Imbiss fahre, um mir meine Kohlenhydratbombe zum Mitnehmen abzuholen. Der schmierige Tresen in der Bude ist mit Zetteln beklebt, die mir mitteilen:

„TOALETE 50 ZENT“ oder auch JEDER TAG KNURPSIGE ENTE“

Die Zettel sind allerdings wohl zu klein gewesen, denn die Schrift darauf fängt auf der linken Seite groß an und wird nach rechts immer kleiner bevor sie sich dann schließlich sogar nach unten neigt, um noch auf das DIN-A4 Blatt zu passen. Ich grinse und stelle mir vor wie Gung mit raushängender Zunge vor dem Blatt sitzt und beim Schreiben immer sagt:

„Ohohohohohoh!“

Mein Handy klingelt und Gung sieht kurz von seinem Sudoku hoch und nickt mir kräftig zu, als wenn ich die Challenge, in einem Imbiss auf dem Handy angerufen zu werden, hiermit bestanden hätte. Ich nicke zurück und gehe ran.

Am Telefon meldet sich Ricardo, ein Freund aus Köln und gleichzeitig der Mann von Kristina, einer langjährigen Freundin aus meiner alten Heimat im Sauerland. Nach kurzem Smalltalk erklärt er mir, daß er Freunde in Köln habe, die einen Boxkampf veranstalten. Jeder könne sich anmelden und gegen einen Kumpel boxen, so richtig mit offiziellem Wiegen, Pressekonferenz, eigenem martialischem Filmeinspieler und dem ganzen Scheiß. Die Jungs nehmen sich und die Veranstaltung nicht ganz ernst, das Ganze ist ein bißchen Comedy und ein bißchen Show, geboxt wird aber richtig und nach internationalem Boxreglement. Man

denkt sich einen Kämpfernamen aus, strickt sich eine abgefahrene Biographie zusammen und macht dann abends bei dem Kampf so richtig ein Faß auf. Mit Drohungen bei der Pressekonferenz, Beleidigungen des anderen Kämpfers und so richtig auf dicke Hose machen. Boxen eben.
Ricardo macht eine bedeutungsschwangere Sprechpause bevor er mich direkt fragt:

„Sascha, würdest Du gegen mich boxen?"

Ich sehe mich in dem China-Imbiss um als hätten alle das Gespräch mithören können. Vor mir spult sich bereits der Film ab. Ich, von den Scheinwerfern des Boxrings stimmungsvoll ausgeleuchtet, Schweiß tropft in Zeitlupe von meiner Stirn, die Frauen kreischen meinen Namen und drängen zum Rand des Rings. Mein Coach nickt zufrieden während mein Gegner reanimiert wird und sein Trainer mit einem Handtuch das Blut vom Ringboden zu wischen versucht. Hinter mir steht Michael Buffer, nach meinem Arm greifend um ihn in die Höhe zu strecken, und ruft:

„The NEW Heavyweight Champion of the World...."

Ich bekomme eine Gänsehaut, auf der man Möhren raspeln könnte und höre mich in das Handy sagen:

„Alles klar, Ricardo, ich bin dabei!"

Er erklärt mir noch kurz, daß er mir die genauen Eckdaten der Veranstaltung noch zukommen läßt und wünscht mir einen netten Restabend. Uns beiden ist sofort klar, daß das das letzte Mal ist, daß wir uns etwas Nettes wünschen, bis der Kampf beendet ist. Ab jetzt sind wir Gegner, Feinde, Kontrahenten. Mein Blick verengt sich als ich das Essen lasziv mit einer 10€ Note bezahle und dem Asiaten ein wissendes Bruce-Lee-Auge zukneife.

Ich verlasse den Laden und fahre nach Hause. Nachdem ich den Glutamat Tsunami mit Zwischenstopp in meinem Magen in die Toilette gejagt habe, verbringe ich die restliche Nacht damit, über einen Kampfnamen nachzugrübeln. Gar nicht so einfach.

Wie kann man sich denn nennen, ohne billig oder aufschneiderisch zu klingen und trotz allem noch Angst und Schrecken zu verbreiten? Alles ist besser als Arthur Abraham, denke ich so bei mir. Ok, toll, wenn du mit gebrochenem Kiefer noch acht Runden lang Zähne fliegen lassen kannst, jedoch verliert das ganze etwas an Männlichkeit wenn du vorher mit einer weißen, penisähnlichen Kopfbedeckung zum Lied der Schlümpfe in den Ring einmarschiert bist. Vielleicht bringt Ferrero ja bald Überraschungseier raus, wo in jedem siebten Ei ein Boxer drin ist. Dann sieht man in zwanzig Jahren Asoziale, die bei RTL2´s Trödeltrupp versuchen, ihre Ü-Ei Sammlung zu verticken…

„Kumma hiä, dat is de Axel Schulz..., isch hab noch de original Fackelmann Mütze dazu. Ohne die is der nur die Hälfte wert!“

Aber ich verrenne mich hier nur wieder in Nonsens, ich brauche einen Namen. Einen Namen. Einen Namen. Ich hab´s!

Ich nenne mich „EL PULPO“, der Tintenfisch.

So nannten mich die Hotelangestellten in meinem letzten Urlaub in Spanien, immer wenn ich als der tätowierte Vollassi, der ich bin, aus dem Pool geklettert bin. Aufgrund der Farbe in meiner Haut und dem Wasser drum herum, fanden sie Tintenfisch wohl witzig. Hehe.., Die Spanier.

Klar, das passt. El Pulpo, the mexican Kickass..., ein Name, der Köln erschüttern und in aller Munde sein wird wenn meine eiserne Faust sein Denkmal in das Gesicht meines Gegners geschlagen hat. Apropos Gesicht..., ich muß das Mysterium perfekt machen, ich brauche etwas, daß mich abhebt von den anderen Pennern, etwas geheimnisvolles, unverkennbares, so etwas dämliches wie eine Maske! Ja, ich werde eine Maske tragen! Ich lache geheimnisvoll in meinem Bett und werfe mir meine Decke über wie einen Superhelden-Umhang. Lächelnd schlafe ich ein.

Der nächste Morgen ist energiegeladen und macht auf mich den Eindruck, als hätte ich über Nacht ein autogenes Training absolviert, daß Körper, Geist und Schwanz stärkt. Ich fühle mich gut, stark.
Vor dem Spiegel im Bad sehe ich mir tief in die Augen und sage mir ins Gesicht:

„Guten Morgen, Champ!"

Ich kneife mir ein Auge zu, mache dabei einen schnalzenden Laut und imitiere mit meiner Hand einen Colt Peacemaker, den ich gerade dämlicherweise auf mich selbst abgefeuert habe. Bescheuerte Geste eigentlich.
Die Oral-B oszilliert wie bescheuert und während sich mein Placque löst, denke ich über ein Script für meinen Trailer nach. Trailer sind ungeheuer wichtig im Showbiz. Eine kurze, eindringliche, verfälschte, dramatisierte und manipulierte Vorstellung des eigentlichen Hauptprodukts..., so etwas brauche ich.

Heute abend nach der Arbeit werde ich die Kamera und ein Stativ zum Training mitnehmen.

Die Tage ziehen ins Land, ich trainiere mittlerweile nicht mehr jeden Tag sondern jeden zweiten. Die Muskeln sollten Regenerationsphasen bekommen und meine Leber auch. Also haben sie abwechselnd alle zwei Tage einen Erholungstag, das ist doch fair. Die Kamera ist recht häufig im Einsatz, Fitty filmt mich, ich filme Fitty. Da ich die Möglichkeit habe, den ganzen Scheiß zu Hause zu schneiden, bin ich in der Lage, die brauchbaren Szenen von den unbrauchbaren zu trennen.

Männer, die sich beim Furzen filmen, klasse. Aber auch unbrauchbares Material wurde verwertet. Ich habe zum Beispiel an einem Trainingsabend, als ich allein im Gym war, die Kamera auf ein Stativ gestellt, den Ausschnitt kontrolliert und auf Aufnahme gedrückt. Dann postierte ich mich vor dem Spiegel, der im Bild zu sehen war und begann mit Seilhüpfen. Schnelles Seilhüpfen. Verdammt sauberes, schnelles Seilhüpfen. Ich trug dabei eine thailändische Shorts mit dem Aufdruck „DESTROYER".

Wenn man genau hinsieht, merkt man, daß ich nicht so schnell seilpringen kann, sondern ‚daß ich gar kein Seil in der Hand habe. Statt dessen halte ich in meinen Händen zusammengerollte Handbandagen, die den Eindruck der Seilgriffe hinterlassen. Die schnelle Handbewegung sorgt dafür, daß man denkt, das Seil drehe sich so schnell, daß man es nicht mehr erkennen kann. Noch´n alter Filmlook Effekt mit Flimmern drüber gelegt, hat bis heute keiner gemerkt.

Dazu ein paar Schläge am Boxsack gefilmt, weitere an der Boxbirne und das Ganze mit guter Musik unterlegt. Was bietet sich hier mehr an als „Eye of the Tiger"?
Der Clip gefällt mir. Er ist dynamisch, bedrohlich und irgendwie auch unterhaltsam. Und das alles in nur einer Minute Spieldauer.

Es ist also Dienstag, mein Kampf ist in vier Wochen und ich habe heute Training. Ich sitze im Wohnzimmer meiner Bude und packe meine Tasche. Bandagen, Boxhandschuhe, Mundschutz, Tiefschutz, alles wird mehr oder weniger lustlos zusammen gepackt und verstaut. Die Unlust zum Training zu gehen fordert mittlerweile mehr Disziplin als das Training selbst, solche Zustände sind bekannt und laufen unter dem Namen „Übertrainiert". So muss sich das anfühlen, ich habe ernsthaft keine Lust aufzustehen, der Weg zum Auto allein ist für mich jetzt schon unüberwindbar, was ist bloß los mit mir?

NEIN! So nicht! Ich habe einen Auftrag, ich habe eine Herausforderung angenommen und ich werde sie bestehen. Ich gehe jetzt zum Training, und zwar eine Stunde länger als sonst, eine Stufe härter als sonst, ein Level derber als sonst. Zeigs ihnen Sascha!
Ich mache ein hasserfülltes Gesicht als ich mir die Tasche über die Schulter werfe und gerade in Richtung Tür gehen will als mein Blick über den Wohnzimmertisch streift. Neben alten Happy-Weekend-Heften und verkrusteten Rotweingläsern steht ein großer Aschenbecher, der zum Bersten gefüllt ist, ein sogenannter Kippen-Igel.

Inmitten des Igels steckt ein halber Joint. Eigentlich fast ein ganzer Joint, nur angeraucht und dann vergessen oder einfach in der Camouflageumgebung der anderen Stummel, im Igel untergegangen. Wie dem auch sei, das Wort „Frevel“ taucht deutlich sichtbar über dem Igel auf. Wie eine Mahnung blinkt der ganze Aschenbecher und lockt mich mit seinem verführerischen Duft von kalter Asche und..., ja von kalter Asche halt!

Ich stelle die Tasche neben mir auf den Boden und setze mich wieder auf die Couch. Training ist ja so gleitzeitmäßig angelegt, da kann man später kommen und dann auch länger bleiben, das stört niemanden. Einmal kann ich ja ziehen.

Nachdem ich die kleine Kakerlake aufgeraucht und den Filter in die Untiefen des Igels gepresst habe, lehne ich mich zurück und greife mir die Fernbedienung. Morgen ist ja auch noch Training.

Die Abende in den nächsten Wochen gleichen sich in der Gestaltung, die Trainingsabende werden seltener, die Tütchen häufiger. Es gesellen sich, wie vor dem Beginn meiner Fighterkarriere, des öfteren Wein, Bier und Schnaps zu den einsamen Joints und bilden eine Workoutbarriere, die mir schier unüberwindlich scheint. Wenn ich dann doch mal zum Training gehe, kommt es mir so vor, als wäre ich wieder beim ersten Mal. Kurzatmig, verschwitzt und völlig fertig knie ich in der Dusche und sehe ein bißchen aus wie der Terminator nachdem er in dieser Blitzkugel auf dem Parkplatz auftaucht. Allein die athletische Körperform unterscheidet uns.

Mein Trainer, mein Sparringspartner, alle diese Leute lassen mich wissen, daß es für sie ausgeschlossen erscheint, daß ich mit der Einstellung auch nur ansatzweise etwas hinbekommen werde, das wie ein professioneller Boxkampf aussieht. Ich teile ihre Meinung, bin aber nicht ehrlich genug zu mir selbst, um das auch wirklich zuzugeben.

Heute ist der 16.07.2005..., der große Tag. Ich scheiß mich ein! Der Morgen beginnt schon ziemlich fahrig für mich, ich stehe mit einem Grundzittern in den Knochen auf und mache mir zuerst mal einen Kaffee. Ich muss auf der Stelle kacken. Mein Magen grummelt und rumort, ich fühle mich nicht gut. Der Rotwein von gestern abend macht das Ganze nicht besser und auch Freunde können die Stimmung nicht retten. Sie geben sich wirklich Mühe um mir die Angst auszutreiben und mir einzureden, ich sei der weltbeste Boxer und würde nicht nur meinem Gegner, sondern auch dem Lampenfieber mit Leichtigkeit auf die Fresse hauen.

Es kommt mir vor, als wäre ich noch im Tiefschlaf und würde das alles nur träumen. Die Realität holt mich allerdings ein als es klingelt und Franzl, mein Trainer und Alex, mein Manager vor der Tür stehen. Alex soll bei der Pressekonferenz den Part übernehmen, den ich nicht machen will. Er soll reden, auf Fragen aus dem Publikum und von der Presse antworten. Ich sitze nur grimmig daneben und spucke in Richtung meines Gegners.

Die Fahrt nach Köln ist endlos lang obwohl ich apathisch durch die Windschutzscheibe auf die Straße sehe und eigentlich nichts mehr mitkriege, außer des rythmischen Schaukelns des Fahrzeugs. Super..., noch nicht mal geboxt und optisch schon auf dem gleichen Level wie Muhammad Ali.

Franzl schiebt seinen alten, weinroten 190er Benz durch die Aneinanderreihung von Einbahnstraßen und verkehrsberuhigten Zonen der Domstadt bis wir unser Ziel sehen können. Das Gloria.

Ich kenne das Gloria aus dem Fernsehen, drin war ich noch nie. Wir parken den Ludenkarren um die Ecke und gehen langsam in Richtung Menschenmenge. Etwa 100 Leute stehen in Reih und Glied vor dem Eingang, saufen, lachen und gröhlen durch die enge Straße. Die Frauen sehen aus wie Schlampen, sie tragen falsche Pelzmäntel, hohe weisse Lederstiefel oder Netzhemden zu Hotpants. Die Kerle schmücken sich mit Pornobärten, Carrerasonnenbrillen und Hüten zu schwarzen Anzügen und Schlangenledercowboystiefeln. Das Motto ist Pimps & Hoes, wie ich an der Kasse erfahre. Auch auf der Eintrittskarte steht deutlich geschrieben:

„HALBSEIDENES PUBLIKUM AUSDRÜCKLICH ERWÜNSCHT!"

Ich muss lächeln. Das gefällt mir irgendwie. Natürlich auch nur eine scheiß Mottoparty aber durch die Veranstaltung und den Anlass wirkt es nicht so peinlich wie sonst, wenn erwachsene Männer in Schlaghosen und mit Blumen in den Haaren durch die Innenstadt zu 70er Party gehen müssen.

Manche von den Gästen hier sehen verdammt authentisch aus und ich wäre mir bei dem ein oder anderen nicht sicher, ob er nicht gerade seine Alltagskleidung trägt.

Der Pöbel muß noch etwas draußen warten und wir gehen durch den Kassenbereich in den Hauptraum. Ich erstarre. Vor mir ist ein recht großer, komplett ausgeleuchteter Raum mit Bühne, verschiedenen Bars, Großleinwänden und in der Mitte.... ein Boxring.
Alt, speckig, fast wie aus einer Boxbude einer Kirmes im Sauerland. Die sonst weißen und elastisch gefederten Ringseile sind

hier bei diesem Modell allerdings aus Naturhanf, gedreht und ausgefranst weisen sie Spuren etlicher Kämpfer auf, die sich ihre Haut daran abgeschreddert haben. Ich atme tief ein und drehe mich zu meinen Jungs um.

Franzl und Alex grinsen mich an. Sie wissen, wie es in mir aussieht und weil es nur eine Spaßveranstaltung ist und das Schlimmste, das passieren kann ist, daß ich mich der Lächerlichkeit preisgebe, sind sie relaxt, gut gelaunt und, ja, fast etwas belustigt. Ich kann ihre Einstellung nicht auf mich übertragen. Ich stelle mir vor, wie ich gleich in diesem Ring, vor vielleicht 200 Leuten, gegen einen anderen Typen boxen soll, ohne jemals einen echten Kampf nach Boxregeln bestritten zu haben.
Von der Bühne aus ruft mich jemand...

„El Pulpo! Hier..., komm rüber!"

Ein Typ wie aus einem 70er Jahre Pornofilm mit passendem Schnäuzer und Trainingsanzug winkt mich zu sich. „El Pulpo"..., ich muss lachen. Das erste Mal, daß mich ein Fremder mit diesem scheiß Namen begrüßt, den ich mir bekifft im Bett ausgedacht habe.

Sönke, so heißt der Kölner John Holmes, reicht mir seine Hand, erklärt uns den Ablauf des Abends und zeigt uns die Kabinen. Er ist einer der Begründer und Veranstalter der „Night of the raging bulls". Man merkt, daß man ähnlich tickt und wird schnell warm miteinander, Sönke ist 'ne coole Sau. Alleine schon weil er den ganzen Scheiß hier entworfen und durchgeführt hat, den Abend organisiert und auch noch selbst boxen wird. Ich sehe in seine Augen und versuche Nervosität oder gar Angst zu entdecken, das kann ich riechen. Nichts! Keine Anzeichen von mangelnder Kontrolle über irgendwas. Arschloch!

In der Kabine angekommen lerne ich die anderen Boxer des Abends kennen, mein Kontrahent ist nicht dabei. Meine Mundwinkel zucken als ich den Raum betrete.

„Hey..., El Pulpo mein Name. Wo kann ich mich umziehen und warmmachen?"

Die anderen sehen mich erfreut an und begrüßen mich mit Ghettofaust, nicht nur aufgrund der bandagierten Hände, glaube ich. Was dann folgt ist an Wahnsinn eigentlich nicht mehr zu überbieten. Die Kämpfer stellen sich mir nicht mit ihrem richtigen Namen vor sondern tun es mir gleich und präsentieren ihren Kämpfernamen. Ich lerne kennen:

„Be God", der gegen „The Bone Breaker" antreten wird. „Oldboy", der sein Glück gegen Sönke, „Der Fleischer" versucht und natürlich „El Ritmo", dessen Gegner „Das Nackenkotelett", wie ein laufendes Sixpack aus Bauchmuskeln aussieht. Unterstützt werden die Kämpfer von dubiosen Managern und Typen, die „Tank" oder „Highroller" heißen und zum Schluß wird mir noch ein Veteran der Veranstaltung vom letzten Jahr vorgestellt, „Schubdawg, da pimpin fist", der seinen Gegner, „Die knochenbrechende Pumpgun" klar besiegen konnte.

Ich halte mir den Bauch vor Lachen und freue mich, daß hier alle einen am Schädel haben und ich folglich in bester Gesellschaft bin. Konzentriert ziehe ich mich um und versuche meine Gedanken auf das zu fokussieren, was ich gelernt habe. Was war das noch gleich?

Franzl bandagiert mir professionell die Hände und wir gehen runter in einem Raum hinter der Bühne, in dem wir zum Aufwärmen, mit den mitgebrachten Pratzen von Joe, ein paar Schlagübungen machen. Nach ein paar Minuten bin ich drin. Ich schlage kurze, schnelle Schläge. Links, rechts, linker Haken. Links, rechts, links...usw. Die Nervosität weicht und ich merke, wie gut manche der Schläge sitzen, das hört man am Geräusch, daß die Pratzen machen wenn die Schlagfläche des Handschuhs optimal getroffen hat. Die Power ist auch ok. Ich schmunzel etwas bei dem Gedanken daran, heute Abend mit einem Boxgürtel ausgezeichnet zu werden. Die Sicherheit, das schaffen zu können, wächst mit jedem Schlag auf die Pratze und läßt sogar noch Platz für Euphorie in meinem kleinen, manischen Gehirn.

„Hey, Tintenfisch-Typ!“

ertönt es hinter mir und ich dreh mich rasch um. Da steht er. Mein Gegner. Ricardo. Ricardo..., Ricardo, „De fiesen Möpp“!

Trotz seines lächerlichen Kampfnamens macht er einen imposanten Eindruck. Er ist muskulös, zwar etwas kleiner als ich aber er läuft Marathon. Kampfsport hat er aber glaube ich noch nie gemacht, jedenfalls nicht über einen längeren Zeitraum. Als ich bemerke, daß er schon länger hinter mir gestanden haben muß und die Härte und Perfektion meiner Pratzenschläge mitbekommen hat, sehe ich Sie. Die Angst in seinen Augen. Ein verzerrtes Lächeln, leicht gerötete Wangen, unsicher hängen die Arme am Torso wie Spaghettis mit eigenem Hirn. Ich kenne diesen Blick..., ich hatte ihn selbst bis gerade noch. Jetzt bin ich mir sicher. Ich werde ihn in der ersten Runde etwas taktieren und sehen wie er sich bewegt und sobald die Glocke zur zweiten Runde läutet, haue ich den Lappen aus den Schuhen. Sicher!

„De fiesen Möpp" lächelt mich an und dreht sich zu seinem Manager um, ein halbseidener Typ in grauem Glitzeranzug und mit blaugetönten Gläsern in der goldenen Brillenfassung, der ihm andeutet, in die Kabine zu gehen.

Nachdem alle soweit fertig aufgewärmt und umgezogen sind, klärt uns Sönke backstage darüber auf, daß wir gleich zur Pressekonferenz auf die Bühne müssen. Immer die beiden Gegner mit Trainer und Manager. Fragen aus dem Publikum, offizielles Wiegen in Unterwäsche und den Rest der Zeit Witze über seinen Kontrahenten machen und Beleidigungen absondern.

„Es ist doch mehr los als wir dachten..., 700 Leute wollen heute euer Blut sehen!" Sönke lacht und zeigt mit dem Finger auf uns. Hat er vergessen, daß auch nach seinem Blut verlangt wird...?

Der nervöse Blick von Ricardo springt direkt wieder in meine Fresse und ich stelle mir vor, wie es vor der Bühne wohl aussieht. 700 bescheuerte Typen und Mädels, die aussehen wie Zuhälter und Nutten, schreien sich die Kehle wund und klopfen mit den flachen Händen auf den Ringboden. Kolloseum- Atmosphäre. Es wird ernst. Ich frage mich nun wirklich, ob das die richtige Entscheidung war. Der Blick in die Gesichter der Anderen verrät mir, daß ich nicht der einzige Verunsicherte in diesem Raum bin.

Alle haben den Blick mit der tanzenden Unterlippe aufgesetzt und jeder gibt alles, um bloß nicht so auszusehen.

Die Trailer der Kämpfer werden unter lautem Gejohle auf Leinwand vorgeführt und wir erhaschen einen Blick auf die Halle, durch den Vorhang, durch den wir später einmarschieren werden. Das Blut gefriert mir in den Adern. Das ist ein Tollhaus. Nur Wahnsinnige. Alle auf laut und dreckig eingestellt. Chaos mit Alkohol und Koks. Eigentlich eine fast perfekt Party, wenn die nicht alle hier wären, um zu sehen, wie wir uns auf die Fresse hauen.

Da Ricardo und ich gewichtsmässig im Schwergewicht antreten, sind wir der Hauptkampf des Abends und müssen als Letzte ran, sagt der Fleischer. Ich freu mich.
Völlig desorientiert taumeln unsere Mitstreiter durch den Ring, Referee Tobias Take ist professionell und hat trotz allem Mühe, die Kämpfer so aufeinander losgehen zu lassen, daß es keine Toten gibt. Alles Amateure. Das war Vorraussetzung bei der Anmeldung und jetzt zeigt sich, daß diese Entscheidung ein gerissener Schachzug des „Fleischers" und seiner Mitveranstalter war. Erwachsene Männer in 16 Unzen Ballonhandschuhen mit großen Kopfprotektoren hauen aufeinander ein und könnten dabei nicht unprofessioneller aussehen. Sie jagen sich durch den Ring, erfinden unglaubliche Schlagkombinationen und holen manchmal so weit aus, daß es an einen Tanz erinnert. Sirtakiboxing in Köln. Wir sind alle total enthemmt und schreien jeden Fight in Grund und Boden, ein geiler Abend. Wenn nicht gerade angekündigt würde, daß der nächste Kampf in fünf Minuten beginnt.

„De fiesen Möpp" versus „El Pulpo, da mexican Kickass"

Mir ist schlecht. Ich hab Bock auf Schnaps. Ricardos Trailer läuft an und ich gehe hinter die Bühne um auf meinen Einmarsch zu warten. Der „Möpp" kommt die Treppe hinunter und sein Walk-In-Theme erklingt...... Wir sehen uns nicht in die Augen, ich stehe seitlich hinter ihm als sich der Vorhang öffnet und der Ringsprecher Ricardos Namen brüllt. Als Announcer fungiert heute Abend ein Typ, der seine Ansagen beatboxt und die Namen mit wahnsinnigen, im Hals erzeugten gutturalen Lauten unterlegt. Dazu war dieser Ringsprecher in der Lage, sich innerhalb von drei Kämpfen in den Ringpausen, während der Moderation, eine ganze Flasche Gin reinzufeuern. Nun, zu unserem Kampf ist er so voll, daß man ihn nicht nur nicht mehr versteht, sondern er auch zu besoffen ist um nicht immer wieder durch den Ring zu torkeln und den Ringrichter als Stütze zu benutzen.

Nachdem der Vorhang sich geöffnet hat, sehe ich, von den gleissenden Scheinwerfern geblendet, in die geifernden, schreienden Grimassen des Publikums. Ich bekomme ein paar Spritzer Bier ab. Hände greifen nach Ricardo, als er sich den Weg durch die Menge, hin zum Ring, bahnt. Er verschwindet durch den Nebel und die Scheinwerfer wie in Mareike Amados Zauberkugel. Im Moment erinnert es allerdings eher an „Running Man“.

Franzl flüstert mir ins Ohr, ich solle ruhig bleiben. Mein Brustkorb hebt und senkt sich wie der Arsch eines Teenies beim ersten Fick. Ich lege Handschuhe und Kopfschutz an. Dann höre ich meinen Walk-In-Theme..., ein Remix von Michael Jacksons „Beat it“! Mein Herz springt in meiner Brust, ich springe durch die Nebelwand in die Menge. Meine Leute klopfen mir auf die Schulter, ich werde mit Bier geduscht, Frauen kreischen, fast wie in meiner Vorstellung als mich Ricardo beim Cina-Mann angerufen hat. Nur lauter, viel lauter, härter und animalischer, als ich mir das hätte ausmalen können. Ich stürze die Menschengasse hinunter zum Ring, klettere über einen Stuhl als provisorische Treppe hoch und betrete den Ring mit einem langbeinigen Schritt über das oberste Ringseil. Die Menge tobt und ich sehe mich langsam um.

Der Laden ist gerappelt voll, die Luft ist heiss, dick und nass. Schweiß, Bier und Kippenduft schlagen dir entgegen, der absolute Wahnsinn. Ich sehe in viele bekannte Gesichter, noch mehr unbekannte. Alle sehen mich an, sehen Ricardo an. Alle erwarten von uns, jetzt so richtig Gas zu geben. Ich hyperventiliere. Tobias Take nimmt uns an die Hand und gibt die übliche Schiedsrichter Einweisung, dann gehen wir in unsere Ecken. In meiner wartet Franzl und sieht besorgt aus. Er kaut an seinem Daumen. Franzl kaut nur an seinem Daumen wenn etwas nicht richtig läuft. Ich scheiß drauf. Das ist meine Chance. Ich bin hier um zu kämpfen, also kämpfe ich. Und ich will gewinnen, also gewinne ich. Der Gong zur ersten Runde ertönt.

Wir reissen beide die Arme zur Doppeldeckung hoch und gehen langsam aufeinander zu. Ich fühle mich wie eine hölzerne Puppe, gar nicht mehr geschmeidig und mit ordentlich Power, wie vorhin an den Pratzen. Eher so glibberig und lahmarschig wie nach'm Ficken. Es sind erst zehn Sekunden der ersten Runde vergangen und ich fühle wie ich Schwierigkeiten habe, regelmässig zu atmen. Ich pumpe wie ein Maikäfer, versuche einen Jab zu schlagen. Ricardo schlägt zurück. Wir schlagen wie Mädchen. So geht das hin und her, bis ich bei einer Rückwärtsbewegung mit dem linken Fuß aus dem Ring rutsche und fast ins Publikum falle. Die Zuschauer buhen und pfeiffen, manche schreien uns entgegen, daß wir Flaschen wären und nach Hause gehen sollen. Gong, Pause.

Ich watschel in meine Ecke, wo Franzl mit Sprühflasche und Handtuch wartet.

„Was zum Teufel machst du da? Du könntest jetzt schon einpacken wenn der nicht genau so Scheiße wär!"

Ich atme. Ja, außer atmen mache ich eigentlich nicht sehr viel. Gong, Runde zwei.
Ok, ich muss das jetzt hinbiegen, der kann auch nix, also los, hau drauf, das klappte doch sonst auch. In etwa zur gleichen Zeit, in der Ringecke gegenüber, hatte „De fiesen Möpp“ meiner Meinung nach, exakt die gleiche Idee. Seine neugewonnene Motivation merkte ich deutlich im ersten Schlag, den ich geschickt mit meinem Gesicht stoppte. Ricardo hatte Blut geleckt. Seine Kondition durch das Marathonlaufen hatte nun die Oberhand über die Angst gewonnen und er kam wie ein wütender D-Zug immer wieder auf mich zu. Ich war im Rückwärtsgang unterwegs und stoppte in den folgenden zwei Minuten etwa 30 Dinger mit dem Kopf. Die Anwesenden johlten laut bei jedem Treffer, ich wurde durch den Ring geschleudert wie eine Puppe und hatte echte Mühe, nicht einzuknicken. Zwischendurch war ich so benommen, daß ich immer wieder mein linkes Bein anheben wollte, wie ich es vom Thaiboxen kannte. Es wäre fatal gewesen, jetzt wegen eines Lowkicks disqualifiziert zu werden, nachdem man voll auf die Fresse bekommen hat. Gong, Pause.

Ich torkel auf die Ecke meines Gegners zu, sein Trainer dreht mich um und schiebt mich in die richtige Richtung. Ok, das mit dem K.O. in der zweiten Runde hat nicht geklappt. Zwei Runden muss ich noch. Ich bin fertig! Franzl schüttelt den Kopf und sagt resigniert:

„Ich kann dir nur Tips geben..., umsetzen mußt du das. Du hängst da wie ein nasser Sack in den Seilen und läßt dir die Schnauze einhauen. Mach was!“

Er sprüht mir ein paar mal Wasser ins Gesicht und wischt mir kurz über die Augen bevor er durch die Seile aus dem Ring verschwindet. Er ist sauer. Ich auch. Ich merke, wie ich mich aufbäume. Meine Lunge fühlt sich an, als würde sie auf einmal doppelt soviel Volumen haben. Ich nehme die Hände zur Deckung hoch, die rechte Faust am Kinn fixiere ich „De fiesen Möpp“ und kaue wild auf meinem Zahnschutz.

Jetzt zieh´dich warm an. Ich werde über dich kommen wie ein Tsunami, dich mit Treffern eindecken bis du dich einpisst. Wie bei Karate Kid, am Schluß, wenn alle denken, das ist gelaufen..., dann komme ich wie ein Phoenix aus der Asche und reisse das Steuer rum. Komm her, ich bin bereit! Gong, Runde drei.

Ricardo kommt auf mich zu und ballert mir eine rein. Ich wanke rückwärts in die Ringseile. Mein Rücken gleicht dem eines Zebras, da ich die Hälfte der Zeit damit in den Seilen hing. Rote Abschürfungen von den manche bluten und die ich erst am nächsten Tag bemerken soll. Treffer am Kinn, ich wanke, Ricardo setzt nach, ich ducke mich ab. Dann kriege ein volles Pfund und drehe mich um die eigene Achse, Ricardo schlägt mir dabei auf den Hinterkopf und erntet böse Zwischenrufe, Pfiffe und Buhen des aufgebrachten Publikums. Das Affentheater geht weiter und wir gleichen mittlerweile zwei kleinen Mädels, die sich um einen Lolly prügeln. Unsere Arme hängen am Körper herunter, eine Deckung ist praktisch nicht mehr vorhanden, wir wirken wie teilgelähmte Frauenfußballer. Gong, Pause.

Der Ring erscheint mir nicht mehr eckig sondern rund, es wird schwer, Franzl zu finden. Besonders weil der besoffene Moderator und der Ringrichter auch im Ring stehen. Die letzte Runde wird angekündigt, das Publikum ist total besoffen, asozial und hat den Spaß des Jahrhunderts mit uns beiden Schießbudenfiguren. Franzl grinst mich an und sagt:

„Scheiß drauf, ist eh gelaufen, sieh zu, daß du stehen bleibst, dann haste wenigstens etwas geleistet!"

Ich habe keinen Kampfgeist, ich stehe da einfach unter den Scheinwerfern, blinzel rüber in die andere Ecke, wo Ricardo ähnlich fertig zu mir rübersieht. Wie in Zeitlupe gehen wir aufeinander zu, schlagen mit den Handschuhen vor der letzten Runde ab und gehen zurück in unsere Ecke. Take sieht uns an, nickt beiden zu und sagt zum letzten Mal an diesem Abend:

„FIGHT!"

Gong, letzte Runde, Runde vier. Ich stürze auf „De fiesen Möpp" zu und decke ihn mit rechtslinks Schlägen ein, ein Dauerhagel von Schlägen von denen der letzte ihn mit voller Wucht an der Schläfe trifft, das Geräusch ist laut und klatschend. Ricardos Schädel wird von der Wucht des Aufpralls herumgerissen, er taumelt, seine Arme fallen herab und er schüttelt seinen Kopf, er ist angeknockt. Ich mache einen schnellen Schritt nach vorne und versuche noch einen Todesstoß nachzulegen, da trifft mich sein unerwarteter Konter mitten in die Fresse. Fünf oder sechs weitere folgen, ich lehne an den Seilen, tauche seitlich ab und treffe hier und da Ricardos mittlerweile leicht aufgeweichte Birne. Meinen Schlag hat er mittlerweile verdaut und bei mir ist die Luft raus. Wir wedeln noch ein paar Sekunden mit den Armen und klammern uns aneinander bis das erlösende Geräusch ertönt. Gong, Kampfende.

Das Publikum ist begeistert, alle schreien und lachen, es ist eine Stimmung wie bei Kriegsende. Ricardo und ich liegen uns in den Armen, hecheln und schwitzen. Wir beglückwünschen uns zu diesem Schwachsinn und sind ernsthaft froh, daß es vorbei ist. Die Jury ist das Publikum. Durch einen Applausometer wird die Entscheidung gefällt. Mein Name wird ausgerufen und die Halle tobt, meine Leute versuchen sich die Stimmbänder aus dem Hals zu brüllen, um die Sache noch etwas zu beeinflussen. Ich bin stolz und überrascht, wie viele hier meine klägliche Leistung eindrucksvoll genug fanden um für mich zu schreien.

Ricardos Name ertönt. Die Halle bebt. Köln hat seinen Favoriten gewählt. Erschöpft sehe ich von der Seite zu, wie Ricardo, „De fiesen Möpp", Heavyweight Champion der NOTRB, den Weltmeistergürtel umgelegt bekommt. Es ist ein blauer Gewichthebergürtel, auf den mit ein paar Popnieten ein Wandteller aus Zinn genagelt wurde. Der Schriftzug NOTRB prangt darüber in schwarzen, fetten Lettern aus Gaffertape. Ricardo reisst die Arme in die Luft und schreit dem Publikum entgegen. Die Menge brennt. Mir brennt die Fresse. Und die Oberarme. Der Rücken auch etwas. Nee, sogar ziemlich.

Obwohl ich eigentlich an die 50 Schläge mit meinem Gesicht abgewehrt habe nachdem ich vorher total auf dicke Hose machen wollte, war es ein gelungener Abend. Ein fast pädagogischer Ansatz war zu erkennen. Ich hatte meine Grenzen kennen gelernt, neue Freunde gewonnen, alte neu entdeckt und ich hatte echt verdammt viel Spaß.
An die Aftershowparty kann ich mich nicht mehr genau erinnern, nur, daß ich noch bei Joe angerufen habe, um ihm von der Niederlage zu berichten.

Joe lachte kurz und trocken: „Das war mir klar, du hast ja auch im Biergarten trainiert..."

Ich nicke stumm am Telefon, lege auf und gehe zur Bar. Für El Pulpo gibt´s heute Freibier. Noch ein Kampf, der gewonnen werden muß. Und auch den habe ich noch verloren.

ABHÄNGEN BEI FREUNDEN

Der Bildschirm leuchtete mir den Weg in ganz neue Gefilde, ich sass am Rechner und durchstöberte alle Seiten im Netz, die mir Infos zu diesem Thema zukommen lassen oder auch nur im Entferntesten damit zu tun haben. Und das waren einige. Manche scrollte ich mit einem Affenzahn durch ohne wirklich etwas aufzunehmen, andere wurden schnell und unsauber quergelesen, bei ein paar Seiten blieb ich allerdings hängen, entdeckte Bilder und Erfahrungsberichte. Danach hatte ich gesucht. Bodymodification, Tattoos, Piercing und..., jaaa, endlich. Suspensions. Aufhängungen heisst es auf den deutschsprachigen Seiten.

Ich hing mit zusammen gekniffenen Augen vor dem Bildschirm und saugte alles auf. Mein Mund war leicht geöffnet, ich wirkte sicher etwas neben der Spur. Meine Zunge leckte über meine Lippen und ich wusste da schon, dass das kein einfaches, interessiertes Informieren mehr ist. Ich bereitete mich vor. Wenn ich schon so intensiv nach etwas suche, es finde und dann Stunden damit verbringe, ist es bald, sehr bald, soweit, dass ich es selbst ausprobieren werde.

Den ersten Kontakt mit dem Thema hatte ich vor Jahren, vielleicht so 1995 oder auch '96, genau weiß ich es gar nicht mehr. Es war die Erotikmesse in Köln, ich lief umher, quatschte mit anderen Tätowierten und Gepiercten und fand alles total interessant und unheimlich. Unheimlich neu. Ich piercte ja selbst schon etwas länger, trotzdem war es immer wieder neu und aufregend, wie Sex mit Unbekannten.

Das war lange vor der Zeit als Muttis zum Zeichen der Ablehnung des herkömmlichen Hausfrauendaseins stolz die Namen und Fußabdrücke ihrer Kinder zur Schau stellten, bevor Indianerarmbänder, Arschgeweihe, Bärentatzen und Endlosschleifen, Sterne und Chinazeichen meine kleine, neue und besondere Welt angriffen, sie eindrangen in den freakigen Kosmos, den ich für einzigartig und unerreichbar für all die Spießer, Normalos und Ja-Sager hielt, ihn unter Beschuss nahmen mit ihren Panzern der Austauschbarkeit und den Armeen der uniformen Individualität. Leute, die mir bis heute ein Kopfschütteln entlocken wenn sie unter der Ankündigung, etwas ganz Besonderes, Einzigartiges auf ihrem Körper verewigen zu wollen, ein Motiv aussuchen oder mitbrachten, dass abgedroschener und häufiger in seiner Erscheinungsform nicht sein könnte, auswählten.

Die Fluten von Clubmösen mit Madonnapiercing oder Kegelpokalsammlern nebst Kameraden, die mein Einkommen sicherten und trotz allem jeden meiner Zunft in den Wahnsinn treiben weil sie den Geist nicht nur nicht mitbringen, sondern ihn auch unbewusst zerstört haben oder an ihm rütteln und mich manchmal wünschen lassen, einige meiner Tätowierungen zwar nicht zu bereuen aber dafür zu sorgen, dass sie ihre ursprünglich auslösende Freude nach deren Erhalt maßgeblich beeinträchtigt haben. Wohlwollend beobachtete ich die Entwicklung der Bodyart-Szene, freute mich über Berichte im Fernsehen, steigende Toleranz innerhalb der Gesellschaft und der stetig wachsenden Gemeinde der vermeintlich Gleichgesinnten.

Die Begeisterung wich sehr schnell der Ungläubigkeit über so viel Enthusiasmus, mein geliebtes Nischendasein zu erobern und sich anzueignen als wäre es ein Heckscheibenaufkleber á la „Hexe an Bord". Das Maß an Verrücktheit, das ich mir gönnte und sicher wähnte, verlor an Boden und wich dem Hass gegen die RTL-Mentalität, die immer dann Einzug hielt wenn mich mal wieder jemand im Tattoostudio, in dem ich arbeitete, dazu aufforderte, ihm einen bösen Blick zuzuwerfen, wenn nach dem Preis für ein „kleines Tattoo“ gefragt wurde.

Klein, das war für mich mindestens handtellergroß. Für sie war es so groß wie eine Briefmarke, wenn möglich kleiner und sollte mindestens das heilige Abendmahl, die Familieninitialen und ein paar Schnörkel, Tribals oder lateinische Sprüche enthalten. Ihre ganze, tolle und tiefgründige Persönlichkeit sollte nach Möglichkeit darin zum Ausdruck kommen und der Welt ein rebellisches, auflehnendes und dem Alltag entkommendes Carpe Diem entgegenfeuern.

Gemäß dem Leitsatz, der sie seit dem Schulabschluss, dem Lehrstellenabbruch aufgrund der ungewollten Schwangerschaft oder der Beerdigung des Großvaters begleitet und zu dem gemacht hatte, der sie jetzt zu sein glaubten oder wünschten. Menschen, die den Tag nutzten um zu arbeiten, zu säugen, ihre Opel Tigras zu waschen und mit den verzogenen Bälgern Windowcolorbilder zu basteln um sie in den eben erwähnten Fahrzeugen zu befestigen. Die Sonntags einen Schaufensterbummel machten und ihre Crocs nach der Gartenarbeit vor die Terasse stellten, um das neue und pflegeintensive Bankiraiholz nicht zu belasten, nachdem sie schon der Verlust der Geranien durch die Pisse des Nachbarköters beinahe in den Wahnsinn getrieben hatte.

Sie stürmten diese letzten Zufluchtsorte der groben Aussätzigen, der gebrandmarkten Aussteiger, die sich mit ihren Statements, Wünschen, Träumen und Erfahrungen großflächig und vor allen Dingen absichtlich aus der Gesellschaft gehoben hatten, der sie niemals angehören wollten.

Natürlich waren nicht alle ehemalige Gefängnisinsassen, aber sie hätten in meiner Vorstellung welche sein können. Ich war fasziniert von den Menschen, die so anders und doch so interessant und erstrebenswert ehrlich wirkten. Ich wollte einer von ihnen sein. Heute bin ich einer von Vielen. Einer von DENEN bin ich allerdings nie geworden. Der Hang dazu, auch Hände, Hals und Gesicht und Schwanz zu tätowieren, unterscheidet mich noch von ihnen. Noch.

Auf der Erotikmesse gab es sie noch nicht. Sie waren zwar schon da, ihre Existenz und ihr Wirkungsfeld beschränkte sich aber Gott sei Dank noch auf Gaffen, Kopfschütteln und dem unterdrückten Wunsch, uns Erdnüsse zuzuwerfen oder zu fragen, ob der Typ mit den gedehnten Ohrläppchen wohl beißt oder nur spielen will.

Auf dem am stärksten besuchten Bereich der Messe sah ich zum ersten Mal diese Leute persönlich, die mich dazu veranlassten, besagte Internetseiten zu besuchen und nach mehr Informationen über ihr, selbst für mich, abgefahrenes, unbegreifliches Hobby zu forschen. Suspensions, wie gesagt. Ein altes, indianisches Initiationsritual, das Jungen zu Männern werden ließ, in dem sie mit Adlerkrallen ihre Brust oder den Rücken durchbohrten um danach Hanfseile durch die entstandenen Wunden zu fädeln und sich daran unter das Firmament der Hütte des Stammesobersten ziehen zu lassen und dort Stunden zu Hängen und zu Schaukeln, bis sie einen tranceähnlichen Zustand erreichten.

Ich wusste nicht genau, ob ich einer, der verhassten Invasoren ähnlichen, Sensationslust verfallen war oder ob es dem wirklichen Interesse an dieser, mir gänzlich neuen Art, seinen Körper herauszufordern, entsprach. Ein Jahr zuvor hatte ich einen selbst verlegten Bildband der Truppe um John Wildcat aus England in die Hände bekommen, in dem Abbildungen von ihm und seinen Freunden zu sehen waren, die sich nicht an Hanfseilen sondern an Edelstahlhaken aufhingen.

Die nicht in Tipis baumelten sondern diese Rituale erneuerten und in dunklen Kellerräumen von Sussex schaukelten und die Blut nicht vermeiden wollten, sondern es ganz deutlich, als ein Teil des Geschehens präsentierten und fern von blutrünstiger, effekthascherischer Berichterstattung der Medien auftraten.

Ich war gefangen. Eingenommen von Bildern, die in meinem Kopf zu Filmen wurden und die die Protagonisten gegen mich austauschten, anfangs eine Phantasie, dann ein Wunsch, zuletzt ein Vorhaben wurden.

Bei MySpace, viele erinnern sich sicher noch an die, zur Adoption freigegebene, krebskranke Stiefschwester von Facebook, nahm ich Kontakt zu Anette, einer Piercerin aus dem Pott, auf, deren Name immer wieder in Verbindung mit der Bodymodszene auftauchte.

Ich wollte mehr wissen. Machen das auch andere. Interessiert sich außer mir überhaupt noch jemand in Deutschland dafür? Ist es eigentlich legal oder gibt es dafür ein typisch deutsches Gesetz, dass es nicht nur untersagt sondern auch per Ethikurteil als verwerflich deklariert und jeden Interessenten in die für ihn vom System vorgegebene Schublade der psychisch kranken Selbstverstümmler steckt?

Wenn dem so war, wollte ich trotzdem, oder gerade deswegen meine eigene Meinung bilden und dazu gehören. Der Wunsch nach Information war zu einem handfesten Wunsch nach Partizipation und Erleben vergoren. Ich war soweit. Ich schrieb dieser Dame, dass ich es will. Ich will meinen Rücken durchbohren lassen, mir Fleischerhaken in die entstandenen Wunden setzen und mich daran aufhängen lassen. Ich will hängen, an diesen Haken baumeln, schaukeln und meinen Körper vom Geist trennen, wie es die Leute beschrieben, deren Erlebnisberichte ich im Internet eingeatmet, aufgesaugt hatte. Ich will. Ja, ich will.

Wochen zuvor hatte ich mich von meiner Freundin getrennt, meinem Seelenpartner der letzten 4 Jahre. Eine Frau, die ehrlicher und liebender nicht sein konnte und mich unterstützt und gefördert hatte. Eine Frau, die mich wirklich liebte und deren Hingabe ich zuletzt als Selbstaufgabe missverstanden hatte und ihr die Beziehung zu mir kündigte.
Eine folgenschwere Entscheidung, die mich schon wenige Wochen danach unterbewusst dazu trieb, mir Schmerzen und selbstgewähltes Leid zuzufügen, von dem ich glaubte, mir Linderung zu verschaffen.

Als ich mir über meinen Entschluss zu diesem Schritt Gedanken machte und die Angst dem Wunsch nach masochistisch geprägter Selbstbestimmung wich, fiel mir sofort diese Frau ein, die als seelischer Beistand meinem ersehnten Treiben beiwohnen und mich unterstützen sollte. Sie sagte zu.

Ohne langes Rumgelaber beschloss ich, einen Termin auszumachen und der nächstmöglichen Veranstaltung beizuwohnen. Anette, die Piercerin und Bodymodkünstlerin, die auch in anderen Bereichen von mir favorisierten Praktiken ihr Unwesen trieb, freute sich über Zuwachs und Interesse und beschloss sofort, mich in ihre Riege aufzunehmen. Wir verabredete uns für ein Event, das sie selbst organisierte und in Köln auf die Beine stellen wollte. Zu diesem Zeitpunkt waren solche Happenings eher spärlich gesät und ihnen haftete eine Halblegalität an, da in Deutschland bei öffentlichen Veranstaltungen das Selbstverletzungsmoment nicht unerhebliche Auswirkungen auf die Zulassung dieser Treffen nahm.

Nachdem ich das Telefonat beendet, mein aufgeregtes Grinsen eingestellt und die Ernsthaftigkeit der Verabredung erkannt hatte, berichtete ich meiner Ex-Freundin davon, um den Termin abzugleichen. Sie stimmte zu und versprach mir, Videoaufnahmen von der Aktion zu machen, nachdem ich sie darum gebeten hatte. Meine Freude war grenzenlos.
Traumreiche Nächte und Vorbereitungen in Form von Videos und Filmen zu dem Thema überbrückten die Wartezeit bis zum Event. Auch das von Anette gewählte Datum machte mich nicht unbedingt lockerer, der 11. September sollte es sein. Die Location bekam ich ein paar Tage vor der Veranstaltung mitgeteilt, wir sollten uns gegen Spätnachmittag in einem Keller eines Metal Pubs namens „Valhalla“ treffen. Die Räume unter den, ansonsten von diabolischen Schuppenschüttlern belagerten, Ladens waren eine Art BDSM-Verlies im Stil der dunklen Labyrinthe, die ich von Fetischparties kannte.

Maria, meine Ex-Freundin, Mutmacherin und Kamerafrau, holte mich pünktlich ab und mit dem neuen Passat ihrer Eltern fuhren wir wortlos in Richtung Valhalla. Als wir den Laden betraten, zitterte mein ganzer Körper bereits vor Aufregung. Ich hatte vorher nicht gekifft, keinen Alkohol getrunken und mich vorsichtshalber mit Afri-Cola und Traubenzucker eingedeckt, da ich befürchtete, mein Kreislauf könnte mir den Dienst verweigern. Zu Recht, wie sich später noch herausstellen sollte.

Im Eingangsbereich des schummrigen Ladens begrüssten uns etwa sechs bis sieben, mir unbekannte Typen, die vor einem kleinen Röhrenfernseher saßen und sich ein Video ansahen. Sie hoben nur kurz den Kopf, um mich mit einem wohlwollenden Kopfnicken zu versehen und starrten dann wieder auf den Bildschirm. Anette betrat den Raum und drückte uns beide herzlich an sich, vermittelte freundlich, familiäre Zugehörigkeit und erklärte uns erstmal den Ablauf des Abends. Sie zeigte mir die Räumlichkeiten, einen grossen Raum aus weiss gekalkten Ziegelwänden, an denen Andreaskreuze aus dem SM-Bereich und metallene Ringe und Ketten befestigt waren, der Boden des Areals war komplett mit dicker, schwarzer Teichfolie ausgelegt, zu Reinigungszwecken, wie mir auf Nachfragen erklärt wurde.

Anette meinte, dass hier nicht nur Suspension stattfinden sondern auch heftige BDSM-Parties im Gay-Bereich mit Freunden des gelben Saftes, Golden-Shower-Parties.
Vom Hauptraum aus konnte man in kleine Nebenräume sehen, die, ähnlich einer Gefängniszelle, mit Stahlgittertüren abgeteilt waren. Eine sehr befremdliche Atmosphäre, mir gefiel es, Maria nicht unbedingt. Wenn ich solche Lokalitäten nicht schon vorher gesehen und die entsprechende Neigung zu düsteren Etablissements mitgebracht hätte, könnte einem die Entscheidung zur Teilnahme an einer Suspension unter diesen Umständen schon schwer fallen.

Anette sagte, wir sollen uns noch etwas zu den Anderen setzen, was trinken, ein Kippchen rauchen und warten. Die Vorbereitungen zur ersten Suspension laufen gerade an, ich wäre als

Zweiter an der Reihe, wenn ich das möchte. Ich war aufgeregt, konnte es aber kaum erwarten. Jede weitere Minute Wartezeit liess mich nervöser werden, Zweifel kamen nicht auf, aber ich machte mir schon Sorgen, ob die Schmerzen vielleicht nicht zu gross für mich würden. An eine Absage war für mich jetzt nicht mehr zu denken, ich hatte richtig Bock.

Im Vorraum setzten Maria und ich uns zu den Anderen, die sich mit Namen und Handschlag vorstellten und mich fragten, was der Grund meiner Teilnahme an diesem Event wäre.

Ich sprach über den Wunsch nach einer sogenannten 4-Point-Suicide-Suspension, so nannte sich diese Art der Aufhängung, die ich favorisierte. 4-Point weil mir an vier Punkten meines Rückens insgesamt vier Haken befestigt werden und Suicide, weil man im hängenden Zustand schwer an einen Selbstmörder erinnert, der den Freitod durch Erhängen gewählt hat. Romantisch.

Zustimmendes Nicken wurde mir von den Jungs geschenkt, ein guter Einstieg, wie man mir versicherte. Nick, ein etwa 40jähriger, hagerer Typ, erklärte mir, dass er ein wenig zusehen wolle um sich aufzuheizen, wie er es nannte und danach vielleicht noch etwas mit Reizstrom und Schmerzen experimentieren wolle. Er habe sich da noch nicht festgelegt. Vielleicht so in der Art, sagte Nick und deutete auf den Fernseher, den die anderen unbeirrt anstarrten.

Jetzt erst sahen Maria und ich, daß Nick wohl eins seiner, mit Hilfe eines Statives, selbstgedrehten Homevideos zum Besten gab, auf dem er nackt auf eienr Art Matratze lag. Sein stark geschwollener, Schwanz war mit Kupferdraht umwickelt und an seinen zahllosen Intimpiercings waren kleine Krokodilklemmen mit Drähten befestigt. Neben der Matratze hatte er einen Trafo aus dem Modelleisenbahnbereich stehen, den er ab und an mit der linken Hand betätigte. Der Strom floss anscheinend durch die Kabel in seinen Schwanz und seinen Sack und brachte ihn so zum Hochgenuss. Als er zusätzlich begann, sich dicke Kanülen durch die Eichel und die Hoden zu stossen und sein Schwanz bei jedem Stromschlag sein tiefrotes Blut wie aus einem Zimmerbrunnen über die Matratze und seine Brust verteilte, erhaschte ich einen kurzen Blick von Maria, der mir vermittelte, dass sie gerne mal nachsehen würde, wie weit Anette mit den Vorbereitungen für die Suspension wäre.

Nach und nach bekam ich die Neigungen der anderen Anwesenden auf's Brot geschmiert und fand es irgendwie gar nicht schlimm oder ekelhaft, wie es jetzt wohl auf Menschen gewirkt hätte, die mit den Themen Bodymodification oder Sadomasochismus so gar nichts anfangen können. Ich hatte schon Dutzende SM-Clubs und Parties besucht, teillegale Handlungen in Verbindung mit Sex beobachten und ihnen beiwohnen dürfen und auch selbst schon Erfahrungen mit Skalpell und Nadeln am eigenen Körper gemacht.

Das hier hatte allerdings eine Qualität, die mir bis dahin fremd war. Robert spritzte sich im Laufe des Abends mehrere Infusionsbeutel Kochsalzlösung in sein Skrotum und seinen Schwanz und brachte sein Gehänge dadurch auf eine Grösse, das man in keiner Jogginghose der Welt hätte unterbringen können. In einem der Nebenräume, einer dieser Gefängniszellen, lag Martin auf einer belederten Untersuchungsliege und liess sich von einem anderen Teilnehmer mit einem Skalpell längliche Hautstücke aus seiner Brust entfernen, die nach Abheilung eine Art Muster bilden sollten.

Fotografieren und Filmen war nur den anwesenden, extra dafür georderten Leuten gestattet und diese achteten auch peinlich genau darauf, dass niemand gegen dieses, überall anerkannte, ungeschriebene Gesetz, verstiess. Auf Nachfrage wurde mir gesagt, dass ich im Tausch gegen meine E-Mail Adresse eine Benachrichtigung erhalten würde, die mir einen Link zum Download der Fotos übermittelt.
Nach vorheriger Prüfung natürlich und Unkenntlichmachung der Gesichter der anderen Beteiligten. Maria könne allerdings ruhig mit ihrer Kamera filmen wenn ich dran bin, sie solle nur darauf achten, dass keine anderen Personen deutlich zu erkennen seien. Damit können wir leben.

Die Anderen bewegten sich alle in den grossen Raum und Maria und ich folgten ihnen im Entenmarsch, die erste Suspension sollte beginnen. Ralf, ein volltätowierter Mitstreiter, hatte sich für eine Superman-Suspension entschieden, die ihren Namen aufgrund der fliegenden Position des gleichnamigen Superhelden bekommen hatte. Etwa 16 Haken verteilten sich dabei über Rücken, Arsch und Beine. Ich war mehr als gespannt, froh und dankbar, dass Ralf vor mir dran war und ich erst mal beim Setzen der Haken zusehen konnte.

Anette desinfizierte ihm langsam und gleichmässig den Rücken und die Beine, tastete die zu durchstechenden Stellen ab und setzte die erste Nadel an. Das Ding war ein Monster. Vom Piercen kannte ich verschiedene Nadelgrössen, die hier muss hergestellt worden sein, um Veterinären zu helfen, Pferde zur Ader zu lassen. Verdammt, die Haut an Ralf´s Rücken streckt sich unter Anette's Bemühungen durch sie durchzustechen, bevor sie mit einem Ruck nachgibt und dem scharfen Stahl den Weg durch alle Hautschichten freigibt. Ich dachte in dem Moment nur daran, dass Ralf die gleiche Nummer noch 15 mal vor sich hat, nicht unbedingt beneidenswert aber irgendwie aufregend. Nummer zwei bis sechzehn folgen und Ralf hält tapfer das Maul, was mir fälschlicherweise vermittelt, das es so schlimm ja nicht sein kann. Die Haut über den Nadeln ist weiss und gespannt als Anette den ersten Haken von ihrer Assistentin aus einer sterilen Klinikverpackung gereicht bekommt und ihn in den Hohlraum der ersten Nadel steckt und ihn durch die Haut drückt.

Ralf bäumt sich auf und stöhnt leise und unmerklich, da der Haken etwas dicker ist als die Nadel und die Haut somit kurz nach dem Durchstechen auch gleich noch aufgedehnt wird.
Maria hält dem Grauen stand und sieht zwischendurch weg, um ihren Kreislauf nicht über zu strapazieren. Mir schlägt der Puls bis zum Hals als Ralf mit allen Haken in seinem Rücken schliesslich aufsteht und sich auf die Teichfolie legt. Über ihm ist an der Decke ein Flaschenzug mit einer Traverse befestigt, an der die Seile, die an die Haken geknotet werden, ihre Bestimmung finden. Nachdem die Seile gleichmässig ausgerichtet sind, gibt Ralf sein Ok und Anette zieht langsam an der Kette des Flaschenzugs bis die Seile auf Spannung sind. Es wird ernst.

Die Haut an seinem Rücken dehnt sich, das läge an der Tatsache, dass er vorher etwa 30 Kilo mehr auf den Rippen hatte und dann stark an Gewicht verlor, sagt Ralf. Ab einem bestimmten Punkt hebt sich sein Körper langsam von der Teichfolie in Richtung Decke, Ralf lächelt und sagt, dass es gar nicht so schlimm sei. Das Stechen und Einsetzen der Haken sei bedeutend härter gewesen.

Ich weiss gar nicht mehr, wohin mit mir. Maria ist total angespannt. Ich auch. Wir tauschen Blicke aus, die sagen, dass es schon ganz anders ist, als erwartet. Diese morbide Bumshöhle mit all ihren Freaks, von denen wir ja auch welche darstellen, hat uns in ihren Bann gezogen. Ich hab Bock, so richtig.

Ralf ist für die Traverse zu kopflastig, nachdem er auf etwa einen Meter Höhe hoch gezogen wurde, kippt er nach vorn und erinnert nun eher an Superman im Sturzflug. Wir fachsimpeln und beraten uns, die Aufregung weiccht technischen Überlegungen und irgend jemand aus der Reihe der Wahnsinnigen kommt auf die Idee, ihm ein Gegengewicht an die Seile an den Füssen zu hängen, um das Ungleichgewicht wieder wett zu machen. Gesagt, getan. Wir binden Ralf einen 20 Kilo Pulverfeuerlöscher an die Unterschenkel und das Problem ist behoben. Alle lachen und setzen sich im Halbkreis um Ralf auf den Boden, der nach einem Käsebrötchen verlangt und es etwa eine Minute später auch in die Hand gedrückt bekommt.

Da sitzen wir nun. Vor einem ganzkörpertätowierten Superman, der im Flug ein Käsebrötchen isst und einen Feuerlöscher im Schlepptau hat, dazu lacht und uns erzählt, wie locker die ganze Nummer eigentlich ist. Meine Angst verzieht sich in die hinteren Reihen und ich bin etwas entspannter. Jedenfalls so lange, bis Ralf entscheidet, genug geflogen zu sein und gerne das nächste Brötchen im Stehen geniessen würde. Anette schnappt sich die Kette und lässt ihn langsam zur Landung ansetzen. Alle sind glücklich und sprechen ihm ihre Hochachtung aus. Überhaupt ist der Ton hier sehr respektvoll und freundschaftlich geworden, die besorgte Distanz ist kollektiver Begeisterung und totalem Gruppenerlebnis gewichen.

Es wird ernst. Ralf wird wie ein Christbaum an Knut abgeschmückt und mit grossen, weissen Pflastern versorgt, die die leicht blutenden Wunden der entfernten Nadeln abdecken sollen. Irgendwie viel unspektakulärer als ich dachte. Anette winkt mich zu sich und deutet mir mit einer einladenden Handbewegung, mich auf die Liege zu legen, auf der gerade noch Ralf versorgt wurde.

Maria nickt mir kraftspendend zu und ich nehme den mir zugeteilten Platz ein. Die Abläufe sind mir jetzt bekannt, ich werde desinfiziert, die Haut wird abgetastet und die erste Nadel nähert sich meinem linken Schulterblatt. Anette streicht mir über den Rücken und fragt mich, ob es losgehen kann. Es kann.

Sie nimmt meine Hautfalte, hebt sie an und sticht die erste Nadel durch meinen Rücken. Der Schmerz ist stumpf, dunkel und hart an der Grenze zu dem, was ich als erträglich beschreiben würde. Ralf, du dummer Wichser, das war echt hart. Dreimal muss ich das noch durchhalten, Nummer zwei geht durch, Nummer drei ist unangemessen schmerzhaft im Vergleich zu den Vorgängern, Nummer vier lasse ich durch mich durchgleiten und freue mich über den geschafften, ersten Abschnitt.

Die Haken werden Anette gereicht und ich erlebe den heftigsten Schmerz seit langem. Mein Rücken schmerzt, die Seele verlangt nach mehr und nach dem grossen Knall. Das Gefühl entlässt Adrenalin in meinen Körper, mehr als ich erwartet hätte.

Ich hasse diese schwurbeligen Aussagen von Leuten, die sowas als Kick bezeichnen, eine Aussage, die mich immer an Idioten erinnert, die sich an Gummiseilen von Fernsehtürmen stürzen und das Erlebnis mitnehmen, als wäre es ein Tag im Seilgarten oder Kletterpark. Inflationär benutzte Plattitüden über „Körper vom Geist trennen" oder ähnliches kommen nicht ansatzweise an das heran, was ich hier gerade erlebe, lebe.

Ich merke, wie mein Kreislauf sich verabschiedet, als ich aufstehe, mir ist schwindlig. Ich esse Traubenzucker, trinke Cola und laufe mit den vier Millimeter dicken Schweinehaken in meinen Schulterblättern durch den mit Folie ausgelegten Raum. Die Anderen beobachten mich, nicken mir bei Blickkontakt zu und bestärken mich, das Vorhaben durchzuziehen, als der Besitzer der Folterwerkstatt den Laden betritt.

Ulli ist ein Schwuler der alten Schule und erinnert in seiner Aufmachung an eine der Ledertunten aus Police Academie's „Blue Oyster Bar". Er trägt ein schwarzes Ledercap, eine passende Lederweste und sein gepiercter Schwanz schaukelt beim Gehen langsam hin und her, da er eine Lederchaps trägt, die die Beine bekleidet und im Schritt offen ist. Er trägt einen Goatie-Bart und kommt langsam auf mich zu, hält mir seinen Joint hin und sagt, dass mir das sicher gut tun würde. Ich lehne dankend ab.

Er grinst, dreht sich um und während er mit nacktem Arsch zu Anette geht und sich aus dem Kasten am Boden eine Flasche Reissdorf Kölsch nimmt und sie mit gelerntem Klicken einer seiner silbernen Ringe fachmännisch öffnet, starre ich auf die Traverse unter der Decke, den Flaschenzug und Marias besorgtes Gesicht. Ich lächle und gehe auf in dieser abgefahrenen, tranceähnlichen Traumwelt voller Charaktere und irrealer Begleiter, die mich in keiner Weise verschrecken sondern nur noch tiefer eintauchen lassen, in das, was ich mir vorgestellt und übertroffen habe. Ich bin voller Endorphine, voller Zufriedenheit und voller Schmerz, der sich langsam zu Glück zu transformieren beginnt. Ich will jetzt hängen.

Aus den Reihen der Fremden tritt ein Typ an mich heran, der sich Markus nennt und mir sagt, dass er Arzt sein und gerne etwas auf mich aufpassen würde. Ob mir das recht sei, fragt er mich mit schmeichelhaft nettem, österreichischem Akzent. Er trägt ein rotes Tuch in seiner Arschtasche, ein Hankycode bei Schwulen, der seine aktiv-sadistische Neigung anzeigt. Sein Sklave, dessen Brustwarzen von Kanülen bespickt aus seinem fahlweissen Körper heraus ragen, bringt uns Wasser und wartet auf weitere Befehle.

Markus hilft Anette, die Seile an meinen Haken zu befestigen und sie mit der Traverse zu verbinden. Ich bin soweit. Mein Kreislauf tanzt Samba und es geht hoch und runter in meinem Kopf. Ein Kribbeln durchzieht mich als ich Anette mit einem Kopfnicken zu verstehen gebe, dass sie mich hochziehen soll. Sie nimmt die Kette des Flaschenzugs und das Rasseln des Metalls überträgt sich, durch die Verbindungen zu mir, in meinen Körper. Ich atme schnell, aufgeregt, unsicher. Markus stellt sich direkt vor mich, fühlt meine Stirn und lässt mich leise flüsternd wissen, dass ich nicht allein bin. Die Haken heben sich und meine Haut zieht sich von meinen Schulterblättern langsam in Richtung Decke. der Schmerz ist stark, brennend, hell. Das Durchstechen der Haut war schlimmer aber es fühlt sich trotzdem sehr unangenehm und hart an.

Ich stelle mich mit jedem weiteren Zug an der Kette mehr auf meine Zehenspitzen, um dem Schmerz meiner Haut entgegenzuwirken. Mein Blickfeld verengt sich, es wird dunkler und dunkler um mich herum, ich höre Markus, wie er meinen Namen sagt und meine Handgelenke drückt, um meinen Puls zu fühlen. Anette legt ihre Hand auf meinen Rücken als ich merke, wie meine Lippen zu kribbeln beginnen, sich mein Gehör verabschiedet und ich langsam nicht mehr in der Lage bin, auf meinen Zehen zu stehen. Umfallen oder Hinsetzen geht nicht mehr, dafür hat man mich schon zu weit hochgezogen. Etwa zehn Zentimeter trennen mich vom wirklichen Schweben als ich ohnmächtig werde. Mein Kopf sackt ab und die Umstehenden sind besorgt, still und aufmerksam. Ich höre Markus und Anette meinen Namen sagen, immer wieder. Mein Kopf wird geschüttelt und ich öffne die Augen. Ich sehe Markus an, sage ihm, dass es mir ok geht und sie mich weiter hochziehen sollen. Er nickt, schickt seinen Sklaven in seine Ecke und deutet Anette an, dass es weitergehen kann.

Die Kette rasselt. Wieder und wieder. Ich hebe mich der Decke entgegen, meine Fussspitzen sind noch im Kontakt mit dem Boden als ich ein zweites mal ohnmächtig werde, aufgeweckt werde und nach einer kurzen Verschnaufpause und einem weiteren Rasseln der Kette ein drittes Mal das Bewusstsein kurz verliere. Ich merke, dass die Gesichter sich beraten, überlegen, ob sie abbrechen sollen.
Ich will da hoch. Ich habe diese verschissenen Nadeln, die Haken und den ganzen Rest durchgehalten, ich will da hoch. Deswegen bin ich hier und ich weiss, dass ich das schaffe. Ich hebe erst ein Bein, dann das andere an und hänge mit angewinkelten Beinen komplett frei, schwebend in der Luft. Nur an diesen Haken, an meinem Fleisch.

Kein Gestell, kein Gurt oder Geschirr. Nur ich an meinem Fleisch. Das Gefühl ist einfach unbeschreiblich.

Das hier ist kein Kick. Das ist keine Selbsterfahrung oder sonst ein schamanischer Scheißdreck. Ich bin glücklich. Die körpereigenen Botenstoffe lassen mich den Schmerz auf der Stelle vergessen, er ist nicht mehr existent. Die geschundene, etwa 15 Zentimeter vom Körper weg gedehnte, Haut ist wie betäubt, fühlt sich nur noch heiß aber nicht unangenehm an. Alles um mich herum ist still, selbst die, die sich noch unterhalten, höre ich nicht mehr. Mein Kopf ist leer und zufrieden, ich habe das einmalige, nie zuvor empfundene Gefühl, jetzt alles schaffen zu können.

„Gib mir eine Aufgabe, irgend eine. Ich löse sie!“, scheint meine innere Stimme zu brüllen ohne mich in einen Kokain-ähnlichen Größenwahn verfallen zu lassen. Stark, sicher und frei, das sind die Attribute, die in meinem Kopf leuchten und mich zufrieden an meinem Fleisch baumeln lassen. Ich lächle, sehe Maria an, sehe die anderen an und glaube, meine Gefühle durch Blickkontakt auf sie übertragen zu können. Markus lässt meine Handgelenke los und nickt mir mit einem Blick zu, der mir sagt, dass er stolz auf mich ist. Ich hab es geschafft, nicht aufgegeben, obwohl ich geschwächelt hatte. Ich hatte Angst, mit meinem Kreislauf zu kämpfen und die Nummer wäre beinahe abgebrochen worden. Aber ich war oben, ich hing.

Auf mein Bitten legten Markus und ein anderer Teilnehmer ihre Hände auf meinen Rücken und gaben mir etwas Schwung nach vorne, ganz leicht nur. Ich nutzte meine Füße und Beine zum Schwungholen und schaukelte in diesem seltsamen, dunklen Keller wie ein kleines, glückliches Kind ein paar Minuten hin und her. Der Wahnsinn dieser Szenerie eröffnete sich mir erst, als ich Tage später die von Maria gefilmten Videosequenzen sah. Ein ziemlich skurriler Anblick, Horror und Schönheit zugleich, obwohl die meisten Freunde, denen ich die Aufnahmen zeigte, die Schönheit darin vergebens suchten. Mir war es egal, ob mich alle für einen Irren hielten, den Ruf hatte ich vorher schon, drauf geschissen. Das konnte mir keiner mehr nehmen.

Etwa eine Stunde nachdem ich die Haken in meinem Rücken gesetzt bekam und circa 20 Minuten nachdem meine Füße den Boden verlassen hatten, meldete sich mein Kreislauf zurück und gab mir durch ein starkes Kribbeln in den Lippen und deutlichem Flimmern vor den Augen zu verstehen, dass die Grenze für meinen Körper hier erreicht ist und ich besser wieder auf den Boden der Tatsachen zurückkehren sollte. Anette und Markus sahen das ähnlich und bereiteten den Abstieg vor. Die Kette rasselte ein letztes Mal durch die Ösen des Flaschenzugs und ich sank langsam gen Boden. Hinter mir wurde ein Stuhl aufgestellt, auf den ich direkt absinken konnte. Anette streichelte mir ein paar Minuten über den Rücken, Maria hockte vor mir, sagte mir wie stolz sie auf mich sein und ich vergrub mein Gesicht in meinen Handflächen und atmete tief ein und aus.

Nach ein paar Augenblicken legt ich mich bäuchlings auf die Liege, Anette trat an mich heran und zog mit schnellen Handgriffen die Haken aus meinen Schulterblättern. Die Wunden bluteten nur leicht und nachdem mir ein paar sterile Pflaster auf die Haut geklebt wurden, war ich soweit fertig. Ich bedankte mich bei allen Beteiligten, grinste und setzte mich noch ein paar Minuten zu den Anderen, um etwas runter zu kommen. Maria und ich verabschiedeten uns bei Anette und gingen nach einigem Händeschütteln und vorsichtigem Schulterklopfen der Anderen zum Wagen. Als ich mich in den Beifahrersitz des Passats fallen ließ, blubberte noch etwas Luft, die sich unter den Einstichstellen gesammelt hatte, aus den Wunden und entlockte mir ein Lachen, da es nicht wirklich unangenehm war sondern eher an einen Furz aus meinem Rücken erinnerte.

Diese ganze Geschichte erscheint mir rückblickend ziemlich seltsam, keinesfalls krank oder abartig, sondern einfach nur überwältigend und in all ihrer blutigen Hässlichkeit für Außenstehende, schlicht und ergreifend schön. Seit der Aktion sind jetzt zehn Jahre vergangen und ich denke in diesem Moment über eine Wiederholung zum Jubiläum nach. Verständnisloses Kopfschütteln und unangebrachte Kommentare der Alleswisser und Sittenwächter entlocken mir ein müdes Lächeln wenn ich an den Nutzen denke, den ich daraus gezogen habe.

Was ist daran falsch oder nicht nachvollziehbar? Nur weil es mit Schmerzen verbunden ist, weil es nicht sauber und vorzeigbare Selbstverletzung ist, wie bei Schönheits-OPs oder bei Marathonläufen, bei Essstörungen, Tätowierungen oder Blutgrätsche beim Fußball, die uns höchstens ein duldendes, laute Uuuuuh inklusive verzerrtem Gesicht entlockt. Wir leben in einer Gesellschaft, in der der Begriff und das Gefühl Schmerz ausschließlich negativ besetzt sind. Nach dem Saufen gibt es eine Aspirin, nach dem Sonnenbrand etwas Fenistil-Gel, eingerissene Nagelbetten werden mit Wundsalbe und Pflaster versorgt und wenn man sich auf dem Weg zum Bad nachts im Dunkeln den kleinen Zeh an der Kommode im Flur anstößt, verhält man sich, als wäre man in eine Bärenfalle getreten. Das alles ist in unserer, in Watte gepackten, verweichlichten Welt toleriert und wird kollektiv abgenickt, während in Südamerika noch Menschen in unzivilisierten Bereichen nackt mit gebrochenen Rippen und bloßen Händen Wildschweine jagen und erlegen. Da es sich dabei um die selbe Spezies handelt, sind wir auch dazu in der Lage, wir haben es bloß verlernt und schlimmer, wir wollen sowas gar nicht. Nicht weil wir keine Wildschweine in der Dortmunder Innenstadt oder dem Bochumer Bermuda-Dreieck finden, sondern weil es uns krank erscheint. Irre. Oder einfach ekelhaft und nicht normal.

Mir hat mein Erlebnis, die Suspension, gezeigt, dass ich Dinge schaffen kann, die mir unwirklich schwer und zu krass vorkamen. Bis ich es probiert habe. Jetzt kann ich vieles gelassener angehen. Ich freue mich auf meine nächste Suspension. Vielleicht erzähle ich danach wie es war…

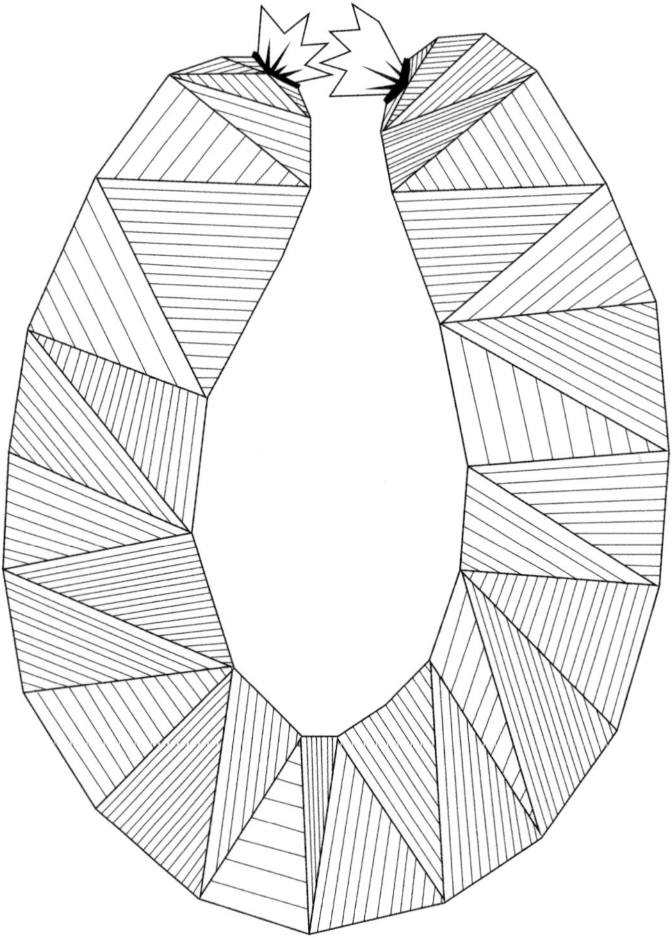

FÜTTERE MICH!

Es fällt mir schwer meinen Blick von der kleinen, speckigen Hand abzuwenden, die in kreisenden Bewegungen die Scheibe der Wursttheke streichelt. Ich schätze sie auf sieben, maximal acht Jahre. Sie steht vor dem Fleischaltar und verzieht das Gesicht zu einem definitiv angelernten Weinkrampf, der immer abrupt unterbrochen wird, wenn die Fleischeierfachverkäuferin in die Theke greift, um Wurst daraus abzuwiegen. Dann huscht ein kurzes Lächeln über das geschwollene Kindergesicht und die Augen weiten sich erwartungsvoll in der Annahme, dass die gerade bewegte Wurstsorte für sie selbst bestimmt sei.

Die Mutter, oder in diesem Fall der „Feeder", lächelt mich mit einem Blick an, der mir anscheinend vermitteln soll, dass die Kleine gaaaaanz süß aussieht wenn sie ihre Wurst will. Tut sie aber nicht! Sie sieht nicht süß aus. Sie hat nichts mehr von dem, was Kinder ausmacht. Sie hat dicke Backen anstelle süßer Bäckchen, sie hat zugequollene Sehschlitze anstelle großer Kulleraugen und noch bevor man auf ihre klitzekleinen Patschehändchen sieht, weiß man, dass sie den Eindruck eines fetthändigen Balgs vervollständigen werden. Die Mutti sieht das anders.

Okay, alle Muttis finden ihr Kind süß, und selbst wenn die Hasenscharte des Todes in Verbindung mit Stottern und dem zugeklebten rechten Auge der neuen Kinderbrille Einzug gehalten hat, so will man doch nicht zugeben, dass das eigene Kind aussieht wie ein eingetretenes Kellerfenster. Verständlich! Das ist halt keine Freundin, die man nach zwei Wochen am Rastplatz anbindet, weil die Freunde sie hässlich finden, es ist halt das eigene Kind.

Was mir allerdings nicht einleuchtet: Warum behandelt man sein Kind dann so?

Ist es Liebe, wenn man morgens die kleine, ich nenne sie an dieser Stelle mal Lisa-Marie, mit acht Negerküssen und einer Halbliterflasche Apfelschorle versorgt? Ist es Liebe, wenn man merkt, dass das eigene Kind beim Versuch rückwärts zu gehen aufs Maul fällt, und sie trotzdem nicht in einem Sportverein angemeldet wird, sondern ihren Geburtstag mit den anderen fetten Teppichratten im Vorhof zur Hölle unter Aufsicht von Ronald McDonald feiern darf? Ist es Liebe, wenn im Alter von drei Jahren alle Zähne kariös sind und man beharrlich weiter Cola in die Nuckiflasche schüttet? Ist es Liebe, wenn die kleine Speckfresse mit der Stellung ihrer Beine die Aufnahmeprüfung bei den X-Men direkt bestehen würde... und, und, und.

„Ja, aber sie schreit immer, wenn sie ihr Kinder Bueno abends nicht bekommt!"

Ja klar, du dusselige Zippe, weil sie noch nie ‚nen Apfel gesehen hat und ihre zarten Zungenknospen auf die Säure wahrscheinlich auch gar nicht mehr klarkommen würden, nachdem ihr der Glutamat-Express jahrelang die Mundschleimhaut zu Klump gefahren hat.

Ich hab jetzt schon keinen Bock mehr auf Fleischwurst. Gerade hatte ich noch die Vision von einem knusprigen Brötchen mit Thomas-Senf und Fleischwurst, ein bis zwei kühle Kronen Pils und die Füße in einem Eimer Wasser auf der Dachterrasse, während mir meine Hundedame begierig die Hände leckt. Jetzt nicht mehr. Ich möchte diese Mutti schütteln und ihr sagen:

„DEIN SCHEISS KIND IST SCHEISS FETT UND DU BIST SHEISS SCHULD!“

Aber statt dessen lächle ich zurück und lege den Kopf auf die Seite, als wenn ich sagen wollte:

„Oh, wie süüüüß!“

Ich hasse mich in diesen Momenten. Ich weiß ja, dass man nicht immer das sagen kann, was man denkt, aber jetzt wäre doch ein angemessener Zeitpunkt. Die Mutti sieht zwar nicht besonders resolut aus und im Nachgeben ist sie ja spitzenklasse, wie man an dem adipösen Marshmallowkind sehen kann. Aber es ist auch kein Bauarbeiter-Vater mit Händen so groß wie Klodeckel in Sicht, der mir nach meinem Geständnis seinen Unmut in die Maske hauen würde. Also warum mache ich es nicht einfach? Warum mache ich mir Gedanken über die Folgen? Um mich herum macht sich doch auch keiner Gedanken! Die Mutti nicht über ihr Kind, die Wurstfrau nach dem Pissen nicht übers Händewaschen, warum ich? Weil ich Anstand habe? Weil ich Angst habe? Nein!

Ich glaube, es macht mir einfach Spaß solche Sachen zu beobachten und mich dann darüber aufzuregen. Ich will gar nichts ändern, ich will partizipieren, kommentieren, lamentieren, resignieren und von vorne anfangen. Weil es super ist, nachmittags in der Innenstadt von Dortmund zu sitzen und sich über die ganzen fetten Kinder, die geschminkten Tussis, die zitternden Schlucker, die behaarten Opas und das ganze restliche Freakshow-Ensemble aufzuregen!

Das ist der gleiche Grund, warum man RTL sieht: Bauer sucht Frau, Salesch, TalkTalkTalk, Familien im Brennpunkt und Frauentausch. Es geht eigentlich nur darum, jemanden vorgesetzt zu bekommen, der noch asozialer und schlimmer ist als man selbst. Jemand, der fetter, ungesünder, langsamer, dümmer, kleiner, kurzschwänziger und kleintittiger ist als wir. Da guckt man gerne zu und da braucht man auch keine Angst haben, wie ich an der Theke, weil man vor dem Bildschirm nicht mit Reaktionen rechnen muss.

Alles schön portioniert mit kleinen Unterbrechungen zwischendurch für die notwendigen Dinge des Lebens, wie Fleischwurst von Hertha oder die mit der Mühle. Die erkennt sogar die fette Lisa-Marie aus drei Metern Entfernung im Kühlregal, obwohl sie noch nicht richtig lesen kann. Damit man nicht total abstumpft, kommt zwischendurch noch was für den Kopf. Ein kniffliges Gewinnspiel bei dem man raten muss, welche Zutat in einen Kuchen gehört.

„A“ für Safran oder „B“ für Scheiße?

Ich überlege kurz, ob ich mitmache, kann mich dann aber doch nicht zwischen A und B entscheiden. Ich warte lieber auf das Spiel, wo man einen Namen mit genau drei As erraten muss. Agamemnon..., scheiße, passt nicht! Egal, das Spiel geht ja noch acht Stunden so weiter, und ich kann in der Zwischenzeit dank Picture-in-Picture Effekt meines TVs gleichzeitig zu den Sexy Sport Clips wichsen. Ich bin so froh!

HAPPY BIRTHDAY TO ME!

Es muss ja nicht jedes Jahr das Gleiche sein. Ich habe Geburtstag. Heute. Letztes Jahr auch. Am gleichen Tag. Da war ich in Berlin, hab mit guten Freunden in einer Kreuzberger Bar gesessen und mir etliche Kaltgetränke verklappt. Das war eigentlich sehr schön. Auch ohne Hornbrille und asymmetrischen Haarschnitt.

Es war die richtige Mischung aus "kleiner Kreis" und "wegballern". Auf dem Heimweg nach Dortmund bekam ich dutzende Anrufe, beladen mit Glückwünschen und Smalltalk. Abends feierten wir dann noch mal richtig im Bakuda Klub, für einen Dienstag Abend war die Veranstaltung mit knapp 130 Leuten auch gar nicht mal schlecht besucht.

Der Tag danach war, bis auf den Kater, sehr schön. Ich musste ja nicht aufräumen zu Hause, da das ganze Chaos im Bakuda abging. Kein Leergut wegbringen, keine angebissenen Äpfel mit Zigarettenkippenhaaren und Eddinggesichtern aus meiner Mikrowelle holen, keine CDs in ihre ursprünglichen Hüllen zurück sortieren und auch meinen Hund nicht von Luftschlangen und Glitzerspray befreien.

Dieses Jahr wollte ich mir das ebenfalls ersparen und vielleicht auch mal die Gelegenheit nutzen, ein paar besinnliche Tage für mich zu haben und nicht auch noch an meinem Ehrentag der ganzen Scheiße mit Stress, Organisation und Planung das Zepter in die Hand zu geben.

Laptop auf dem Schoß, ein paar Seiten durchgeblickt, Hundeurlaub.de! Das ist es! Wie geil: ein Ferienhaus am Ijsselmeer. Direkt am Wasser. Hunde ausdrücklich erlaubt. Sauna und Whirlpool im Haus. Terrasse mit Bootssteg. Offener Kamin. Und das alles in Holland! Das will ich!

Warum nicht? Ich denke, man kann nach mehr als 25 Jahren hartem Zelebrieren des "Schlüpftags", wie die Grenzdebilen unter den Facebook-Pinnwand-Vandalen sagen würden, auch mal ganz entspannt drauf scheißen und sich der Verantwortung als Zeremonienmeister des alkoholabhängigen Freundeskreises entziehen. Der Entschluss ist gefasst. Ein paar Emails und eine Überweisung später bin ich auf der Autobahn.

Holland kommt ja recht unerwartet. Man fährt und fährt und denkt dabei über die Städtenamen auf den Schildern der Ausfahrten nach, und während man sich noch Gedanken über die Namensfindung von Städten wie Vlotho oder Hünxe macht, bemerkt man eigentlich gar nicht, dass das Land immer flacher wird und die Wohnhäuser und Menschen von Industriegebieten und Schafen abgelöst werden.

Auf einmal fährt man über den Grenzübergang, der einem noch vor 15 Jahren eine Gänsehaut und Schweißausbrüche beim Gras schmuggeln bescherte, als wäre es der Eingang zu einem Vergnügungspark. Nur, dass man hier nicht anhalten oder warten muss.
Ich muss zwar nicht, aber ich will! Ich freue mich seit der Abfahrt auf das Ritual, welches jeden Hollandurlaub bei mir einläutet. Den Wagen an der Grenztankstelle geparkt und mit einem Lächeln im Gesicht gehe ich darauf zu. Der FEBO-Automat. Eine Futterkrippe der besonderen Art, ein gläsernes Foodterminal, unpersönlich, steril, fettig, heiß und ungesund. Ein Muss!

Früher war's ein Gulden, heute ein Euro fünfzig, die ich investieren muss, um an mein geliebtes Kipkorn zu gelangen. Nachdem ich das Geld eingeworfen habe, ziehe ich an der warmen Glasklappe und nehme das frittierte Stangenhuhn aus seinem Sarg. Zur Sicherheit noch zwei Frikandeln mitnehmen.
Dann ist das Kipkorn nicht so allein auf der Fahrt. Auch Wanda scheint FEBO zu mögen, denn ihr Hals verlängert sich um geschätzte dreißig Zentimeter, als ich mit den Fettpralinen das Auto besteige.

Da Holland ein ziemlich kleines Land ist, habe ich das Ijsselmeer schnell erreicht. Das Haus ist ebenfalls leicht zu finden und nach kurzem Ausladen der urlaubswichtigen Hilfsmittel wie Bücher, Kamera, iPad und natürlich Kleidung und Toilettenartikel, begutachte ich das Domizil für die nächste Woche.
Alles ist neu, von hohem Standard und für mich mehr als ausreichend und zufriedenstellend. Ich decke mich im örtlichen Jumbo-Markt mit Essen ein und kaufe noch schnell drei Sixpacks Bier, wobei ich mich frage, ob ein Eighteen-Pack hier nicht günstiger wäre. Drei Flaschen Wein und eine Flasche Jägermeister vermitteln mir das Gefühl von Sicherheit für die nächsten fünf Tage. Die Sixpacks sind nach 14 Stunden leer. Der Jägermeister nur zur Hälfte, da er nachts durch die Fußbodenheizung die Temperatur und Konsistenz von Chili con Carne angenommen hat.

Dann ist es soweit. Ich sitze auf der Rattan-Couch. 23.58 Uhr. Noch zwei Minuten und ich bin 39 Jahre alt. Heftig. Das bedeutet, ich beginne in zwei Minuten mein vierzigstes Lebensjahr. Ich bin unschlüssig. Soll ich der Angst vor dem Alter oder der Zufriedenheit des Erlebten einen Platz in meinem Kopf einräumen? Beidem.

Die Angst ist eigentlich unbegründet, denn seit meinem dreißigsten Geburtstag ist im Grunde alles klarer, deutlicher, direkter und auch besser geworden. Wenn ich mir vorstelle, was für ein Schwachkopf ich mit zwanzig war… - den Scheiß muss ich nicht nochmal durchleben. Gut, dass es vorbei ist. Es beruhigt zu wissen, dass ich es bis hier hin geschafft habe. Aus eigener Kraft. Oft mit Glück, List und Tücke, aber ich habe es geschafft. Nicht ohne Verluste, jedoch immer gerade heraus und mit erhobenem Kopf.

Mitternacht. Wanda quält sich von ihrem Rattan-Sessel, den sie seit Tagen vor dem Kamin besetzt hat, und leckt mir die linke Hand als ob sie wüsste, dass es nun soweit ist, mir gratulieren zu müssen, wenn sie wieder mit nach Hause genommen werden will. Ich bedanke mich mit einem Leckerchen für uns beide. Wanda bekommt Lamm, ich Bier.
Wir stehen in der eisigen Kälte auf der Terrasse und sehen aufs Meer, das vom nebeligen Nachthimmel in ein surreales Licht mit monochromen Verläufen getaucht wird. Ich bin zufrieden. Zufrieden und glücklich.

Vierzig. Was ist das schon. Nächstes Jahr mach ich ‚ne fette, fette Party…

LINKS VOR RECHTS

Hubschrauberlärm über der Nordstadt, und das morgens um halb neun. Ich öffne nur sehr widerwillig meine Augen und blinzle durch die verkrusteten Sehschlitze in Richtung Fenster. Sehen kann ich ihn nicht, aber er fliegt nicht über die Dächer sondern er scheint in der Luft zu stehen.

Ach ja, die Nazis sind wieder in Dortmund! Scheiße, ich muss gleich zur Arbeit und kann mir jetzt schon wieder bildlich vorstellen wie lange ich brauche, um da anzukommen. Letztes Jahr waren es auf dem Heimweg sechs Straßensperren, sechs mal Ausweis zeigen, sechs mal aussteigen und mich durchsuchen lassen. Es war mir schon bewusst, dass ich rein optisch genau in das Beuteschema der Staatsbüttel passte, ich dachte allerdings, dass meine Wohnanschrift auf meinem Pass ausreicht, um in die Nähe meiner Wohnung gelassen zu werden.

Nachdem der Geruch von frischem Kaffee meine Küche erobert hat, stehe ich vor meinem Fenster und beobachte den Hubschrauber. Die Sonne glitzert in den Scheiben und lässt ihn für einen Moment aussehen wie eine überdimensionale Libelle, nur ohne dieses hektische Hin- und Herfliegen. Ich merke wie ich lächle als die Sonne mein Gesicht berührt, es ist ein schöner Tag, trotz der braunen Horden vor meiner Tür.

Ich habe nicht vor, die ewig nachgeplapperten Argumente in meinen Kopf zu lassen, die die Stammtischpolitiker und Freizeitaktivisten an solchen Tagen zum Besten geben. Ich rege mich nicht über meine schönen Steuergelder auf, die für das Pack verballert werden oder sage Sätze wie:

„4.000 Polizisten für so ein paar Idioten, dat is ja schlimmer als wie beim Fußball!“

Nee, ich sehe das Ganze aus persönlichen Gründen und durch meine eigene Erfahrung aus einer ganz anderen Perspektive. Damit meine ich wie gesagt nicht die Grundsätze dieser Aktion. Ich denke da gerade eher an die kleinen und großen Jungs und auch Mädels, die sich gegenseitig Kameraden und Kameradinnen nennen. Die Leute, die in normalen Jobs arbeiten, deren Eltern Zahnärzte oder Lehrer sind, die im Mittelstand verwurzelt sind, einen zumindest messbaren IQ vorweisen können und eigentlich alles haben, ohne sich beschweren zu müssen. Die Stiefeljungs mit den Glatzen und Bomberjacken sind Museumsware. Verständlich, wenn man bedenkt, dass man es in diesem Outfit heutzutage nicht besonders weit bringt, wenn man sich in der Dortmunder Nordstadt bewegt.

Nein, die heutigen Nazis denken, dass Che Guevara einer von ihnen gewesen wäre und tragen Pali-Tücher zum Zeichen der Verbrüderung mit Palästina gegen den Zionismus. Klasse, sonst den Libanesen auf die Fresse hauen und sie als Teppichflieger beschimpfen, aber wenn's gegen Juden geht, dann ist jeder ein Freund, der ähnlich beschränktes Gedankengut mit sich herumträgt.

Aber das ist genau das, was diese Szene so ausmacht. Sie ist verlogen. Man nehme sich ein paar Fakten und dann biegt man sich das Ganze so hin, dass es für die eigenen Zwecke brauchbar wird. Damit meine ich nicht die Skins, die heimlich beim Dönermann essen und nur Joints rauchen, wenn ihre Kameraden nicht in der Nähe sind. Ich meine die ganzen Grundsätze und Regeln, nach denen Rechte leben, arbeiten und ihren gesamtdeutschen Alltag bestreiten.

Alles Fremde ist schlecht für das Vaterland, fremde Kulturen durchmischen unseren Genpool, die Herrenrasse muss siegen!

Ja klar, deine Mudder!

Ganz abgesehen von der Tatsache, dass die meisten Durchschnittsrechten ihre Informationen zur Weltlage aus dem Fernsehen haben und diese dann auch nicht immer verstehen, wollen wir uns doch hier mal einen typischen Rechten des alten Schlags ansehen:

Seine Stiefel sind von Doc Martens. Die wunderschönen Boots mit der „oil, fat, petrol und alkali resistant" Sohle werden in England produziert und machen einen schlanken Fuß. Ich arbeite mich mal nach oben vor: Die Hose ist meist eine Jeans, Herkunftsland USA. Darunter trägt man Boxershorts, weil der Name zum täglichen Verhalten passt. Obenrum ein Fred Perry Polohemd, ein Tolles Teil, benannt nach dem ersten jüdischen Tennisspieler, der das Wimbledon Turnier gewann. Wahlweise ersetzbar durch Ben Sherman oder auch bei richtigen Prolls durch Lonsdale, die keine Läden mehr beliefern, die nachweislich an die rechte Szene weiter verkaufen, da sie einen Imageschaden durch Nazis nachweisen können. Zu guter Letzt noch die Frisur. Kurz rasiert oder etwas getrimmt kommen die Skinheads daher, die früher erst Suedeheads hießen und ursprünglich aus Jamaika nach England gekommen sind, sich in der Arbeiterklasse verorteten und mit den kurzen Haaren eine Art Protest gegen die ollen 68er und Hippies starten wollten. Die ersten Glatzen waren also Schwarze, hörten Ska, aus dem später der Reggae entstand und trugen Klamotten, die aus aller Herren Länder kommen.

Was zum Teufel ist daran Deutsch?

Was hat diese eigentlich sehr geile Musikrichtung und der stylishe, ursprüngliche Klamottenstil zu tun mit den White Trash Assis in Lonsdale-Jacke mit blondierter Gabberfreundin und Kinderwagen in unserer Innenstadt? Was veranlasst jemanden „Ausländer raus!" zu brüllen und dann auf der Betriebsfeier beim Griechen die Tochter des Besitzers anzugraben? Warum schwört man auf die deutsche Kultur und vermisst das angeblich so gründliche, saubere und elitäre dritte Reich, wenn man nicht mal in der Lage ist, die einfachsten historischen Daten der Geschichte zu nennen? Und damit meine ich nicht den 20. April. Warum kleben gerade die derbsten Naziaufkleber auf der Heckscheibe eines japanischen Kleinwagens? Auf Konzerten und Treffen sind Spaghettifresser auf einmal die „Erben des Duce" und Polacken werden zu Kampfesbrüdern der Ostfront.

Bei all diesen geistigen Verfehlungen und Defiziten in Logik, Umsetzung und Hintergrund der rechten Szene kann man nur all zu gut verstehen und tolerieren, dass sich Jungs und Mädels treffen, um für die NPD zu marschieren, demonstrieren und zu provozieren. Eine Partei, die die Lieder von Hannes Wader umschreibt und auf ihren Demos „Ton, Steine, Scherben" über Megaphon spielt. Eine Partei, die von Müllermilch und Birkenstock unterstützt wird und die selbst rechte Jugendliche und Skinheads als gutes Kriegs-, und schlechtes Menschenmaterial bezeichnet. Bei all dieser Verwirrung ist das verständlich, finde ich.

Die Gründe, in diese Szene zu gehen, sind nämlich nicht Fremdenhass oder die Sehnsucht nach Deutschland in den Grenzen von 1943. Der Grund ist LIEBE!

Die Szene ist Vater, Mutter, Geschwister und Freunde gleichzeitig und sie ersetzt diese auch nach kurzer Zeit. Ich will damit eigentlich nur sagen, dass ihr, wenn ihr das nächste Mal einen Nazi seht, nicht gleich wieder euren stereotypen Gedanken freien Lauf lassen sollt. Geht einfach mal zu ihm oder ihr rüber und nehmt ihn in den Arm. Streichelt ihm über den rasierten Kopf, drückt ihm einen dicken Knutscher auf die tätowierte Stirn und sagt ihm, dass ihr ihn lieb habt. Denn sie sind wie wir und eigentlich wollen wir doch alle nur mal in den Arm genommen werden.

So, der Hubschrauber dreht ab und ich werde mal versuchen, zur Arbeit zu kommen. Unterwegs gibt‘s bestimmt ein paar Möglichkeiten jemanden zu umarmen. Ich probiere es auf jeden Fall mal aus!

IN DORTMUND ESSEN SIE KEINE HUNDE

Sie stand auf einmal einfach da. Ich hab nur eine Bewegung hinter mir gespürt, mich umgedreht und da war sie. Ihre Augen sahen mich an mit einer Mischung aus Gleichgültigkeit und Langeweile. Sie war nicht halb so interessiert an mir, wie ich an ihr. Ich stammelte so etwas wie ein „Hallo" und hielt ihr die Hand hin. Sie hob ihren Kopf leicht an und drehte sich von mir weg. Dann verschwand sie ins Nebenzimmer.

Es tat mir nicht weh, abgewiesen zu werden, ich war zu forsch, hatte es verdient. Ich bemerkte mein Lächeln, das wie festgeklebt in meinem Gesicht hing. Anna, die junge Dame bei der ich hier eigentlich zum Essen verabredet war, hatte mir ja schon den Kopf verdreht aber wenn ich gewusst hätte, daß ihre Mitbewohnerin mich dermaßen aus dem Sessel haut, hätte ich mich nie auf dieses Treffen eingelassen. Schließlich sollte mich nichts von meinem Date ablenken.

Anna stellt zwei Gläser auf den Tisch und bittet mich, eine Flasche Chablis zu öffnen, den sie gut gekühlt daneben platziert hat. Den Tisch deckt sie mit Bambusmatten als Platzdeckchen und Tellern und Besteck, daß nicht zueinander passt.

„Das meiste ist aus Gastronomien geklaut…!" sagt Anna und lächelt mich an.

Sie hat dieses Lächeln, daß nicht nur den Mund sondern auch die Augen verändert. Bei einem ehrlichen Lächeln blitzen sie auf und man möchte darin versinken. Anna ist aus Ungarn und sie rollt das „R" ziemlich heftig, früher fand ich das mal ganz schlimm, jetzt macht es mich auf einmal an. Alles an ihr ist neu und aufregend, ihre schlanke Figur, die sie total unkonventionell in eine braune Jogginghose gesteckt hat. Dazu trägt sie ein buntgestreiftes Neckholdertop, sie ist ungeschminkt, ihre Haare zu einem Pferdeschwanz gebunden. Bei anderen Dates haben sich die Mädels immer chic gemacht für mich, Anna nicht. Anna sieht aus wie ein Zigeunermädchen, daß nur mal schnell zum Kippenautomaten geht oder den Müll rausbringt. Und doch ist sie so sexy in diesen und in wahrscheinlich allen anderen Klamotten, daß ich Schwierigkeiten habe, ihr nicht die ganze Zeit auf den Arsch zu starren.

Kennengelernt hab ich Anna als ich nach Dortmund gezogen bin. Nachdem ich meine erste eigene Rolex unter Tränen verkauft habe um meine Kaution, die erste Miete, TV und Xbox zu bezahlen, bin ich durch mein Viertel gelaufen und habe nach einer Stammkneipe gesucht. Ich brauche in meiner Nähe einen Ort, an dem ich mich abends volllaufen lassen oder einfach nur ablenken kann, Kneipe, Club, Restaurant oder Bar, völlig egal. Mein Freund Jan rief mich an und fragte mich, ob ich ihn in den Bakuda-Club begleite, auf zwei, drei Bier und ein paar Kurze. Der Club war etwa einen Kilometer von meiner Wohnung entfernt und ich willigte aufgrund der Tatsache, daß ich nach Hause laufen kann wenn ich voll bin, sofort ein.

Jan und ich treffen uns also vor dem Club und öffnen die Tür. Vor uns steht Hoppe, ein Türsteher, den man ruhigen Gewissens als Dortmunder Original bezeichnen kann. Seine Stimme ist tief und rauh, fast wie nach einer Kehlkopf-OP. Er trägt Bomberjacke und Pferdeschwanz, seine Nase ist riesig und er sieht mich an, als wollte er mir gleich eine reinhauen. Kein guter Start für einen neuen Stammladen, denke ich so bei mir. Wir bezahlen, bekommen unsere Getränkekarte und gehen die Stufen der Treppe zur Garderobe hinunter. Ich gebe meine Lederjacke nicht ab, der Club ist kalt und am Tresen seh ich mit dem Ding auch viel cooler aus.

Hinter der Garderobe geht Jan um die Ecke in den Club, ich folge ihm. Der Laden ist echt klein, man steht direkt auf der Tanzfläche, kleine Hocker und Sitzecken Laden zum Abhängen ein und das DJ-Pult sieht aus wie nach 40 Jägermeister selbstgebaut. Wir sind die einzigen Gäste, mir völlig egal, ich Brauch nur Kronen Pils und Jägermeister. Dann seh ich sie. Anna. Sie steht hinter dem Tresen, lächelt zu uns rüber und dreht sich irgendwann zu ihrer nicht weniger attraktiven Kollegin um und flüstert dieser etwas ins Ohr. Beide sehen uns an und lächeln. Ich greife Jan's Arm und sage:

„Ey, die Alte da hinterm Tresen, die Lange…, die werde ich heiraten!"

Jan sieht mich an und erwidert:

„Bist du dämlich? Fick die erstmal, dann kannze 'se von mir aus heiraten!"

Ich versichere ihm, daß das mein voller Ernst war und ich das nicht erklären kann, wie ich darauf komme. Es sei so ein Gefühl und ich wäre mir nun ganz sicher. Diese Frau will ich heiraten und ich will mein Leben mit ihr teilen.

Er sieht mich an als wolle er lachen oder kotzen, oder beides zusammen. Ich kann es ihm nicht verübeln, hatte ich ihm doch gerade vor der Tür noch gesagt, wie geil ich es finde, endlich mal Single zu sein. Vorher war ich immer in einer Beziehung, 4 Jahre, 2 Jahre, 6 Jahre…, wenn dann Schluß war, hatte ich spätestens eine Woche danach eine neue Freundin oder die Neue war sogar der Grund dafür, daß ich mich von der Alten trennen musste. Ich verkündete Jan freudestrahlend, daß ich ab heute meinen Schwanz in jede Frau stecke, die attraktiv, gesund und geil ist. Wobei mir oft nach 5 Bier die Attraktivität nicht mehr ganz so wichtig war. Im Sauerland hat man entweder alle Frauen schon gefickt, die als fickbar eingestuft waren oder man war mit ihnen verwandt. Das neue Terrain bot neue Möglichkeiten, viel bessere Frauen aus anderen Großstädten, die hier studierten oder einfach Partygirls mit einer Offenheit, von der man in meiner alten Heimat nur träumen konnte. Jan leuchtete nicht ein, warum ich diese Chance auf zügellosen Rockstarsex mit Heiratsplänen sabotieren wollte.

Es war mir scheißegal, ob Jan das nachvollziehen kann, ich will diese Frau. Mein Blick klebt an ihrem komplett tätowierten Rücken, der durch das Oberteil sichtbar wird sobald sie sich nach einem Kronen Pils aus dem Kühlschrank unter dem Tresen bückt. Und bücken muss sie sich heute Abend recht häufig für uns.

Anna und ich kommen schnell ins Gespräch, ich habe sofort das Gefühl, willkommen zu sein, vielleicht nicht direkt zwischen ihren Beinen aber auf jeden Fall an ihrem Tresen. Anna kann was am Glas und trinkt jede Runde Jägermeister mit, ausnahmslos. Ihre langen, schlanken Hände mit den feingliedrigen Fingern bewegen sich wie bei einer Pianistin wenn sie die Jägermeistermaschine anschmeißt und uns dabei anlächelt. Überhaupt sind alle ihre Bewegungen so grazil und anmutig als würde sie nach einer Choreographie handeln, tut sie aber nicht.

Sie ist gar nicht einstudiert, konventionell, austauschbar. Sie ist toll. Ich bin verliebt. Fuck!

Gestern hab ich mir noch von einer Kellnerin im Restaurant auf der Toilette den Schwanz lutschen lassen und dabei gedacht, daß Dortmund trotz seines Fussballvereins gar nicht so übel ist. Jetzt betreibe ich gedanklich schon wieder Nestbau, obwohl ich langsam so voll bin, daß der Wunsch nach Paarung überwiegt.

Ich hebe meinen wasweissichwievielten Jägermeister an und proste erst Jan, dann Anna zu. Sie nimmt ihr Pinnchen und geht um den Tresen herum zu mir und setzt sich auf den Barhocker zu meiner Rechten. Wir stoßen an und trinken, danach sie nimmt mein Bier und trinkt einen Schluck daraus. Sie lächelt mich an. Sie sagt:

„Du siehst gut aus. Ich hab dich noch nie hier gesehen."

Artig bedanke ich mich, erzähle von der Reise ins Exil aus dem Sauerland und allem möglichen Schwachsinn. Es ist keins von diesen Gesprächen, bei denen man sich versucht zu verkaufen und stets ins beste Licht rücken will. Anna hört mir zu, sie lacht an den Stellen, an den ich auch lachen würde, sie sieht mir tief in die Augen, sie mag mich, das merke ich. Wir tauschen Telefonnummern aus und versprechen uns, daß wir uns melden werden. Wer, wann, wie zuerst ist egal, einer wird's schon machen, da sind wir uns sicher. Ich werd sie morgen anrufen, da bin ICH mir sicher.

Anna nimmt mich zum Abschied in den Arm und flüstert mir ins Ohr, daß sie sich freut, daß wir ihr den Abend versüßt haben. Verdammt, du kannst dir nicht vorstellen, was ich dir sonst noch alles gerne versüßen würde, du geiles Ding, denke ich. Jan und ich verabschieden uns gerade, als Hoppe, der Türsteher mit der Reibeisenstimme zum Tresen kommt und nach einem Kaffee verlangt. Er sieht Anna mit ernster Miene an.

„Baggern die Penner dich an, Anna? Dein Freund kommt gleich noch kurz rein, hat er gesagt..., der wird sich freuen!"

Freund? Fuck, das hat sie nicht erzählt. Und als wenn er auf seinen Auftritt gewartet hat, kommt ein grosser, muskulöser Typ, wahrscheinlich Yugo, mit seinem kleinen, glatzköpfigen Kumpel rein, beugt sich über den Tresen und gibt meiner zukünftigen Ehefrau einen Kuss auf den Mund. Der kleine Kojak kriegt zwei. Küsschen rechts, Küsschen links.

Hoppe grinst mich an und geht wieder hoch zur Kasse. Jan und ich gehen langsam hinterher, ich drehe mich nochmal zu Anna um und wundere mich, daß eine so tolle Frau mit so'nem jugoslawischen Vollidioten zusammen sein kann. Der Typ sieht aus als wäre er als Kind in den Zaubertrank gefallen. Plötzlich sieht er mir direkt in die Augen und ruft:

„Ey, warte mal,"

Die 100 Kilo Muskeln kommen auf mich zu, er hält mir nen Flyer hin und sagt:
„Kennze die FASTER? Ist meine und Mahans Party, legendär..., kommt vorbei!"
Jan und ich versprechen, daß wir vorbeischauen, ich bin erstmal froh, daß ich mein Kronen nicht aus der Schnabeltasse saufen muss. Schuldig fühlen brauche ich mich eigentlich nicht, ich hab sie nicht angefasst oder derbe angebaggert. Aber das schlechte

Gewissen ist trotzdem vor Ort. Egal, für die Frau würde ich mir auch die Schneidezähne mit 'ner Kombizange extrahieren lassen.

Aber meine Befürchtungen sind eh unnötig da das Muskelmäuschen mich tatsächlich nur auf diese Party einladen will. Irgendwie ist er mir sympathisch. Auf eine unerklärliche Art.
An der Kasse bezahle ich bei Mr. Unfreundlich und fange nochmal ein paar Blitze aus seinen Augen, Jan hält mir die quietschende Stahltür auf und wir verlassen den Bakuda Klub. Draußen ist es wärmer als erwartet, ich strecke meinen Kopf in die Luft und atme tief ein. Es fühlt sich gut an. Der Abend, das Mädel, Bier, Jägermeister…, die neue Stadt hat mich jetzt schon, Überzeugungsarbeit ist unnötig.

Der Heimweg ist endlos lang, nicht anhand der Kilometer gemessen, ich bin nur so voll, daß ich mehr schleiche als zu gehen und gut koordiniert sieht auch anders aus. Die Hamburger Strasse zieht sich und von Weitem kann ich schon meine Heimatstrasse beim Coca-Cola Werk sehen. Gott sei dank. An der Kreuzung zur Werderstrasse pisse ich in das Rosenbeet an der Straßenecke und verliere das Gleichgewicht. Wie eine Katze, die sich beim freien Fall an allem festklammert, klammere ich mich an meinem Schwanz fest und schlage flach mit dem Gesicht ins Beet.

Jan hat Mühe mir wieder hochzuhelfen, meine Lederjacke reißt sich an den Dornen kleine Muster in den Brustbereich und wir müssen lachen.
Meine Fresse brennt und ich merke wie mir Blut über die Wange läuft…, ich hab mir an den Dornen nicht nur die Jacke aufgerissen. Jan und ich wohnen im gleichen Haus und torkeln die Strasse hinunter zum Eingang. Die Treppen knarren unter unse-

ren alkoholbeeinträchtigten Aufstiegsversuchen, Jan muss noch zwei Stockwerke höher als ich, hehehe, ich bin da.

Kurze Verabschiedung im Hausflur, wir rülpsen uns zu und verschwinden dann im Land der Träume.

Der nächste Morgen fühlt sich schwer an. Schwer, wie ein mit Pisse übergossener Amboß, der auf meiner Brust liegt. Beim Einatmen pfeift meine Lunge den River Kwai Marsch und ich schüttel mich kurz, als ich mitbekomme, welche Faulgase aus meinem Mund austreten. Wieso hab ich nach dem Saufen immer den Eindruck, daß nachts zwei verwesende Biber in meinem Mund gefickt hätten? Scheiß Jägermeister, dieses Dreckszeug macht mich fertig.

Anna! Das war doch kein Traum, oder? Ich greife in die Tasche meiner Lederjacke und merke erst jetzt, daß ich bis auf einen Schuh noch komplett bekleidet bin. Der Lucky Strike Zettel ist etwas verknittert, aber ich kann die Nummer lesen und darunter steht Anna und ein paar wirsche Striche und Kritzeleien. Meine Mundwinkel berühren sich beim Grinsen auf meiner Stirn und ich finde, daß jetzt ein guter Zeitpunkt ist, mich von dieser betonharten Morgenlatte zu befreien. Ich ziehe die Jeans runter, das Shirt etwas hoch, schließe meine Augen und hole mir einen runter. Nach getaner Arbeit säubere ich meinen Bauch und entferne mit meinem rechten Socken den letzten Rest Froschlaich aus meinem Bauchnabel.

Ich muss sie anrufen. Nee, ich schreib ihr. Morgen, oder am besten übermorgen. In amerikanischen Highschool Filmen reden die doch immer über diese 3-Tages-Regel. Oder vielleicht doch jetzt sofort, ich schreib 'ne SMS.

Nachdem ich dreimal den Text gelöscht und neu geschrieben habe, drücke ich auf „Senden“ und beiße mir auf die Hand. Ich Idiot.

Die Antwort lässt auf sich warten. Stunden. Gegen Abend, als ich mich eigentlich schon damit abgefunden hatte, daß ich für sie nur eine Tresenbekanntschaft war, kommt die SMS. „Kurzmitteilung von Anna“

Ich ertappe mich, wie ich ein helles, jauchzendes Geräusch von mir gebe, etwa so wie Mädchen beim Mingolf wenn der Ball reingeht. Mir egal, ich sitze auf der Couch vor dem Fernseher, trage Wollsocken und ne Pyjamahose, dazu nen Rollkragenpullover.

Fehlt eigentlich nur noch eine Box Kleenex Tücher und die letzte Staffel von Desperate Housewifes, unmännlicher geht's kaum, da kann man dann auch mal seltsame Geräusche von sich geben.

Es wäre der Hammer wenn ich sie näher kennenlernen dürfte, ihr SMS-Text ist kurz und nicht gerade persönlich aber das scheint ihre Art zu sein, immer Herrin der Lage. Sie freut sich, mich kennengelernt zu haben und würde gerne nochmal Zeit mit mir verbringen. Geil!
Ich schreibe natürlich direkt zurück und lade sie auf ein Frühstück in der nächsten Woche ein. Sie antwortet prompt mit den Worten:

„Sehr gerne, bis dann!“

Ich mache einen ziemlich schwulen Tanz in meinem Wohnzimmer und imitiere ein anstrengendes Herumrühren in einem großen, imaginären Kessel. Der Tag kann nicht mehr scheisse werden.

Die Tage schleichen an mir und meiner Erwartungshaltung vorbei und ich gebe dem Wunsch nach, Anna nach besagtem Frühstück zu fragen. Sie sagt zu und wir treffen uns ein paar Tage später im Café Max in der Dortmunder Innenstadt. Ich kann mich nicht mehr genau daran erinnern, was ich bestellt habe aber es wird so etwas wie ein englisches Frühstück und ein Kaffee gewesen sein, Anna trinkt Milchkaffee und isst ein belegtes Brötchen mit Käse. Ich beobachte sie sehr aufmerksam, ich bin dankbar, daß sie den Scheiß Kaffee einfach trinkt.

Trinken eben, wie man das macht mit Getränken. Erst hatte ich die Befürchtung, daß sie den Milchkaffee in dieser riesigen Tasse so trinkt wie die ganzen anderen beschissenen Hühner, die das Ding nicht am Henkel anfassen obwohl er dafür gemacht ist, sondern die Tasse mit beiden Händen umklammern als wäre es ein Vogelbaby, daß gerade aus seinem Nest gefallen ist. Diese Frauen nippen nur schlürfend an dem Getränk und zelebrieren geradezu diese Handhaltung. Übertroffen wird mein Ekel dann meist nur durch den Umstand, daß sie zusätzlich die Ärmel ihrer wohligwarmen Pullover, die fast immer von Bench sind, zur Hälfte über ihre Handgelenke ziehen und somit ein wenig so aussehen wie ein armer Wichser, der zur Kommunion den Anzug seines großen Bruders tragen muss.

Anna nicht, sie ist ganz anders, wie gesagt. Sie sagt Worte, die ich schon lange nicht mehr gehört habe, redet manchmal im Knastjargon, den sie sich von einem Exfreund angewöhnt hat. Sie ist unkonventionell, roh und noch viel schöner als ich sie in Erinnerung hatte. Ich will sie. Ich will sie immer noch. Ich will sie immer noch heiraten. Das sage ich natürlich nicht, ich denke es.

Stattdessen frage ich sie, ob sie nach dem Frühstück Lust hat, mich zum Baumarkt zu begleiten. Ich möchte mir einen Klodeckel kaufen und würde mich freuen, wenn sie mich beraten würde. Was zum Teufel….?

Bevor ich mich selbst auspeitschen kann für diese dämliche Frage, lacht sie und sagt zu. Sie ist Klodeckel-Fachfrau, sagt sie. Ich bin verliebt. Noch mehr. Immer mehr.
Wir zahlen, also ich zahle, dann fahren wir zum Hornbach. Nur Schrott hier also ein paar hundert Meter weiter zum Hellweg-Baumarkt. Auf dem Weg zu den Klodeckeln entdecken wir eine Dusche. Es ist eine geschlossene, blickdichte Dusche in der Form einer Spirale. Man geht in einer Art Spirale kreisförmig hinein und erspart sich so Türen oder Duschvorhänge.

Die Kabine besteht wie der schneckenförmige Eingang aus kleinen, hellblauen Mosaikkacheln. Wir gehen in die Dusche hinein und bewundern diese geniale Teil als wir auf einmal merken, daß wir zwar in einem Baumarkt sind, aber dennoch total abgeschottet, etwa 10 Zentimeter von einander entfernt, voreinander stehen. Wir sehen uns tief in die Augen, unser gezwungenes Lächeln verschwindet und für einen Augenblick bleibt die Zeit einfach stehen. Ich müsste sie jetzt küssen aber der Gedanke kommt mir nicht. Viel zu stark ist das alles um mich herum. Sie, ich, diese skurrile Situation in einer Dusche im Baumarkt, mein Herz schlägt wie verrückt. Unsere Augen duellieren sich unter den näselnden Ansagen aus dem Lautsprecher, der die sonderlichsten Sonderangebote anpreist.

Ich murmel etwas wie „Schönes Ding, oder?“ und bewege mich kurz. Kurz aber dennoch lang genug um ein nicht abgesprochenes Startsignal für uns beide zu geben, das uns aus der Dusche zwingt. Fuck, ich Idiot!

Ich finde keinen Klodeckel, der mir gefällt. Ich finde keinen Grund nochmal in die Dusche zu gehen. Ich fahre Anna heim. Sie wohnt in der Nordstadt, Nähe Hafen. Heftige Ecke, passt zu ihr. Sie drückt mich an sich zur Verabschiedung und ich atme alles ein, was sie ausströmt und mir überlässt. Sie riecht wie frische Wäsche, frisch geduscht und frischer Wind. Alles was gut ist halt. Ich bin überglücklich. Zu Hause nehme ich ihr ein Mixtape auf und nenne es den Klodeckel-Remix.

Sie geht mir nicht mehr aus dem Schädel. Ich denke pausenlos an sie und schreibe ihr auch oft. Sie schreibt zurück, ist aber sehr distanziert oder vorsichtig. Ich kann's ihr nicht verübeln. Trotzdem lade ich sie ein. DVD-Abend! Sichere Nummer.
Anna ist pünktlich, riecht wieder wie Sommerregen und setzt sich auf meine Couch. Ich bin nervös, meine Lunge funktioniert nur noch zur Hälfte, ich habe das Gefühl, so kurzatmig zu sein wie noch nie. Wir entscheiden uns für einen Film von Gaspar Noé, „Irreversible“, legen uns hintereinander auf die Couch und starten den Film. Der Streifen ist heftig. Ekelerregende Szenen direkt am Anfang und ich bin froh, daß ich hinter Anna liege und nicht ihr Gesicht sehen muss, da ich Angst habe, sie hält mich für einen Wahnsinnigen.

Bei der 15minütigen Schlüsselszene, in der die Hauptdarstellerin Monica Belluci in einer U-Bahn Unterführung von einem schwulen Psychopathen extrem brutal anal vergewaltigt wird, überkommt es uns beide. Wir sehen uns in die Augen, lächeln und Anna sagt mir, daß sie nicht mehr mit ihrem Freund Alex zusammen ist, da sie Schluss gemacht hat.

Wir küssen uns lange und leidenschaftlich unter Beluccis Röcheln, nachdem ihr Peiniger ihr das Gesicht zu Brei getreten hat weil ihm das Abspritzen in ihren Darm nicht demütigend genug gewesen ist. Ich bin glücklich. So glücklich wie noch nie zuvor in meinem Leben. So ist das also mit der Liebe, ein wahnsinniges Gefühl. Keine Schmetterlinge im Bauch, in mir spielen ausgewachsene Mammuts ein American Football Spiel und es fühlt sich an wie ein Endspiel, mein emotionales Finale.

Wir ficken nicht. Wir fummeln nicht. Wir reden nicht. Wir küssen uns. Stundenlang. Mein Schwanz ist hart wie Beton aber ich hab nicht vor ihn rauszuholen, noch nicht. Wir lecken uns durch den Rest des Films und Anna fährt nach Hause. Ich träume in dieser Nacht von ihr und mir und unserer Hochzeit. Idiot, Zweitfach: Hoffnungslose Romantik.

Unser nächstes Treffen wird großartig, das merke ich. Ich hab richtig Bock sie näher kennenzulernen, vor allem ohne Klamotten, mit Schnaps und Gras im Kopf.
Mein Magen grummelt beim Gedanken daran und ich bin total aufgeregt. Als Anna dann vor meiner Tür steht, ist das Grummeln bereits zu einem gluckernden Röhren mutiert und ich merke, daß irgendwas nicht in Ordnung ist. Nicht mit Anna, dafür mit meinem Magen.

Ich bitte sie herein und wir denken gar nicht daran, ins Wohnzimmer auf unsere Kennenlerncouch zu gehen, wir bewegen uns direkt ins Schlafzimmer. Ich habe Kerzen angezündet und wir räkeln uns züngelnd auf meinem Bett. Langsam tasten wir unsere bebenden Körper ab und befreien uns Stück für Stück von unseren Klamotten. Anna ist megaschlank, ihre Titten sind perfekt und der Arsch lässt mich aus lauter Vorfreude darüber meine Zunge gleich in ihn reinzustecken, zittern wie eine Gitarrenseite.

Ich stütze mich auf meinen Armen ab und bewege mich langsam über sie als es mich plötzlich überkommt. Mein Magen zieht sich zusammen und lässt mich ruckartig wie einen Boomerang zusammenfalten. Ich muss kacken, so heftig wie ich noch nie kacken musste. Fuck, warum jetzt, Zimmermannssohn aus Nazareth? Was hat dein scheiss Vater für beschissene Ideen wenn es um mich geht? Wenn ich das hier überlebe, konvertiere ich. Egal wohin und zu wem.

Anna sieht mich verdutzt an weil ich mich auf die Seite rolle. Ich entschuldige mich und eile zur Toilette. Das Klo ist eine kleine Abstellkammer ohne Fenster mit einem Scheisshaus und einem Miniwaschbecken darin, die Wände sind beklebt mit Fotos aus meiner alten Heimat im Sauerland und Partyflyern, mit Pornobildern und russischen Gottes-Ikonen. Obwohl die Tür vom Schlafzimmer und die Tür vom Klo geschlossen sind, kann ich deutlich jedes Geräusch aus dem Schlafzimmer hören. Ich höre wie Anna sich im Bett bewegt, in der Chipstüte raschelt und sich ab und an räuspert. Ich höre sie. Sie hört mich also auch. Verdammte Scheisse!

Meine Magenkrämpfe verbiegen mich rhythmisch und ich kann nicht mehr. Mit einem Schwung reiße ich meine Unterhose runter und noch bevor ich richtig auf dem Klo sitze, platzt mir der Arsch. Ich feuere einen Durchfall aus mir heraus, wie er ekelhafter, schmerzhafter, aber auch befreiender und leider auch lauter nicht hätte seien können. Nochmal, und nochmal, immer wieder von Fürzen und Stöhnen begleitet ergießt sich mein Darm wie die große, braune Amazonaswelle, die einmal jährlich vom Meer die Strömung heraufkriecht, in mein Klo.

Nach der letzten Abgriffswelle des Darmvirus ist es still. Im Klo und auch im Schlafzimmer. Ich sitze auf dem Thron und möchte weinen. Sie wird wohl gegangen sein nach den ersten Fäkal-Taifunen, die sie mitbekommen hat. Verständlich.

Ich wische ab und ziehe meine Unterhose hoch. Gut, daß ich mich heute morgen nicht für die weiße Boxershorts entschieden habe. Ich betätige die Spülung und Wäsche mir meine Hände als die zweite Welle über mich herein bricht. Meine Vermutung bestätigt sich, es ist ein Magen-Darm-Virus. Das geht dann über 30 Minuten so weiter und ich komme gar nicht dazu Anna um Verzeihung zu bitten oder nachzusehen ob überhaupt noch jemand da ist, der mir vergeben könnte. Mir geht's hundeelend und mein Arschloch hängt mittlerweile in blutigen Fransen an mir herunter. Nach der vierten Welle wische ich nicht mehr ab, ich tupfe...

Vorsichtig öffne ich die Tür und versprühe noch etwas Deo bevor ich in Schlafzimmer zurück gehe. Anna liegt nackt auf dem Bett und sieht mich mit hochgezogenen Augenbrauen an. Sie lächelt und sagt:

„Na, Süßer, Scheißerei?“

Wir müssen beide lachen und lege mich neben sie. Ich bin ihr so dankbar für ihre Reaktion und sehe verschämt an mir runter. Ich lasse die Unterhose an, da mein Schwanz nach der unfreiwilligen Darmreinigung eher an ein putziges Pimmelchen erinnert und mein Sack aussieht wie eine zusammengeschrumpelte Dörrpflaume. Toll, was so ein Körper alles drauf hat. Ich sage Anna, daß ich glaube, der großen Aufgabe heute nicht gewachsen zu sein und sie nickt verständnisvoll. Ich gehe wieder scheißen.

Anna geht irgendwann nach Hause und ich bin traurig. Traurig, wütend und wund.
Ein paar Tage später lädt mich Anna zum Essen ein, ich freue mich über die zweite Chance und finde mich also in der besagten Küche mit dem geklauten Besteck, den Bambustischsets und den vier unterschiedlichen Küchenstühlen wieder. Es gibt Lachs mit Spargel, Kartoffeln und Sauce Hollandaise. Anna fragt ob mein Magen das mitmacht und nachdem wir laut lachen müssen fegen wir das restliche Essen beiseite und ficken auf dem Küchentisch als wäre es unsere letzte Chance dazu in diesem Leben. Nachdem ich das Bambusset von Annas Rücken geschält habe steht also auf einmal ihre Mitbewohnerin neben mir. Ich bin auf der Stelle verliebt und will ab sofort mein Leben mit diesen beiden Mädels verbringen, für immer. Bitte!

Anna zeigt auf ihre Mitbewohnerin, stopft sich ein Taschentuch zwischen die Beine und sagt:

„Das ist Wanda."

Wanda ist jetzt mittlerweile 10 Jahre alt, sie ist ein Windhundmischling, tollpatschig, liebevoll, verspielt und das Zweitbeste, das mir in meinem Leben passiert ist. Das Beste und das Schlimmste in meinem Leben war und ist Anna.

Wir haben drei Jahre später geheiratet.

CORRECT!V

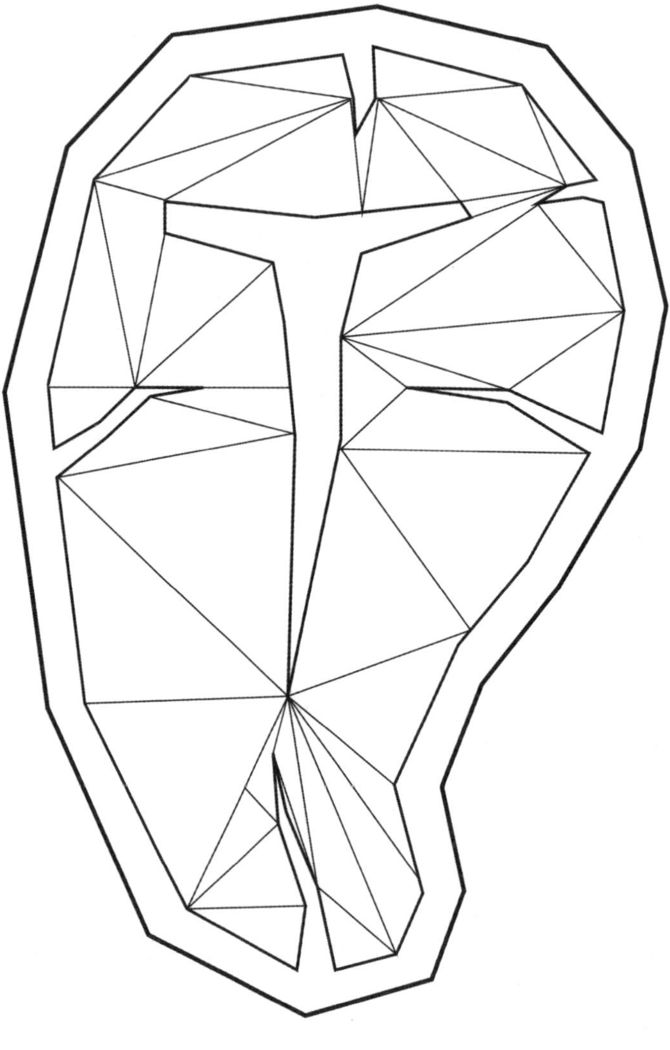

BISLEYLAND

LEAVING NEW YORK

Schon vorbei! „Schade“, denke ich so bei mir. Nein, ich habe es nicht gedacht, ich habe es anscheinend laut gesagt. Der schlecht gekleidete Herr drei Sitzreihen vor mir dreht sich verängstigt um und täuscht einen Blick über seine schuppenverzierte rechte Kragenseite vor, der angeblich nicht mir gelten sollte. Schlechter Versuch.

Ich sitze im Terminal 3 des John F. Kennedy Airports, JFK, wie die Locals sagen, oder auch Jay-Ay-Ay, wie der koreanische Taxifahrer gerade noch dreimal nachfragte bevor er mich mit einem sicher sehr nett gemeintem „Hay-Ay-Nayce-Tlip“ verabschiedete. Ich kam mir in Chinatown schon immer total bescheuert vor, wenn ich das Gefühl hatte, den Leuten sagen zu müssen, dass mein Chinesisch etwas eingerostet sei, bevor ich bemerkt habe, dass sie die ganze Zeit Englisch redeten.

Terminal 3 hat etwas vom Charme einer Bahnhofshalle in Bottrop, und zwar bevor die Umbauarbeiten in deutschen Bahnhöfen dazu geführt haben, dass man sie nur noch an den Dialekten ihrer Angestellten unterscheiden kann. Terminal 3 ist ungefähr so groß wie zwei Fußballfelder und auch in etwa genau so laut wie während eines Derbys.

Moment, ich muss mich eben an einen anderen Platz setzen. Die junge Mexikanerin drei Reihen hinter mir telefoniert so laut, dass man denken könnte, sie benutzt das Telefon nur zur Tarnung und schreit in Wirklichkeit so laut, dass man sie in Mexiko gut verstehen kann. Der Feind sitzt also drei Reihen vor und drei Reihen hinter mir, was ist mit den Reihen dazwischen? Sie sind leer!

Die anderen Sitzreihen sind jetzt nicht gerade brechend voll, aber um mich herum sieht es so aus, als hätten Flatulenzen eines Hundes, der ausschließlich mit Nassfutter versorgt wird, einen Kreis des Todes gebildet, in den niemand eintreten möchte. Es sind meine Tätowierungen. Hände, Hals, Gesicht tätowiert man nicht!

Ok, das Gesicht ist noch frei, aber der Rest ist schon ziemlich zugehackt. Meine Mutter, Gott hab sie selig, war schon immer dagegen und gestern hatte ich kurz das Gefühl, es wären genau diese Situationen, die sie meinte, wenn sie diesen mitleidigen und persönlich betroffenen Gesichtsausdruck aufsetzte, um mir zu zeigen, dass ich definitiv bereuen würde, was ich mir jetzt noch mit dem unbedarften Spaß eines Twens in die Haut stechen ließ.

Gestern, das war der Abend in einem der besten Steakhäuser in den USA. Die echten Karnivoren, zu denen ich mich definitiv auch zähle, würden sagen, es ist DAS beste Steakhouse der Welt! Es handelt sich um das „Peter Luger", eine Institution, wenn es um dry aged Prime Rib geht, die Königsklasse der Steaks. Gereift und kontrolliert verschimmelt in einem Dry-Aging-Room aus Glas, an dem jeder Gast vorbei muss, bevor er in die heiligen Hallen des fleischlichen Genusses marschieren darf.

Dieses Restaurant ist keine Hochglanzbude, in der man gleich einen Christian Rach oder einen französisch anmutender Kellner Marke Pinguin vorbei stolzieren sieht, der einem den Knigge mit einer Edelstahlpfanne in den Schädel hämmern möchte. Nein, das „Lugers" erinnert mehr an eine altdeutsche Bierstube, was es früher auch mal war. Altes, dunkles Holz an den Wänden, schlichte Tische und Stühle aus demselben Material und auch die Kellner könnten aus Eiche sein, wenn man jetzt rein nach dem Alter gehen würde. Aber das Fleisch! Ich könnte jetzt noch heulen, wenn ich daran denke, dass dieser Laden acht Flugstunden weit von meinem zu Hause entfernt ist.

Ich hatte mich in meinem Hotel in Chinatown exzellent vorbereitet. Ich hatte mir in diesem perfekt sortierten Liquor Store um die Ecke eine Flasche 2008er Chardonnay von Fetzer gekauft, der zwar überbewertet erscheint, aber keinesfalls schlecht ist. Ganz im Gegenteil, das Preis-Leistungs-Verhältnis ist bei 15,90 $ mehr als überzeugend. Meinen schwarzen Anzug und das weiße Hemd mit Doppelmanschette und Vatermörderkragen hatte ich in weiser Voraussicht zwei Tage zuvor vom hoteleigenen Laundry-Service bügeln lassen. Silberne Manschettenknöpfe, eine nicht zu aufdringliche Schleife, selbstgebunden versteht sich, und dazu die guten, rahmengenähten Cap-Toe Derbies von Allen Edmonds. Ich sah einfach gut aus.

Bis auf die Tattoos, die schienen den Typen an der Tür davon zu überzeugen, dass ich definitiv in ein anderes Lokal wollte. Nachdem er das dritte Mal die Liste der Reservierungen, die ich Fuchs schon von Deutschland aus getätigt hatte, durchlas, zeigte ich mit meinem Zeigefinger in einer Art „Tip-Tip-Tip"-Bewegung auf meinen Nachnamen auf der Liste, und der Herrscher über die Pforten des Fleischpalastes gewährte mir Zutritt. Aber nicht ohne mir ein missmutiges „Wait to be seated" hinterher zu fauchen.

Im Speisezimmer meiner Träume ging es dann weiter mit der Demütigung. Ich wurde zwar an einen Tisch gesetzt, allerdings ließ die Lage schwer zu wünschen übrig. „Durchgang zum Klo" würde ich die geografische Lokalisierung nennen, eine Zumutung. Ich musste mich entscheiden: Stehe ich auf, verfluche alle

Anwesenden auf arabisch, werfe irgend einen dunklen Gegenstand in das Restaurant und schreie „Allah Hu Akbar" bevor ich irre lachend ins Freie stürme oder finde ich mich damit ab, in einem der besten Restaurants meines Lebens den beschissensten Abend meines Lebens zu verbringen?

Ich entschied mich dazu, den Kellner beim Vorbeihechten zu stoppen, ihm eine 20 $ Note, begleitet von einem ernsten, sehr sicheren, aber dennoch freundlich bestimmten Blick, in die Hand zu drücken und ihm zu erläutern, dass ich heute Abend etwas ganz Besonderes erleben möchte. Etwas, das ich von langer Hand geplant, in Deutschland vorbereitet und mir selbst zum Ziel gesetzt hatte. Ein unvergessliches Stück Fleisch, dessen holzige Röstaromen nur von meinem Eau de Toilette von Hermés übertroffen werden konnten, gepaart mit einer ganzen Flasche schwerem, blutdickem Barolo, bei dem selbst Alfred Biolek der Vorbiss festkleben würde. Danach würde ich sehr gerne in seiner Smoker's Lounge eine fette Zigarre schmäuken und den Abend bei einem Glas Armagnac oder von mir aus auch Cognac, den der restliche Pöbel hier trinkt, ausklingen lassen. Es solle sein Schaden nicht sein, versicherte ich ihm, während ich den Druck meiner Hand mit der Geldnote festigte und ihm ein zugegebenermaßen etwas keckes Augenzwinkern hinterherschickte. Ich informierte ihn darüber, dass der Abend vom Eingang bis zur Tischwahl schon sehr bescheiden begonnen habe und es allein in seiner Hand lag, diesen, meinen Traum Wirklichkeit werden zu lassen.

Es funktionierte.

Ich war überrascht, was ich mir natürlich ganz weltmännisch nicht anmerken ließ, dass ich auf der Stelle an einen Platz gebracht wurde, der nicht nur besser war als der Vorherige, sondern auch vermuten ließ, dass dies ein vollkommen anderes Restaurant sein musste. Neben mir am Tisch wurde ich noch etwas misstrauisch beäugt und man rückte solidarisch mit den anderen Nichttätowierten etwas zusammen, aber spätestens nachdem der Kellner mich bei jedem Vorbeilaufen mit einem lachenden „Are you allright, Mr. B.?“ bedachte und mir dann die so sehnlichst erwünschten Gaumenfreuden brachte, war der Bann gebrochen.

Wir unterhielten uns lautstark von Tisch zu Tisch, gaben uns gegenseitig Shots aus und lobpriesen das Lugers Lager, von dem ich bisher nur gehört hatte. I had a fuckin‘ blast!!!
Der Second Security Manager des General Electric Buildings, der dazugehörige Schwiegersohn, ein paar Frauen auf Geschäftsreise, die mich alle an Carrie Bradshaw erinnerten und für ihre geschätzten 50+ noch damn hot waren, ein paar Immobilienfuzzis aus Little Italy, die auch gut von einem Goodfellas-Drehort hierhin gekommen sein konnten und ICH!

Nachdem ich mich gerade noch davon abhalten konnte, einen Altar für das Steak zu bauen und den letzten Rest genüsslich verspeist hatte, den letzten Tropfen des göttlichen Saftes meine Kehle hatte herunterlaufen lassen und nach Espresso, oder auch Expresso, wie Harold vom Tisch gegenüber lautstark bestellt hatte, Zigarre, Hennessy V.S.O.P. und einem weiteren Shot aufs Haus verlangte, bat ich zufrieden, nein, äußerst befriedigt nach der Rechnung, einem Taxi und einem Wort von Mann zu Mann mit Carl, dem Kellner, der die alte 20 $ Nummer bereitwillig mitgespielt hatte.
Er grinste, als ich zum verlangten Betrag, der in Anbetracht der lukullischen Gegenleistung lächerlich gering ausfiel, zwei wei-

tere Zwanziger drauflegte, von denen er zwar noch den Tipp für die anderen Angestellten abzwacken musste, der aber immer noch reichte, um die Bestechung zu rechtfertigen, die ich ihm zugemutet hatte.

Carl: „I'm glad you enjoyed this evening, Mr. B."

Ich: „Just because of you, thank you very much, Carl! You and this extra ordinary piece of meat will be always on my mind!"

Ein für dieses Etablissement etwas laxer Handshake und ich wurde zur Tür geleitet, wo das bereits bestellte Yellow Cab auf mich wartete. Von Brooklyn war es nicht weit nach Hause und ich war schnell, etwas zu schnell, in meinem Hotelzimmer. Schwer betrunken, satt und mit feuchten Augen schlief ich auf meinem Kingsize Bett ein und träumte nichts. Dazu war ich viel zu beschäftigt mit dem Verdauen von Fleisch, Alkohol und Erlebtem.

Aber worauf wollte ich eigentlich hinaus? Ach ja, Mama, wenn du das hier jetzt irgendwie lesen kannst: Es ist nicht schlimm wenn man aussieht wie 100 Jahre Alcatraz, es ist nur schlimm, wenn man sich so benimmt! Gestern hat dein Sohn alles richtig gemacht und wurde reichlich dafür belohnt. Ich dachte noch so bei mir: „Wer sich die Mühe macht, mich kennen zu lernen, ist herzlich eingeladen einen guten Abend, eine gute Zeit oder auch unter Umständen ein gutes Leben mit mir zu verbringen. Wer allerdings glaubt, sich direkt einscheißen zu müssen, nur weil ich optisch nicht unter die vertrauenswürdigsten 100 Menschen der Internatselite gehöre, kann mich getrost am Arsch lecken." Sorry Mom, ist mir so rausgerutscht.

HIGHWAY TO HEELS

Ich bin wieder auf der Autobahn unterwegs, auf dem Weg zur Arbeit, entspannt diesmal. Kein Drängler regt mich auf, kein langsamer Lkw bringt mich um den Verstand, ich fühle mich gut, sehr gut sogar. Liegt es an der Sonne?

Ja! Merkwürdig, wie dieser simple Feuerball nicht nur die Stadt, die Autobahn und das innere meines Kfz, sondern auch mein Gemüt erhellt. Ich grinse, klopfe im Takt der Musik auf das Lenkrad und erwische mich sogar dabei, wie ich Überholvorgänge zugunsten Schnellerer abbreche, ohne den Drang zu verspüren, aus einem geheimen Schlauch unter meinem Fahrzeug Öl auf die Fahrbahn zu spritzen, wie es sonst nur dem Aston Martin von Mr. Bond vorbehalten ist. Ich bin gut drauf, das kann ich ruhigen Gewissens behaupten. Es ist eine Mischung aus aktueller Begeisterung für die Wetterverhältnisse und Vorfreude auf die Park-, Wiesen- und Kanalsaison, die Grillfeste, Gartenabende, Cafénachmittage und Restaurantterrassen-Happenings.

All das mit Sonnenbrille und reichlich Endorphinen in den Regalen meines geschundenen Körpers. Nachrichten über verstrahlte Lebensmittel aus Nippon, Gaddafis verzweifelter Kampf gegen die internationale Windmühlenallianz, während ihm Rosinante in den libyschen Arsch beißt, politikverdrossene Sommerlochberichterstattung und auch die Panikmache der mit Bildern von verstorbenen Rasern, inklusive Kindern, versehenen Autobahnschilder kann mir die gute Laune nicht verderben.

Nachdem die erste Schicht geschafft ist, flaniere ich langsam vom Arbeitsplatz in Richtung Stadtkern, wenn man das in Soest überhaupt so nennen kann. Durch die von Kirchen und Fachwerk gesäumten Gassen, vorbei an müden Pennern mit müden Augen und müden Hunden zum Marktplatz, das erste Mal draußen sitzen, beobachten und essen.

An meinem Tisch angekommen vermisse ich zuerst die Weinkarte, aber nachdem ich sie gefunden habe, suche ich den "Gefällt mir-Button", denn die Karte ist gespickt mit deutschen Weinen, die nicht in jedem Lokal Usus sind. Ich entscheide mich für ein Glas "Feen und Elfen", ein Riesling von der von mir sonst so verhassten Mosel. Geiles Zeug mit feiner Mineralität. Der Legende nach tanzen Feen und Elfen des Nachts zwischen den Sträuchern und Hecken über die Weinberge der Mosel, und auch der Wein, wahrscheinlich eine Hommage an Frodos Freunde, ist tänzerisch leicht, herrlich zart, voller Frische mit Noten von Pfirsich.

Die Bestellung ist schnell formuliert, der Kellner bemüht und leichtfüßig, wie der Saft des Bacchus, der mir von Schluck zu Schluck mehr Spaß macht. Ich lehne mich auf der zugegebenermaßen etwas unbequemen Außenbestuhlung des Restaurants zurück und genieße die Sicht auf den mit Katzenkopfsteinen verzierten Marktplatz. Der Albtraum einer Blahnik-Besitzerin, der Traum jedes Lästermauls. Abgesehen von den unfreiwilligen Fehltritten des weiblichen Pumps-Kollektivs gibt es hier jede Menge Schicksale zu beobachten, bestaunen und zu begaffen. Letzteres trifft am ehesten auf mich zu.

Ich begaffe gerade Veronika, jedenfalls stelle ich mir vor, sie hieße Veronika. Ende 40, Kleidung von Adler, die Augen aber nicht. Das bestätigt mir das Kassengestell mit Gläsern, die im Sommer auch gut benutzt werden können, um Feuer zu machen.

Veronika ist im Herbst des Lebens angekommen und macht den Eindruck, als wären Frühling und Sommer ähnlich langweilig gewesen. Hängende Mundwinkel, hängende Augenlider und dieses gewisse gleichgültige Dahinschlurfen deuten einen Menschen an, dem jeglicher Spaß verwehrt wurde. Arme Veronika oder Vroni, wie ihre beste und einzige Freundin Manuela sie höchstwahrscheinlich nennen wird. Ich kann mir fast bildlich vorstellen, wie die Wohnung aussieht, in der Vroni ihr ungewolltes Single Dasein fristet.

Blaue Ledercouch mit magentafarbenen Kissen, über der ein überdimensional großer, chinesischer Fächer hängt, Schrankwand mit Mittelvitrine, in der die Leonardogläser stehen, Couchtisch mit Kacheln, auf dem die Fernbedienung und ein Aschenbecher stehen - ihre beiden besten Freunde neben Manuela. Das alles natürlich in heller Buche und sehr, sehr sauber.

Mein Therapeut sagte schon immer:

"Je aufgeräumter die Wohnung, desto zerrissener die Seele!"

Demnach bin ich seelisch momentan topfit; wenn man bei mir vom Boden essen kann, dann nicht weil's so sauber ist, sondern weil überall Essen rumliegt. Bei Vroni nicht, Vroni ist organisiert, sortiert und wenigstens hier, im Bereich "häusliche Hygiene", Herrin der Lage!

Noch nicht ganz zu Ende gedacht, da läuft ein anderes Objekt ihr in puncto Interessantheit den Rang ab. Einen Namen für dieses zauberhafte Wesen zu erfinden wäre reine Blasphemie! Sie geht, nein sie schreitet graziös über den Soester Marktplatz als wäre es der Red Carpet in Cannes. Langes, dunkel schimmerndes

Haar, das sie gelegentlich mit Daumen und Zeigerfinger nach hinten streicht, ein schlanker Hals mit einem Körper darunter, der sämtliche Sinne weckt, Monstertitten, beidhändig greifbare Taille und einen Arsch zum Anbeten, dessen von einem schwarzen Stoffkleid verhüllter Anblick alle meine Gehirnzellen vereinnahmt, um mir denselben ohne das Kleid auszumalen. Sie ist perfekt! Vom Kopf bis zu ihren wunderschönen Fü... MOMENT!

Sie trägt Ballerinas! Scheiße, die dämliche Kuh trägt Ballerinas! Diese Erfindung des Teufels aus schwarzem Kunstleder ohne Absatz, ohne Stil, ohne Sinn! Flache Schuhe sind nicht für Frauen! Du dummes Stück hast alles kaputt gemacht! Welcher debile Alkoholiker hat dich in der Wahl deines Schuhwerks heute Morgen bekräftigt? Frauen, die flache Schuhe, insbesondere Ballerinas, tragen, sollte der Führerschein abgenommen und der kleine Zeh des rechten Fußes amputiert werden. Dann können sie die Bequemlichkeit dieser beschissenen Ballerinas mal so riiiichtig auskosten. Eine Entwürdigung des weiblichen Fußes, eine Ohrfeige ins Gesicht aller Frauenfans, ein Waterloo der Sinne!

Der Wein schmeckt urplötzlich nach Pisse. Ich stecke mir meine Gitanes versehentlich am Filter an und inhaliere kraftvoll. Der Hustenreiz übermannt mich und veranlasst mein linkes Bein eine heftige Meidbewegung nach rechts auszuführen, wobei der Tisch den Pisswein über meine Hose ergießt. Die Sonne verdunkelt sich. Der Tag ist im Arsch. Es hätte so schön sein können, aber bei Schuhen hört die Freundschaft auf!

Ich winke den Kellner heran, bezahle gleichgültig und schlage den Kragen meiner tiefschwarzen Jacke hoch. Tiefschwarz, wie meine Seele jetzt. Ich wende meinen Blick angewidert von der Spur der Verräterin ab und wanke betäubt vom Schmerz des Stilbruches gen Fahrzeug. Durch das Sonnendach des Wagens kann man gedämpft die wolkenverhangene Sonne betrachten. Ich nehme noch eine Gitanes aus der Packung, kontrolliere die Filterposition und zünde sie an. Dichter Rauch steigt meinen traurigen Augen entgegen. Ballerinas!

Hoffentlich regnet es morgen.

FONDUE OR NOT TO BE

Neujahr, erster Januar, alles wird besser. Bis ich auf mein Handy sehe und merke, dass schon der zweite Januar ist. Super, das Jahr beginnt und ich verpasse schon den Anfang. Dann war das also doch kein Traum, gestern gab es wirklich. Ich habe nur ein kurzes "hell-dunkel" vor dem Fenster aufblitzen sehen, ich konnte ja nicht ahnen, dass das ein Tag und eine Nacht waren. Es wäre für einen Traum allerdings auch ein wenig zu realistisch gewesen.

Dieser Geschmack nach dem Aufwachen. Als wäre eine Katze in meinem Mund gestorben, nicht jedoch ohne vorher in meinen Hals zu scheißen. Die Augen angeschwollen und gerötet wie nach einem Amsterdam Urlaub, dazu einen Muskelkater, den ich mir nicht erklären kann. Ich habe es gestern gerade eben so hinbekommen, die Standardwege abzuarbeiten. Das beschränkte sich in diesem Fall auf die Hunderunde, meinen eigenen Toilettenbesuch und eine rudimentäre Nahrungsaufnahme. Und das war's.

Ich hatte diesen wöchentlichen Selbsthass, als ich aufwachte. Hass auf mich, weil ich es mir schon wieder so hart besorgt habe, dass mir nicht nur der Schädel pulsiert sondern auch der halbe Abend aus meiner Erinnerung getreten wurde.

Silvester! Was für eine Scheißerfindung. Es geht doch schon Monate vorher los mit dem Stress. Jeder fragt dich ab Anfang September, was du an Silvester machst. Immer die gleiche Frage, in einer Regelmäßigkeit, die nur von der Schlagzeile "Wieder Konflikte am Gaza Streifen" übertroffen wird. Und das Schlimmste ist, dass man auch immer dasselbe darauf antwortet.

“Ach, du, Silvester ist mir nicht so wichtig. Ich sehe erst mal mit meiner Freundin “Dinner for One” und dann trinke ich mit Kumpels und Anhang zu Hause ein wenig. Um zwölf gehen wir raus. Böllern. Aber nicht so viel, woanders verhungern sie und wir zünden das Geld an. Auf jeden Fall gehen wir nicht weg, Silvester im Club ist schrecklich!”

Dann kriegt man Stress mit der Alten, weil man vergessen hat den Spiritus für das beknackte Fondue zu kaufen. Während man sich gegenseitig eine neue Frisur brüllt, verpasst man den besoffenen Freddie Frinton im WDR und die Kumpels kommen ohne Anhang, da sie den gleichen Mist zu Hause erlebt haben. Anschließend verböllert man um zwölf ein dreizehntes Monatsgehalt und da man nach dem 27sten Magazin aus der Gaspistole eh einen Tinnitus sein Eigen nennen darf, kann man auch getrost noch die 150 Dezibel aus den Lautsprechern im Club hinterher jagen.

Das war natürlich eine rein fiktive Darstellung eines Silvesterabends, bei mir lief das etwas anders ab. Da ich Single bin, kann man den ersten Part getrost weglassen, Dinner for One eigentlich auch…, geböllert hab ich gar nicht…hmmm. Scheiße, ich bin also den ganzen Abend nur in diesem scheiß Club gewesen!

Ich kann mich noch daran erinnern, dass Bosek und ich bei mir saßen und um halb zwölf beschlossen haben, die Trainingshosen gegen Jeans zu tauschen und entgegen aller Vorsätze doch noch auf ein “Bierchen” feiern zu gehen. Umgezogen, zwei bis drei Williams-Christ-Birnen gegurgelt und los. Bakuda Klub!

Vor der Tür des Clubs angekommen schlägt die Uhr Mitternacht, man umarmt sich, wünscht sich gegenseitig ein frohes

Neues und das war‘s. Ab diesem Moment ist der Abend wieder ein ganz normaler Abend. An den Tresen gelehnt bestelle ich den ersten von vielen weiteren Vodka-RedBull und beobachte das Treiben auf der Tanzfläche.

Ich versuche mir eine Preisverleihung für den verstrahltesten Gast auszumalen und meine Augen suchen den Raum nach einem passenden Preisträger ab. Ich kann mich nicht zwischen dem Typen mit den Kieferkicks und dem Mädel in dem neonfarbenen Röckchen und dem Knicklicht im Maul entscheiden. Bosek kommt zu mir und verabschiedet sich.

Ich: “Warum willzu getz scho lohos, Alder?”

Er: “Sascha, es ist gleich sechs Uhr und so wie DU aussiehst, solltest du auch gehen!”

Ich: “Dange, Kumbel, ich bleib noch!”

Ich hätte auf ihn hören sollen, denn nachdem er gegangen ist gehe ich zur Toilette, wenn man das Loch im gefliesten Boden des Bakudas so nennen darf, und werfe einen Blick in den Spiegel. Shit! ICH bin der Preisträger heute Abend, denn ich bin jedenfalls optisch der Verbimmelteste hier im Raum. Ich sollte gehen. Nachdem ich gemerkt habe, dass Bosek nicht seit zehn Minuten, sondern seit vier Stunden weg ist, traue ich mich ins Sonnenlicht. Der Taxifahrer hält den Atem an, als ich einsteige, und atmet nicht mehr bis er mich nach Hause gefahren hat. Aus Sicherheitsgründen.

Der Hund ist sichtlich froh, dass ich wieder da bin, bis er bemerkt wie sehr ich stinke. Toll. Ein Wesen, das seine Zeit damit verbringt ihre Pflaume zu lecken und an der Pisse anderer Artgenossen zu riechen, wendet sich von mir ab. Ich taumle noch ein paar Minuten mit Wanda um den Block, gönne ihrer Nase etwas Pisse, um mich aus ihrem Gehirn zu löschen und krieche dann hinter ihr die Treppen zu meiner Wohnung hoch.

Ich kann mich noch daran erinnern etwas wie "verficktes, neues Jahr" gemurmelt zu haben. Als ich morgens ohne Unterhose und mit meinem Schwanz in der Hand aufwache, realisiere ich den kläglichen Versuch der nächtlichen Selbstbefriedigung und bemerke anhand der fehlenden Verkrustungen in und um meinen Bauchnabel, dass dieser, ähnlich wie der gestrige Abend, nicht unbedingt erfolgreich verlaufen ist. Den Rest kennt man.

Nächstes Jahr also definitiv Fondue.

BLUTIGER FREITAG

Ich sitze jetzt seit über einer Stunde im Auto und beobachte das Haus gegenüber. Drogen kaufen ist mega lästig und die Zeit, die man dafür aufbringt, steht manchmal in keiner Relation zu dem Spaß, den man damit hat. Irgendwie aber auch eine seltsam schöne Situation. Der Regen prasselt auf das Autodach, die Luft riecht nass und das Autoradio hat in diesen Momenten manchmal die besten Einfälle. Es läuft „Wonderful Life" von Black. Wie wenig wonderful dieser Tag für mich werden soll, ahne ich jetzt allerdings noch nicht.

Der dunkelblaue Fiesta meines Dealers biegt in die Straße ein und ich frage mich, warum man bei diesem Job nicht etwas Repräsentativeres fährt als diese überdachte Zündkerze. Wahrscheinlich macht er es richtig. Die Jungs, die trotz Arbeitlosengeld einen 7er BMW fuhren, sind komischerweise alle nicht mehr in diesem Gewerbe tätig, die sitzen in Haft.
Ich mache Lichthupe, er erwidert und rollt auf den privaten Stellplatz seiner Mutter, die ein ziemlich hohes Tier im Strafverfolgungssystem ist. Wie passend. Die Begrüßung ist formell und oberflächlich, das Drogengeschäft ist kein Ort um Freunde zu finden. Ich folge ihm in die kleine Einliegerwohnung im Haus seiner Eltern und setze mich auf die abgeranzte Couch, die durch ihre vielen Gäste ganz durchgesessen ist und mich zu verschlucken droht.

„Was brauchst du, Sascha?"

Er redet nicht viel. Nicht wie ich. Für ihn muß jedes Wort auch einen Nutzen haben, Information enthalten oder Fragen beantworten. Ich beuge mich dem Durst nach präzisen Aussagen.

„Vier Gramm Pep, zwei Gramm Koka und'n Fuffi Gras."

Er nimmt drei Tupperdosen aus dem kleinen, gammeligen Kühlschrank hinter der Tür und holt die Waage. Alles ist etwas ungezwungener als heute und weil wir das Jahr 1994 schreiben, ist das Paranoideste was man machen kann, ab und an die Jalousien mit den Fingern zu spreizen und nach Bullen Ausschau zu halten, da Handys noch nicht erfunden sind. Jedenfalls nicht für die breite Masse.

Er wiegt das Gras und das Speed ab und der Geruch des noch feuchten Amphetamins füllt schnell den ganzen Raum und sorgt bei mir unweigerlich für einen starken Kackreiz. Klassische Konditionierung, denke ich so bei mir. Wenn jemand am Wochenende das Wort Kokain oder Speed laut sagt, muss ich kacken. Sofort. Manchmal reicht auch der Geruch von Ammoniak, aber das ist eine andere Geschichte.

Ich bezahle meine Waren und wünsche ein schönes Wochenende. Kurze Floskeln über's „Gas geben" und das „Krachen lassen" ausgetauscht und ich sitze wieder in meinem Wagen Richtung Heimat. Heute abend will ich mit meiner Freundin und ein paar Jungs nach Iserlohn in die „Jukebox", kein Hochglanzladen, eher so die Art Boxbude mit Tresen.
Vorher allerdings habe ich noch einen Termin bei meinem Tätowierer in Hagen, ich lasse mir heute ein Piercing stechen. Es ist nicht mein erstes aber ich mach mir schon ziemlich in die Hose, ich hab irgendwie den ganzen Tag schon ein komisches Gefühl.

Auf der Autobahn in Richtung Hagen wird das Gefühl stärker, ich überlege ernsthaft ob ich den Termin absagen soll. Das

Grummeln im Magen kann nicht nur vom Kackreiz kommen, irgendwas liegt in der Luft.

Das Tattoostudio ist alt und etwas unaufgeräumt, der Piercer ist ein Arzt aus Norddeutschland, der hier seine damals noch verwegenen Dienste anbietet. Heute würde ich nie zu einem Mediziner gehen wenn ich mir die Dinger nicht eh selbst stechen würde. Damals war das normal, Piercer gab es noch keine und die Tattoostudios, die das anboten waren eher spärlich gesät.

Ich sitze mit meiner Freundin, ich nenne sie hier mal Katja, im Wartebereich des Studios und fülle meine Einverständniserklärung aus, die den Arzt dazu ermächtigt, den Eingriff bei mir durchzuführen. Name, Adresse, Telefonnummer und Körperstelle. Jetzt wird's ernst. Bei Körperstelle trage ich ein: HODENSACK.

Was für ein scheiß Wort, Hodensack.
Nüsse, Eier, Balls, Knicker oder was auch immer. Aber beim Sex sagt doch niemand:

„Los, du kleine Hure. Leck meinen Hodensack!“

Selbst beim Arzt ist mir das immer zu doof, auch da sage ich Eier. Im Moment hat er den Namen Sack eh nicht verdient, durch die von Nervosität durchzogene Angst ist er in sich zusammen geschrumpft und erinnert momentan eher an eine halbe Walnußschale. Fuck, bevor es losgeht und ich da vor dem Arzt blank ziehe, muss ich die Optik noch etwas verändern. Ich lege meine Hände in den Schritt und wärme mir meine Eier, damit der Sack seinen Namen auch wieder verdient.

Dr. Caligari ruft mich ins Behandlungszimmer, ich grinse Katja an und frage sie, ob sie mitkommen will um sich das Gemetzel anzusehen. Sie willigt ein. Gut, ich hab nämlich mega Schiss vor der Aktion und bin beruhigt, dass ich in ein vertrautes Gesicht sehen darf während mir jemand eine 2mm dicke Nadel durch meine Eier jagt.

Der Doc klärt mich über Risiken und mögliche Komplikationen auf, die im Grunde genommen immer eins zur Folge haben. Verlust der Zeugungsfähigkeit oder Verlust der Hoden. Schön. Ich höre nicht mehr zu, nicke nur noch alles ab und lächel verzerrt. Die Tür öffnet sich und herein kommt die äusserst attraktive Ehefrau und Assistentin des Herrn Doktors.

„Hallo, zieh dir die Hose und Unterhose schon mal aus und setz dich auf den Bürosessel dort."

Sie deutet auf einen kunstledernen Drehstuhl und lächelt mich an. Dominante Frauen fand ich noch nie besonders lustig und der Befehlston ist hier jetzt auch nicht gerade förderlich. Scheiße, meine Eier sind mir mittlerweile in die Bauchhöhle gerutscht und ich würde wahrscheinlich als stark tätowiertes Mädchen mit Bart und riesigem Kitzler durchgehen.
Die Assistentin grinst als ich mir mit den Daumen versuche die Nüsse in Position zu drücken, sie sagt das wäre ja normal wegen der Angst, Schutzreaktion der Hoden, blabla und so… In Wirklichkeit denkt sie bestimmt:

„So ein eierloser Wixer!"

Egal, ficken will ich sie eh nicht und deshalb kann es mir auch egal sein. Meine Eier sind noch etwas aufgeregt aber sie sind wenigstens wieder da, wo sie hingehören. Im Hodensack.

„Du kannst ruhig Anke zu mir sagen." sagt die Assistentin als sie mit der linken Hand meinen Schwanz anhebt um dann mit der rechten Hand meine Eier zu desinfizieren.

Das Desinfektionsmittel ist arschkalt und in dem Augenblick als der tropfnasse Mulltupfer meinen Sack berührt verschwinden die beiden Eier wieder in meiner Bauchhöhle. Ein ekelhaftes Gefühl. Sonst passiert das nur wenn ich dreimal abgespritzt habe, dann sind die Dinger so leer und klein, daß sie gar nicht mehr hängen können. Aber jetzt ist es pure Angst. Dazu noch eine hübsche Frau mit langen Fingernägeln, die meinen Schwanz hält und meinen Sack streichelt..., was zum Teufel mache ich hier eigentlich?

Der Arzt kommt rein und löst Anke ab, toll, jetzt hat er meinen Schwanz in der Hand und zieht an meinem Sack um die Hautfalte zu markieren, an der nachher das Piercing sitzen soll. Ich glaube, meine Nüsse werden sich nie mehr von diesem Schock erholen. Gut, daß er keine lackierten Fingernägel hat.

Der Doc markiert die Stelle und fragt mich, ob es so Recht sei. Ich nicke kurz und versuche dabei cool auszusehen, so, als ob mir das alles scheißegal wär. Ich habe mich für ein „Hafada-Piercing" entschieden, ein kleiner Ring mit Kugelverschluß aus Stainless Steel an der rechten Sackfalte auf Schwanzhöhe.., ja, so könnte man das am besten beschreiben. Ich bin bereit. Es kann losgehen. Es muß losgehen. Sonst hau ich noch ab.

Ich weiß nicht mehr genau warum ich das überhaupt haben wollte. Der scheiß Ring hat doch gar keine Funktion, er bringt mir oder meiner Freundin beim Ficken überhaupt nix, außer meinen Haustürschlüssel oder ne Sonnenbrille dran zu befestigen, ist er eigentlich zu nix zu gebrauchen.

Im Radio dudelt mal wieder Joe Cocker vor sich hin und ich frage mich, wie oft ich wohl für den Song „You can leave your hat on" auf ihn einstechen würde, wenn ich ihn persönlich treffen würde.

Meine Stimmung ist deutlich angespannter als noch vor ein paar Minuten, ich rutsche auf dem Bürostuhl nervös hin und her, mein rechter Fuß wackelt auf der Zehenspitze rhythmisch auf und ab. Katja zieht manchmal Grimassen um mich abzulenken. Klappt nicht so gut.

Der Doc steht mit dem Rücken zu mir vor einem kleinen Sideboard, dass er mit grünen OP-Tüchern abgedeckt und medizinischen Behältern und Desinfektionsflaschen bestückt hat. Langsam dreht er sich zu mir und zieht dabei eine Spritze auf, die er demonstrativ nochmal vor meinen Augen und meinen Eiern in die Luft feuert, um die letzten Luftbläschen aus der Spritze zu befördern. Sein Lächeln kommt mir jetzt fast etwas gehässig vor, er sieht mir in die Augen, nickt und fragt mich kurz und knapp:

„So, können wir loslegen?"

Ich nicke, ebenfalls kurz und knapp. Der Arzt beugt sich zu mir herunter, etwas zu langsam für meinen Geschmack, es wirkt wie eine Einleitung zum Blowjob. Anke, die Assistentin, zieht sich neue Gummihandschuhe an und kniet sich neben mich. Das gefällt mir schon besser. Sie greift vorsichtig nach meinem Sack und spannt mit den Zeigefingern und Daumen beider Hände die zu durchstechende Hautstelle, die ihr Mann zuvor recht fachmännisch markiert hat.

Es ist still. Ich bin still, Katja ist still und wenn mein Sack sprechen könnte, würde auch er jetzt lieber schweigen. Im Hintergrung hört man noch das Surren der Tattoomaschine, die einen übergewichtigen Rocker im Nebenzimmer quält. Der Geruch von Gras liegt in der Luft, der Rocker und der Tätowierer laben sich ungeniert an einem Joint, in den 90ern eine nicht unübliche Vorgehensweise. Dem Doc und seiner Frau scheint das nichts auszumachen, ich möchte wohl auch gar nicht wissen was die beiden so noch treiben. Sie haben zusammen über 110 Piercings, sehen kann ich davon keins…, ich kann mir denken wo die Schmuckstücke sich befinden.

Ich sehe verkrampft zu wie sich die wirklich fette Nadel meinem kleinen, süßen Beutelchen nähert. Mein Atem ist ziemlich flach und ich versuche nicht zu zittern, da ich Angst habe, bei zu starken Bewegungen könnte es vielleicht passieren, daß der Doc meine Eier perforiert und ich heute abend Blut pisse wie aus einer Giesskanne. Egal, ich muss da jetzt durch. Ich will diesen scheiss Ring an meinen Eiern, no turning back!

Katja drückt meine Hand fest zu als sich die Spritze in meinen Sack bohrt. Ein heller, ekelhafter Schmerz durchfährt mich und es kommt mir so vor, als würde die Nadel hinten aus meinem Arsch wieder raus kommen. Der Arzt spritzt noch zweimal in mich rein…, ich komme mir genau so vor, wie es sich gerade angehört hat.

Es ist allerdings noch erträglich. Glück gehabt. Wir warten ein paar Minuten und machen flache Witze über taube Nüsse und dergleichen. Dann packt er die Piercingnadel aus, ein Monster.

Die Betäubungsflüssigkeit lässt meinen Sack um die Einstichstelle herum anschwellen und es sieht ein bisschen so aus, als hätte ich mir drei Glasmurmeln implantieren lassen. Mir ist mulmig, mein Kreislauf ist allerdings stabil. Katja sieht mich mitleidig an, sie weiss um meine Sorge wenn es um meine Balls geht.

Anke lässt endlich meinen Sack los und streichelt mir anerkennend und beruhigend die Innenseite meines Oberschenkels. Vor einer Erektion braucht sie jetzt keine Angst zu haben, ich bin so androgyn wie es nur geht in diesem Moment. Der Doc nimmt vorsichtig die Piercingnadel und stellt die Nierenschale mit Schmuck und Mulltupfern neben meinen Stuhl auf eine Ablage, die sonst nur uralte Tattoozeitschriften und Leergut der letzten Besäufnisse des Tätowierers und seiner Kunden beherbergt.

Es wird ernst!

Ich räuspere mich, Katja drückt meine Hand zu Brei und der Arzt sticht zu. Das kalte, extrem scharfe Ding dringt in meinen Sack ein. Ich spüre nichts, geil. Die Betäubung ist echt super, keine Anzeichen von Brennen oder sogar Schmerzen, ich bin begeistert. Katja lässt meine Hand los und nimmt ihre Kamera um ein Foto von mir zu machen. Geiles Bild. Ich mit runter gelassener Hose in einem Bürostuhl, davor kniet ein Typ in weissem Kittel und seine Frau, beide haben ihre Hände in meinem Schritt und wir lächeln alle in die Kamera. Fast wie ´ne Hausgeburt.

Egal, ich freue mich, daß ich das so gut überstanden habe, beobachte den Doc wie er den Ring mit Kugelverschluss in die soeben gestochene Wunde einsetzt und kneife seiner Frau ein Auge zu, deren Hand zwischen meinen Beinen langsam anfängt mir zu gefallen. Für das nächste Foto posiere ich sogar etwas und strecke meine Zunge raus als Katja auf den Auslöser drückt. Mann, bin ich ´ne coole Sau.
Wir haben 1994 und ich hab´n Ring am Sack, unglaublich. Heute zieht das keinen Fisch mehr vom Teller, damals hatte ich ein ähnliches Hochgefühl wie Felix Baumgartner als er aus dem All gehüpft ist.

Nachdem die Wunde gesäubert und mit etwas Mull und Klebeband notdürftig abgedeckt wurde, gebe ich dem Doc Highfive und nehme seine Frau für einen kurzen Knutscher in den Arm. Meine Hose ist immer noch unten und das wäre jetzt definitiv das bessere Fotomotiv gewesen.

Ich werde von allen beglückwünscht und sehe mir, während ich mit einer Hand den Schwanz hochhalte, vor dem Spiegel mein neues Piercing an. Sieht seltsam aus, die Schwellung des Anästhetikums lässt nur einen kleinen Teil des Rings erkennen und die Haut um die Einstichstelle ist stark gerötet. Aber ich hab´s durchgezogen, das muss gefeiert werden.

Katja unterhält sich mit Anke und dem Doc während ich auf dem Weg zum Klo kurz beim Tätowierer ins Zimmer gehe und meine neue Errungenschaft präsentiere. Der fette Rocker mit seinem halbfertigen Adler auf dem Rücken ist mässig begeistert als ich vor den beiden die Hose runterlasse und sage:

„Geil, wa?"

Ungläubiges Kopfschütteln der beiden begleitet mich auf dem Weg zur Toilette. Brian, der Tätowierer aus England ruft mir noch ein „You sick fuck!“ hinterher, doch meine Laune ist vom Adrenalin so angehoben, dass ich nicht mal antworte, sondern grinsend die Klotür hinter mir verschliesse. Ich hole das Speed aus meiner Hosentasche und lege mir erstmal eine fette Nase auf dem Klodeckel aus. Meine Bankkarte ist schon total zerkratzt und ausser zum Pulver hacken, ist das Ding seit Monaten nicht mehr zu gebrauchen und das hat nichts mit meinem Kontostand zu tun.

Ich beuge mich mit meinem Zwanzig-Mark-Schein im linken Nasenloch über das Klo und rüssel mir das komplette Ding rein. Hab ich mir verdient. Das chemische Kribbeln lässt meine Augen tränen und ich lege unter lautem Ächzen den Kopf zurück und reibe mir die stark brennende Nase. Das Gefühl zwischen den Beinen ist allerdings noch nicht wieder da, ich hab den Eindruck als hätte ich den dicksten Sack nördlich der Alpen, denn die Hose spannt von den Mullbinden und drückt ordentlich gegens Gemächt.

Zurück im Folterraum bedanke ich mich nochmal bei den Beiden für die nette Quälerei und frage Katja, ob wir langsam mal nach Hause fahren sollten, da ich befürchte, gleich einen heftigen Laberflash von dem Pulver zu kriegen und den Arzt mit meiner Geschichte über Theorie und Ethik in der europäischen Medizin etwas verwirren könnte. Katja willigt ein und wir verlassen den Laden.

Im Opel Corsa von Katja merke ich, dass ich kaum richtig sitzen kann mit dem dicken Sack. Ohne die Beine wirklich richtig breit zu machen, ist das Sitzen in dieser kleinen Karre fast unmöglich.

Es erscheint mir simpler in einer Flugzeugtoilette einen Gangbang zu starten.

Der Corsa schiebt sich über die Anhebungen Hagens und Hohenlimburgs nach Iserlohn. Das Pep knallt voll rein, ich mache das Fenster auf und wieder zu, reibe mir über den Kopf und zupfe an meinem roten Holzfällerhemd als würde ich versuchen, tausende imaginärer Ameisen zu entfernen. Meine Hirnrinde kribbelt und ich bekomme Lust auf Alkohol.
An der nächsten Bude stoppt Katja und ich hole mir eine Dose Bier gegen den ekelhaften Rotz, der mir nach dem Nasehochziehen den Rachen runterläuft, ich schüttel mich nach jeder Portion, die nach unten wandert, wie ein Hund nach dem Baden.

Ich quatsche Katja während der Fahrt ziemlich voll. Wir reden über das Auto, das Wetter, die Kokspreise und das Piercing. Also, ich rede. Katja hört zu. Sie hält mich ganz gut aus, Katja ist ´ne tolle Frau, die mich so nimmt, wie ich bin. Mit all den Ecken und den verbogenen Synapsen in meinem Gehirn. Jetzt hab ich Bock auf ihren Arsch, in Hagen an der Ampel aber nicht empfehlenswert also fahren wir weiter bis wir das Haus von Frank von weitem sehen können. Frank ist ein guter, wenn nicht sehr guter Freund von Katja und mir und das Wochenende beginnt meist bei ihm in der Wohnküche.

Frank begrüßt uns herzlich an der Tür und ich labere direkt weiter, Katja ist sichtlich erleichtert eine Ablösung für mein Geschwafel gefunden zu haben. Ich nehme mir unter verbalem Dauerfeuer aus meinem Mund eine Flasche Sekt aus Franks Kühlschrank. Frank ist schwul, Sekt ist also immer im Haus. Wir setzen uns an den Küchentisch und ich berichte mit etwas Sprechbutter in den Mundwinkeln von meinem durchstochenen Skrotum. Katja's Begeisterung lässt mittlerweile nach, aber da langsam immer mehr Freunde bei Frank eintreffen, wird mein Laberflash gerecht auf alle verteilt. Ich sammle das Geld der Leute ein, denen ich Stoff mitbringen sollte und nachdem alle ein Sektglas haben, geht die scheiss Pulverzieherei los. Wie immer entbrennen natürlich Gespräche über Politik, den Sinn des Lebens und Ficken. Interessant, emotional, aufregend. Wie immer wenn ich drauf bin.

Die Hose spannt ziemlich und der Drang zu pissen wird von Sekt zu Sekt dringlicher. Ich stehe auf und gehe auf das kleine Klo, das in diesen Genossenschaftwohnungen eigentlich immer gleich aussieht. Nachdem ich mein Holzfällerhemd angehoben habe, greife ich nach meinem Reissverschluss und erschrecke. Ich glaube, ich hab mir in die Hose gepisst, es fühlt sich nass an.

Ich hebe das Hemd etwas weiter hoch und sehe an mir runter. Meine Hose ist im Schritt komplett nass. Es ist keine Pisse, es ist Blut.

Verdammt, was zum Teufel ist hier los. Ich habe Schiss die Hose zu öffnen um zu sehen wo das Blut herkommt obwohl ich mir schon denken kann, dass wohl mein Sack die Quelle allen Übels ist.

Ich löse vorsichtig meinen Gürtel und öffne langsam einen Knopf nach dem anderen. Als ich die Jeans herunterziehe, sehe ich das ganze Ausmass der Katastrophe, die Boxershorts ist getränkt mit Blut, nur an den äusseren Rändern der Oberschenkel ist noch was vom Originalmuster der Shorts zu erkennen. Der Rest ist rot, blutrot.

Ich will ein besorgtes Geräusch ausatmen und quietsche wie ein vierjähriges Mädchen beim Schaukeln als ich die Shorts langsam nach unten rolle. Meine Finger sind blutig nach dem ersten Anfassen und ich traue mich gar nicht richtig hinzusehen.
Als ich die Shorts über die untere Hodengrenze geschoben habe trifft mich ein Spritzer Blut unter dem rechten Auge. Alter, wo kam das denn jetzt her?

Ich wische mir mit dem Handrücken das Blut aus dem Gesicht und sehe mir mein Vergnügungszentrum etwas genauer an. Da, wo vorhin noch die drei Glasmurmeln, respektive Anästhesieflüssigkeit unter meiner Haut gesessen haben, ist ein kleines bis mittelgrosse Loch, aus dem im Rhythmus meines Herzschlags, der gerade recht schnell ist, dicke Ergüsse meines Blutes spritzen.

Aaaaaaaaaaah!!!!

Soviel hab ich medizinisch noch drauf, dass ich weiss, wenn etwas im Intervall des Herzschlags blutet, muss es sich um eine Arterie handeln. Ich dämlicher Vollidiot. Hundertachtzig Mark bezahlt um mir viermal in den Sack ballern zu lassen und jetzt so auszusehen, als hätte ich versucht mit meinem Schwanz Rote Beete zu pflücken. Was mache ich denn jetzt?

Der Fussboden ist mittlerweile mit Blut verschmiert, ebenso die Toilette und der Handtuchhalter. Weil mein scheiss Hemd so lang war, hat es meinen Schritt verdeckt und so ist es mir nicht früher aufgefallen, dass ich blute wie eine Sau. Die Narkose und das Gefühl pissen zu müssen haben in Zusammenarbeit mit dem Speed, den zwei Joints und den paar Nasen Koks, die ich mittlerweile drin habe, mein Urteilsvermögen so aufgeweicht wie das Blut meine Hose.

Ich brauche Hilfe bevor ich hier in dem scheiss Genossenschaftsklo ausblute und die anderen mich erst in einer Stunde finden. Aber wie mache ich das jetzt…, ach scheiss drauf, ich sterbe hier untenrum. Mir egal, ob ich damit jemanden schocke. Ich reisse die Klotür auf, komme mit halb runter gelassener Buchse ins Wohnzimmer und sage:

„Hilfe, mein Sack blutet!"

Anfängliches Gackern und Lachen verstummt schnell als die ersten Tropfen Blut auf den Laminatboden klatschen und einen ziemlich horrormässigen Rohrschachtest hinterlassen. Ungläubiges Staunen mit offenem Mund duelliert sich mit Oh-mein-Gott-Rufen der anwesenden Personen. Katja springt sofort auf und Frank, der als Altenpfleger am meisten Ahnung haben sollte, sagt nur:

„Ins Krankenhaus, aber so schnell wie möglich. Sonst verlierst du deine Nüsse!"

Ich weiss nicht, ob ich heulen oder kotzen soll. Mein Sack. Mein schöner Sack. Ich hab nur den einen. Was mache ich wenn das in die Hose geht? Scheiss Wortwitz, ich weiss…
Katja nestelt nervös den Autoschlüssel aus ihrer Kuhfell-Hotpants und stützt mich während ich langsam den Hausflur hinunter wanke. Das Koks schlägt voll rein und ich merke wie mein Blutdruck den Saft aus meinen Eiern drückt.
Die Hose ist blutnass bis zur Hälfte des Oberschenkels, da das Hemd aber so lang ist, kann man es nur sehen wenn ich es

anhebe. Katja fährt schnell und wild. Ich jammere bei jedem Schlagloch obwohl es gar nicht weh tut. Es ist mehr so eine Art Phantomschmerz. Ähnlich wie bei Amputationen. Über dieses Thema will ich allerdings gar nicht weiter nachdenken.

Die Hügel der 30er-Zone zum Elisabeth Hospital machen mich wahnsinnig, da kann auch ein von Katja lustig und aufmunternd gemeintes „Let op, drempels!“ kein Lächeln bei mir auslösen. Ich habe Angst, Angst vor der Diagnose und dem was da noch so auf mich wartet.

Als wir die Rezeption sehen, sieht man auch uns bzw. mich. Ich gehe wie John Wayne auf den Empfangsschalter zu, sehe der korpulenten, ach Quatsch, ich sehe der fetten Frau hinter dem Tresen in die Augen und sage:

„Ich brauche einen Arzt. Schnell!“

„Ja, das wollen die meisten, die hier reinkommen…“, erwidert der Dreibauch.

„Was haben sie denn oder womit können wir ihnen helfen? Das ist etwas schwammig, sie müssten da schon genauer werden…“

Ich bin zu angeschlagen um über den Tresen zu springen und sie mit dem Mikrofonkabel für ihre Durchsagen zu erwürgen, deswegen gehe ich einen Schritt zurück und hebe mein Hemd an. Der Blutfleck ist mittlerweile so gross wie eine Pizza und sieht auch so ähnlich aus. Ich lächel sie überzogen an und sage ganz leise und freundlich:

„Ich blute aus meinen Eiern, gute Frau. Ist das präzise genug?“

Die Krankenhaus-Walküre reisst die Augen auf und geht mit dem Oberkörper zurück als wenn sie sagen wollte:

„Damn!!!!!“

Sie greift nach einem Hörer, legt ihn auf, dreht sich einmal im Kreis und nimmt dann einen anderen Hörer. Hastig tippt sie drei oder vier Zahlen in das Bakelitmonster und sieht an die Decke während sie auf Antwort wartet. Sie sieht mich nicht an, ich sie umso mehr.

Bei ihrem Gespräch mit der anderen Person kann ich den Wortfetzen entnehmen, dass sie einen Urologen angerufen hat und ihm versucht die Dringlichkeit meines Falles bewusst zu machen. Das Gespräch dauert nicht sehr lange und nachdem sie aufgelegt hat, erklärt sie mir, dass der Herr Doktor gleich kommen wird. Ich werde in den nächsten Tagen wohl erstmal nicht mehr kommen.

Nach gefühlten zwei Stunden, die in Wirklichkeit nur zehn Minuten lang waren, kommt uns in der Lobby ein weisses Kittelchen entgegen. Seine hagere Statur und sein massiver Schnurrbart erinnern an eine osmanische Version von Jean Pütz. But don´t judge a book by it´s cover…, vielleicht ist er ja ein Vollprofi. Hoffentlich. Er sieht etwas belustigt aus und nach kurzer Begrüßung fragt er mich, wo denn das Wehwehchen sitzen würde. Ich zeige ihm die Pizza unter meinem Hemd und er zuckt zurück. Diese Reaktion hatte ich bei der Empfangsdame noch durchgehen lassen, bei einem Notfall-Urologen macht es mich allerdings etwas unsicher.

„Was zum Henker haben sie da gemacht? Kommen sie erstmal mit, das muss ich mir genauer ansehen."

Sehr gut, eine Untersuchung meiner Hoden in der Lobby hätte mich zusätzlich traumatisiert. Katja und ich folgen dem Kittelchen durch Gänge und Türen in die Urologie. Auf sein Bitten hin mache ich mich frei und der rote Saft des Lebens schiesst durch den Untersuchungsraum. Die Blutung ist immer noch sehr stark und mein kompletter Intimbereich ist blutverschmiert. An meinen Eiern hängen geronnene Bestandteile meines Blutes herunter und ich sehe aus wie eine schlechte Halloween Verkleidung.

Der Arzt steht wie gelähmt vor mir. Er hat beide Hände auf dem Kopf liegen, die Finger verschränkt und seine Wangen aufgeblasen als würde er mein Aua wegpusten wollen. Er geht einen Schritt zurück, sieht mich an und fragt:

„Was ist das da an ihren Hoden und warum blutet es?"

Waaaas? Das ist doch dein Job, denke ich, sage aber etwas anderes.

„Das ist ein Intimpiercing, ich habe mir heute den Sack durchstechen lassen und glaube, dass der Piercer eine Arterie verletzt hat."

Der Doc kneift seine Augen zu kleinen Schlitzen zusammen, sieht von meinen Eiern zu mir hoch und sagt:

„Sie haben was?"

Ich glaube, ich spinne. Während mein Blut durch den Raum spritzt hält er Abstand um nicht davon getroffen zu werden und versteht nicht, was ich meine. Ich versuche es ihm zu erklären und frage ihn, ob er sich nicht mal die Wunde ansehen und meine Blutung stoppen könnte. Es könne ja wohl nicht sein, daß ein erfahrener Unfallarzt noch nie ein Intimpiercing gesehen hätte.

Er sagt: „Nein, das ist in 40 Jahren das erste Mal, dass ich so etwas sehe!"

Verdammte Scheisse, wieso immer ich? Es musste wieder so ein Mist kommen. Ich erkläre ihm den Sinn und Hintergrund des von mir favorisierten Körperschmucks und deute auf die Liege im Untersuchungsraum.

„Dürfte ich mich wohl hinlegen? Ich steh unter starkem Einfluss von Methamphetamin, Kokain und natürlich Adrenalin, ich will hier nicht umkippen."

Das einzige, was danach umkippt ist die Stimmung. Der Arzt hat sein Bild von mir in seinem Kopf in die richtige Schublade eingeordnet. Ein 21jähriger, tätowierter Junky, der aus seinen Eiern blutet.

Jetzt ist er bereit, mir zu helfen, er wollte mich also nur verstehen können.

Ich mache es mir auf der Liege bequem und der Doc hebt meinen Schwanz an um die Wunde besser zu sehen. Der zweite, mit Frank der dritte Typ, der heute mein Ding anfasst, guter Rekord.

Die Betäubung hat nachgelassen und der Arzt verursacht immense Schmerzen als er versucht, den Ring zu öffnen.

„Wie geht das Ding auf?"

Ich frage ihn nach einer Schere und einer Arterienklemme und öffne den Ring damit nachdem er sie mir gereicht hat. Der Arzt tupft dabei das Blut ab, das macht er ganz gut. Danach nimmt er eine Mullkompresse, sprüht sie mit alkoholhaltigem Desinfektionsmittel ein und presst die offene Hautstelle feste damit zusammen. So feste, dass seine Fingerkuppen vom Drücken ganz weiss werden. Der Alkohol brennt wie die Hölle und ich verziehe das Gesicht als ich Katja einen besorgten Blick zuwerfe, die hinter der Liege auf einem Hocker sitzt und mir mit einem Handzeichen andeutet, daß ich mir die Kokskrümel aus dem Nasenloch entfernen sollte. Nee, andere Seite…
Nach etwa drei Minuten feten Drückens nimmt der Doc vorsichtig die Mullbinde weg und wir sehen gespannt auf die Wunde. Die Blutung hat aufgehört. Yesssss.
Er wischt über die Wunde und versucht zu shen, was da los ist, als der ganze Scheiss wieder aufplatzt und mit noch etwas mehr Druck über meinen sack und meinen Bauch spritzt. Wir alle schreien kurz auf.

Das wäre wohl nicht lange genug gewesen und er müsse wohl nochmal drücken, meint Jean Pütz alias Dr. Hackethal. Die Arterie sei nicht ganz durch und man müsse das wohl eher nicht nähen, sagt er uns. Ich atme etwas auf, Katja auch. Nach zwei weiteren Versuchen, an deren Ende immer wieder der Himbeerbrunnen als Resultat steht, sieht er mich an und sagt:

„Wir nähen das doch besser…"

Er verlässt fluchtartig den Raum und ruft über seine Schulter in den Raum, dass er nur kurz Nähzeug holen müsste, da seine Kollegen ihm das immer klauen, die Räuber. Er lacht kurz, ich find´s nicht witzig.
Als er aus dem Zimmer verschwunden ist, bitte ich Katja, mir ein paar Mullbinden und etwas Jod zu geben. Ich drücke so feste, wie ich kann meinen Sack mit dem Zeug zusammen, bis der untalentierte Mr. Ripley wieder zurück kommt, ohne Nähzeug. Er müsse nochmal woanders nachsehen. Ich nehme die Mullbinde weg und die Blutung hat aufgehört. Der Arzt ist verwundert, sagt schliesslich aber:

„Schön…, selbst ist der Mann!"

Besser nicht antworten, Sascha, denke ich so bei mir und beobachte Katja, wie sie aus ihren Augen unsichtbare Laserstrahlen auf Dr. Frankenstein abfeuert. Der erklärt mir, dass er jetzt erstmal ein Ultraschall machen muss, um zu sehen, ob Blut in den Hodensack gelaufen ist, das dort gerinnen könnte und die Blutzufuhr der Hoden so beeinträchtigen würde, dass ein Verlust der Hoden die Folge wäre.

Er schiebt den Rollwagen mit der besagten Apperatur an die Liege und verheddert sich im Kabel des Ultraschallkopfes. Katja hilft ihm aus der Falle, was der Trottel als Einladung nimmt, sie zum aasistieren aufzufordern. Er bittet sie, das Gel auf meine Eier aufzutragen und meine Hoden etwas auseinanderzuziehen. Uns wundert jetzt gar nichts mehr. Der Arzt schielt auf den Monitor und verreibt mit dem Teil, das aussieht wie ein Barcodescanner, das Gel auf meinen Hoden, kalt aber auch geil.

„Da haben sie aber grosses Glück gehabt! Nur kleinere Einlagerungen, das ist nicht schlimm, jetzt müssen wir sie nur noch beobachten und morgen früh nochmal nachsehen, das kann ja über nacht innerlich weiterbluten, dann müssen wir operieren!"

„Gut, wann soll ich morgen hier sein?" frage ich ihn und stehe von der Liege auf, um mir mit einem Zellstofftuch die Eier sauber zu wischen.

Er erklärt mir, dass er mich so auf keinen Fall gehen lassen kann und ich natürlich hier bleiben müsse. Über Nacht. Zur Beobachtung.
Ich will aber nicht hier bleiben. Über Nacht. Zur Beobachtung. Auf Koks. Und Speed. Mit ′ner Verabredung zu einer verdammt wichtigen Party. Auch über Nacht.
Ich erkläre ihm die Dringlichkeit meiner Vergnügungssucht und verlange nach einem Formular, das ihn von sämtlicher Verantwortung befreit. Er ist bestürzt. Ich unterzeichne, ziehe meine Pizzahose an und verdecke den Fleck mit meinem Hemd. Der Doc erklärt mir noch, dass ich dann auf jeden Fall sitzen oder liegen sollte, damit das Blut nicht zuviel druck auf die Wunde ausübt. Und ich solle natürlich keine Drogen mehr nehmen heute nacht. Aber das erkläre sich ja wohl von selbst, fügt er hinzu und betont es mit einem Fragezeichen am Ende. Ich lächle ihn an und nicke. Nachdem ich mir selbst die Blutung gestoppt und meine Freundin die Ultraschalluntersuchung gemacht hat, kriege ich den Rest wohl auch noch alleine hin. Wir verabschieden uns und einigen uns auf 7.00 Uhr am kommenden Morgen zur Nachuntersuchung.

Katja sehen auf die Uhr als wir wieder in ihrem Corsa sitzen. Es ist schon fast halb zwölf, es lohnt sich gar nicht mehr nach

Hause zu fahren. Frank und die anderen sind schon im Club und umziehen ist unnötig wenn ich den Blutfleck mit meinem Hemd verdecke. Ich bin dermassen drauf, dass ich jetzt nicht noch mehr Verzögerungen brauche, ich will endlich feiern gehen. Katja schüttelt den Kopf und fährt los.

Der Club, die Juke Box in Iserlohn, ist ein kleiner, schammeliger Laden, der am Samstag immer rappelvoll ist. Ich kenne jeden da und jeder kennt mich. Aus verschiedenen Gründen, es sind nicht alles Freunde. Ander Tür werde ich von Günther und Thomas, den beiden Türstehern begrüsst, an die ich seit zwei Jahren Schmerzensgeld zahle, weil sie mich angezeigt hatten, nachdem ich Thomas in eine Glasvitrine geboxt hatte. Es gab Unstimmigkeiten, die wir nach der Gerichtsverhandlung allerdings ausgeräumt hatten. Jetzt sind wir Freunde. Ich gebe meine Waffe am Eingang ab und humpel in Richtung Tresen.

Günther will wissen, warum ich so komisch gehe und ich ziehe ein weiteres Mal heute Abend mein Hemd hoch und erläutere kurz die Umstände, damit er nicht denkt, ich hätte mir mit der Pistole in die Nüsse geschossen. Er lacht und begleitet mich zum Tresen. Nachdem wir uns kurz darüber unterhalten, dass ich heute laut Dr. Mengele besser liegen als stehen sollte, bittet er kurzerhand vier Gäste den Tisch am Tresen zu verlassen und legt mir die Sitzbank mit dicken Kissen aus, auf die ich mich lege und die Beine über den Tisch werfe. Mein Held, nach Katja, heute Abend. Die Musik ist noch etwas gedämpft und er dreht sich zu Steffi, dem äusserst attraktiven Tresengirl um, und ruft ihr lautstark zu:

„Steffi, der Sascha blutet aus´m Sack, du bedienst den heute bitte am Tisch, ja?“

Zu diesem Zeitpunkt sind etwa 40-50 Leute anwesend, die alles mitbekommen haben und nun um eine Audienz am Tisch der blutenden Klöten bitten. Klasse!
Ich beantworte brav alle Fragen und die Nacht im Club ist liegend gar nicht so übel. Leute kommen zu mir, setzen sich, laden mich ein, bedauern mich, lachen mit mir über den Scheiss und so vergehen die Stunden. Ich tanze natürlich nicht, steh nur zum Pissen auf und wenn ich eh gerade auf dem Klo bin, kann ich natürlich auch noch den Rest Koks wegmachen. Es ist ein gelungener Abend geworden, wer hätte das gedacht?

Das Tageslicht blendet uns, als wir den Laden verlassen, es ist 6.34 Uhr und ich bin so besoffen, wie man es als erwachsener Mensch nur sein kann ohne seine Würde zu verlieren. Ich wanke, da hat auch die letzte Nase nicht mehr geholfen.
Katja sagt, dass wir stinken, als wir auf den Parkplatz des Krankenhauses rollen. Ich weiss. Ich schäme mich. Ein bisschen jedenfalls.

Die Empfangsdame ist Gott sei Dank nicht da, deswegen gehen wir direkt zur Station und treffen Jean Pütz etwas übermüdet auf dem Gang. Er sieht verwundert an mir herunter und realisiert, dass ich noch die gleichen Klamotten anhabe. Meine Augen sind knallrot und weit aufgerissen als er mich wortlos in das Untersuchungszimmer bittet.
Dieses Mal bekommt er den Ultraschalltest alleine hin, Katja würde es auch nicht mehr schaffen, so wie sie aussieht. Nach ein paar Minuten, in denen er immer wieder die Luft anhält um meinem Atem nicht zu erliegen, entlässt mich der Arzt mit den Worten:

„Alles in Ordnung, jedenfalls da unten. Sie sollten sich allerdings mal Gedanken machen, wie sie ihr Leben gestalten…, schönen Tag noch."

Mann, das hat gesessen. Ich hab ein schlechtes Gewissen. Mein Blick ist nach unten gerichtet als ich mich verabschiede und Katja in den Arm nehme während wir den Gang zusammen runterschlendern. Heftiges Wochenende, und das war nur ein Freitag, verdammt viel passiert. Wir fahren nach Hause, begrüßen und füttern kurz Bonny, die fette, hässliche Katze, die ich aus dem Tierheim befreit habe und die mich abgrundtief hasst, und legen uns auf die Matratzen, die mir in meiner ersten eigenen Wohnung als Bett dienten, bis sie von unten vergammelt waren.

Wir müssen dringend schlafen. Wir haben eine Menge nachzuholen. Duschen gehe ich später. Abends oder kurz bevor wir losmüssen. Heute ist in der Juke Box Tequilaparty.

DAS GEHT DOCH NIE WIEDER WEG

Von außen sieht das Gebäude nicht besonders beeindruckend aus: Nachkriegsbau, wie in Hagen üblich, Waschbetonfassade, vierstöckig mit Ladenlokal im Erdgeschoss. Auf der großen Glasscheibe, die durch Lamellenvorhänge aus Siebzigerjahre-Arztpraxen gegen neugierige Blicke abgeschirmt wird, prangt in großen, roten Lettern der Schriftzug "Tattoo & Bodypiercing".

Wir schreiben das Jahr 1990. Zu dieser Zeit war ein solches Schaufenster noch eine echte Rarität und veranlasste viele Stadtbummler dazu, ihre Nasen daran platt zu drücken, um eine kleine, visuelle Kostprobe der dunklen Seite der Macht zu erhaschen. Eine Zeit ohne Mobilfunkgeräte für jedermann, ohne DSDS und Next Top Model. Eine Zeit, in der Facebook belächelt und ein Alkopop für einen Lutscher mit Fanta-Korn Geschmack gehalten worden wäre. Goldene Zeiten.

Ich kann mich noch sehr gut daran erinnern: Als ich langsam, ja fast zaghaft, die klemmende Metalltür unter einem lauten Quietschen öffnete, kämpften fremde Geräusche und Gerüche um meine Aufmerksamkeit. Das hochfrequente Surren der Tattoomaschine gepaart mit dem Rattern des Ultraschallgerätes machte mich neugierig, und der Geruch der Trägerflüssigkeit für die Stencils ist mir seitdem nicht mehr aus der Nase gegangen. Der Raum war recht groß und an Hässlichkeit eigentlich nicht zu überbieten, die Wände über und über bedeckt mit Tattoovorlagen aus längst vergangenen Zeiten, die heute teilweise wahrscheinlich gegen verschiedene Gesetze verstoßen würden, dazwischen eine Armada an alten Ledersesseln. Durchgefurzt, durchgesessen, durcheinander.

Ein kleiner, an den Ecken abgenutzter Schreibtisch versperrte mir den Durchgang zum zweiten Raum, dem Behandlungszimmer, aus dem mich die seltsamen Geräusche zu sich riefen.
Nach einem kurzen „Hallo?“ kam hinter einer Ecke ein Kopf zum Vorschein, der mir in einem englisch-deutschen Kauderwelsch zu verstehen gab, mich noch etwas zu gedulden. Weltmännisch kniff ich dem Tätowierer ein Auge zu und beschwichtigte meine lockere Reaktion mit einem angedeuteten Kopfnicken. Innerlich vibrierte ich förmlich und war mir nicht mehr so sicher, was ich hier eigentlich wollte. Vorgenommen hatte ich mir nur, den Laden zu betreten und mich etwas umzusehen. Das hatte ich ja geschafft. Aber irgendwie beschlich mich das Gefühl, dass es hier nicht nur um Fragen nach Preisen und einem Termin gehen würde. Ich kann es nicht genau beschreiben aber ich wusste, dass dieser Besuch mein Leben grundlegend verändern würde.

Als kleiner Junge sah ich bei einem Einkaufsbummel mit meiner Mutter in einem Sauerländer Tengelmann-Markt einen grobschlächtigen Typen mit einer blassgrünen Tätowierung auf seinem Unterarm. Der Klassiker der Knast- und Kneipentattoos, ein Kreuz auf einem Hügel mit Strahlen drum herum. Unter einem seiner tiefliegenden, ausgebrannten Augen hatte er drei kleine Tränen tätowiert. Es war um mich geschehen. Eine Art Mischung aus Schock und Begeisterung durchfuhr mich und brachte mich dazu, meiner Mutter auf der Stelle mitzuteilen, dass ich soeben den Entschluss gefasst hatte, mich tätowieren zu lassen. Wenn ich groß wäre. Und zwar zu 100 %, überall, ohne Ausnahme, nur in schwarz statt blassgrün, wenn möglich.
Meine Mutter pendelte noch zwischen Schnappatmung und drohendem Zeigefinger hin und her, als ich schon wieder losrannte, um den geheimnisvollen Fremden weiter zu verfolgen, in der Hoffnung, etwas mehr von dieser aufregenden Halbwelt geboten

zu bekommen. Ich glaube, mir war damals schon bewusst, dass sich diese neu entdeckte Begeisterung von anderen Leidenschaften unterschied.

Als Kind fand ich viele Sachen sehr interessant und begehrenswert, diese Tätowierungen allerdings ließen mich nicht mehr los und ich verfolgte seit diesem Moment den Plan, meinen Körper mit Farbe zu übersäen. Ich war mir noch nie in meinem kurzen Leben sicherer, das Richtige zu tun.

An meinem achtzehnten Geburtstag beschenkte ich mich selbst mit meinem ersten Tattoo. Ich wählte nur leider nicht den eben beschriebenen Laden in Hagen, sondern entschied mich für die preisgünstigere Variante bei einem Bochumer Hinterhofstecher.

Er hatte den Erker seiner siffigen Bude gegenüber des Bergbaumuseums in eine Art Tattoostudio verwandelt und ging dort mit umgebauten Kassettenrekorder-Motoren, die er mit Nadeln versehen hatte, ans Werk. Hunde liefen überall herum und aus den Boxen seines alten Ghettoblasters knallte schlechter Rechtsrock in meine Ohren. Während der extrem schmerzhaften Prozedur klingelte es ständig an der Tür und jedes Mal schrie der Tätowierer laut nach seiner Freundin, die gefälligst die Tür öffnen solle. Gesichtstätowierte Skinheads, Grasdealer und Bochumer Vollzeitalkoholiker gaben sich hier die Klinke in die Hand. Ich war eingeschüchtert und begeistert zu gleich. Es schien noch mehr Menschen zu geben, die einen ähnlichen Entschluss wie ich gefasst hatten. Jung und gut versorgt, am Anfang jeglicher Karrieren, ungeschliffene Diamanten und doch bereit, einen Weg zu gehen, der nicht mehr revidiert werden kann. Fest entschlossen sich aus dieser sozialen Gemeinschaft auszuschließen, sich genau dort zu positionieren, wo man sonst nur durch Schicksalsschläge landen würde. Am Rande der Gesellschaft.

Es folgten viele weitere Termine, in denen ich mir die Haut färben ließ, immer das Ziel vor Augen irgendwann mal zu 100 % bedeckt zu sein. Schon verwunderlich wenn man bedenkt, dass in einer schnelllebigen Zeit mit eben solchen Menschen Dauerhaftigkeit eher selten geworden ist. Meine Interessen, Musikrichtungen, Kleidungsstile, Freunde und Wohnorte wechselten. Die Tätowierungen und - was noch viel wichtiger ist - die Leidenschaft dafür, blieben bis heute.

Mittlerweile haben sich 30 verschiedene Tätowierer, Künstler und Freunde daran beteiligt, meinen Körper zu circa 70 % mit Farbpigmenten zu bedecken. Mein Rücken, die Rückseite meiner Oberschenkel und Teile meines Gesichtes sind noch unbefleckt und warten auf ihre Bestimmung. Ich bin 43 Jahre alt und wenn ich das mal hochrechne, dürfte ich mit circa 65 Jahren mein Ziel erreicht haben.

Entgegen der Erwartungen meiner Mutter bin ich mehr oder weniger drogenfrei, kein Alkoholiker im medizinischen Sinne, berufstätig und in den Knast wäre ich auch ohne Tätowierungen gekommen. So what? Sicherlich ist es manchmal nicht gerade hilfreich wenn man eine Wohnungsbesichtigung macht oder einen Kredit bei der Bank möchte, wenn man in Restaurants mit Erwähnung im Guide Michelin oder auf einer Weinverkostung auftaucht, aber das sind eher Einschränkungen, die den Rest der Gesellschaft betreffen. I

Ich fühle mich überall wohl und wer sich durch meine bloße Anwesenheit gestört fühlt, hat halt ein Problem für diesen

Abend. Es stört mich nicht, nein, ich genieße es manchmal geradezu. Andere kaufen sich ein Auto für 30.000 €, eine Wohnung für 200.000 € oder machen eine Kreuzfahrt für zehn Mille, bei der sie dann noch an Land schwimmen müssen, weil der Kapitän das letzte Rettungsboot gekapert hat. Ein Unfall, ein Erdbeben und eine Sandbank reichen, um diese temporären Träume auszulöschen.

Meine Tätowierungen hingegen bleiben bis an mein Lebensende bei mir. Was kostet schon so wenig und hält so lange in unserer Einweggesellschaft, von Erkrankungen des Immunsystems mal abgesehen?

Ich liege gerade bei einem Freund unter der Nadel, mein rechtes Bein schmerzt und die Haut ist nach zwei Stunden konstanter Stecherei sichtlich geschwollen und gereizt. Noch einen kleinen Fleck, dann ist es geschafft. Goran wischt mit einem feuchten Tuch über meine Wade und sieht zufrieden aus. Ich auch. Nachdem er mein Bein in Folie gewickelt, das Geld den Besitzer gewechselt und die obligatorische Umarmung danach stattgefunden hat, verlasse ich glücklich das Tattoostudio. Ich sitze im Wagen, mein Bein brennt, als ich die Pedale betätige und lässt mich seltsam lebendig sein. Ich fühle. Ich fühle mich. Ich fühle mich gut. Nächsten Monat machen wir weiter…

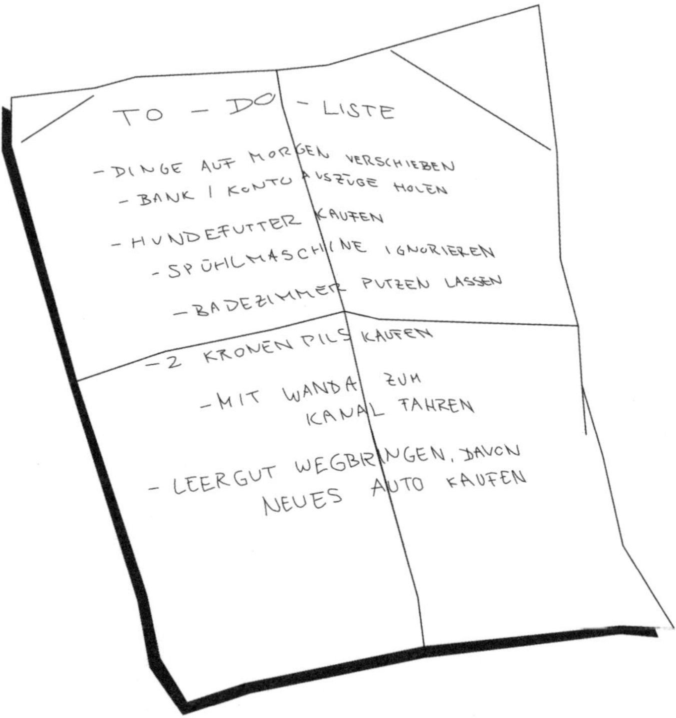
TO - DO - LISTE
- DINGE AUF MORGEN VERSCHIEBEN
- BANK / KONTOAUSZÜGE HOLEN
- HUNDEFUTTER KAUFEN
- SPÜHLMASCHINE IGNORIEREN
- BADEZIMMER PUTZEN LASSEN
- 2 KRONEN PILS KAUFEN
- MIT WANDA ZUM KANAL FAHREN
- LEERGUT WEGBRINGEN, DAVON NEUES AUTO KAUFEN

ERINNERE DICH!

Die Tür steht sperrangelweit offen und eine kalte Brise aus meinem Hausflur macht mir klar, dass heizen nicht nur auf der Landstraße teuer werden kann. Bei mir ist Durchzug angesagt. Erstens um den Duft aus der Wohnung zu kriegen, den mein Staubsauger verursacht hat. Es ist schon etwas gewöhnungsbedürftig ein Gemisch aus alter Zigarettenasche, Staub und Hundehaaren aufzusaugen und es dann auch angenehm zu finden. Zweitens um meinem neuen Nachbarn die Möglichkeit zu geben, die Wohnung zu betreten ohne diese total nervige Klingel zu betätigen, die sich vom Sound her so ein bisschen anhört wie ein altes Schaf mit Bronchitis. Und drittens hab ich vergessen, aber irgendwas ist ja immer.

Mein Nachbar wohnt über mir, und wenn ich ihm nicht gerade damit drohe, die Bullen zu rufen, weil der Bass seines Soundsystems in Verbindung mit eindringlichen Dubstep Beats dafür sorgen wird, meine Möbelkonstellation allein durch Vibration neu zu sortieren, kocht er für uns.

Ich könnte natürlich auch kochen, mach ich aber nicht. Der Nachbar kocht besser und effektiver, leckerer und er hat eine Spülmaschine, die nicht nur dazu da ist die 80-cm-Lücke zwischen Kühlschrank und Wand zu schließen, nein, seine funktioniert sogar! Toll! Morgen werde ich meine mal reparieren lassen, das sage ich jetzt mindestens schon seit einem Jahr.

Aber so ist das bei mir, ich mache mir meinen berüchtigten Zettel, den andere als To-do-Liste bezeichnen, und trage dort alle mir wichtig erscheinenden Aufgaben ein, wie z.B.:

- Bank/Kontoauszüge holen
- Hundefutter kaufen
- Spülmaschine ignorieren
- Badezimmer putzen (lassen)
- 2 Kisten Kronen Pils
- Fotos abholen
- mit Wanda zum Kanal fahren
- eBay Stuff fotografieren und reinsetzen
- Leergut wegbringen u. davon neues Auto kaufen

Meist läuft es dann am nächsten Tag darauf hinaus, dass ich morgens genervt vom Klingelton meines Handy-Weckrufs die verklebten Augen öffne, den Sabberfaden, der Mundwinkel und Kopfkissen brüderlich verbindet, mit dem Arm wegwische oder ihn mir durch das gesamte Gesicht ziehe und dann, nach ausgiebiger Morgentoilette und ohne Frühstück, den Zettel zu Hause vergesse, wenn ich die Wohnung verlasse. Manchmal fällt mir das schon im Auto vor der Haustür auf. Doch die aufkommende Faulheit angesichts der 32 Treppenstufen bis zum papiergewordenen Gehirnersatz ist einfach zu übermächtig und ringt mir immer wieder die Vorstellung ab, ja auch noch so irgendwie rekonstruieren zu können, was ich mir heute vorgenommen hatte. Ende vom Lied: Ich gehe mit meiner kleinen Hundedame am Kanal spazieren, und wenn ich besonders gut drauf bin, erinnere ich mich noch an die zwei Kisten Gerstensaft. Der Rest wird aber dann schön ausgeblendet und auf den folgenden Zettel verschoben.

Geht es nur mir so? Warum schreibe ich mir überhaupt eine Liste, wenn ich doch eigentlich schon vorher weiß, dass ich maximal zehn Prozent der Aufzählungen erledigen werde? Ich setze mich selbst unter Druck mit angeblich dringend zu

bewältigenden Aufgaben und mein Unterbewusstsein, der alte Schweinehund, selektiert dann unbemerkt im Sinne des allgemeinen Wohlbefindens für mich nach Gutdünken.
Ich schreibe ab heute keine Zettel mehr, so viel ist klar! Hoffentlich kann ich mir das merken, ich mache noch schnell eine Notiz mit Erinnerungsfunktion in mein Handy und wundere mich über die offene Haustür.

„Essen is feddich!" tönt es von oben durch den grabeskalten Hausflur, der Hund sprintet los, ich stolpere mal wieder über den Staubsauger, bei dem mir bis heute nicht klar ist, ob die Aufschrift *1500* für die Wattleistung oder die Anzahl der Brüche meines kleinen Zehs steht.

Scheiße, den stinkenden und auch mittlerweile vollen Staubsaugerbeutel bringe ich später runter, ist übrigens auch der letzte gewesen. Morgen muss ich neue Beutel kaufen, ich glaub, ich mach mir eben noch ‚nen Zettel.

UNA CERVEZA POR FAVOR

Es ist jetzt 13.56 Uhr Ortszeit, Cala Rajada/Mallorca. Nicht gleich die Augen verdrehen, es ist eigentlich eine sehr schöne Insel. Wenn man in einem der billigen Orte in einem billigen Hotel eincheckt und sich dann die Zeit nimmt, die wirklich interessanten Sachen auf eigene Faust zu erkunden.

Ich musste hier schnell raus, Leihwagen, Leihmotorrad oder Leihfahrrad, egal, nur raus hier. Weg von den Pärchen in Trekking-Sandalen und Bauchtäschchen, weg vom Hotelbuffet, das sich nicht nur alle zwei Tage wiederholt, sondern auch an Geschmacklosigkeit nicht zu unterbieten ist. Die dicken, ungefickten Weiber, die sich in Dart- und Kegelclubs aufs Eiland wagen und beim Dessert dreimal nachholen, sich aber bei jedem Bissen darüber aufregen, dass es aber gar nicht so schmeckt wie in Deutschland, machen mich fertig. Das mag übrigens daran liegen, dass wir hier in Spanien sind. Den Umkehrbeweis kannst du auch erbringen, wenn du einen Spanier beobachtest, der in Deutschland Tapas bestellt und außer Kopfschütteln keine wirkliche Reaktion übrig hat für unsere Version vom „original spanischen Essen".

Das Hotel, in dem ich gerade am Pool sitze, heißt „Diamant" und hat drei Sterne, was in Spanien bedeutet, dass die Kakerlaken hier Pantoffeln tragen und vorm Betreten des Zimmers anklopfen. Der Pool ist zwar eklig aber praktisch. Man braucht nur einmal reinspringen und hat von den anderen Hotelgästen genug Sonnenmilch abbekommen, dass man sich keine eigene mehr besorgen muss.

Moment, am Nebentisch sitzt eine Gruppe „Frauen“, die sich gerade das Maul über mich zerreißen, ich muss intervenieren. Gespannt lausche ich dem Gespräch und vernehme Wortfetzen wie:

„…volltätowiert …ekelhaft …. das wäre mir zuviel… war bestimmt im Knast… Fremdenlegion…“

Ich nippe an meinem Plastikbecher mit dem All-Inclusive-Bier und gehe zu den Damen rüber um ihnen das Lachen aus dem Hals zu reißen:

„Mädels, ich wollte so aussehen, das habe ich mir selbst ausgesucht, welche Ausrede habt ihr denn für euer Äußeres? Obwohl nicht nur der Zahn der Zeit, sondern ein ganzes Gebiss an euch genagt haben dürfte, bin ich nicht zu euch rüber gekommen und hab gefragt, warum ihr so schlecht rasiert seid oder warum der Hals von Ulla aus Braunschweig mich an ein Akkordeon erinnert. Mich stört es nicht, dass ihr nicht tätowiert seid, warum könnt ihr nicht wenigstens anstandshalber so tun, als fändet ihr mich vollkommen normal? Ich kann‘s doch auch.“

Betretenes Schweigen übermannt die Gruppe und eine vorgetäuschte Ohrfeige lässt die vier germanischen Amazonen kurz zusammenzucken, und zerstreut so jegliche Zweifel am Grad meines Angepisstseins. Im Weggehen bemerke ich, wie Ulla an ihrem Kehlsack zupft und auch die anderen Mädels scheinen recht mitgenommen von meinem Engagement, meinen Ruf zu schützen. Sie atmen tief durch und bestellen einen weiteren Batida de Coco mit Kirschsaft. Wahrscheinlich um ihre Fehlbarkeit in Promille zu ersäufen, mir soll‘s recht sein.

Den Rest vom Bier geext und einen auf 114 Dezibel getrimmten Rülpser hinterher schickend, mache ich mich auf den Weg zum Autoverleiher. Das Aufstoßen war nicht gut getimed und die Möchtegern-Paella drängt in die Freiheit. Das sind die Momente, in denen man die vorderen Schneidezähne wirklich zu schätzen weiß, sie halten das Gröbste zurück.

Ich habe die Wahl zwischen einem Neuen, weißen Ford Fiesta und einem ziemlich verwegenen Motorrad, dessen Vorderrad mich an die Intermediates von Vettel erinnert. Ich entscheide mich für den Ford, diese verfluchte Marke verfolgt mich. Egal, für 35 € pro Tag ist das in Ordnung und dieses Gefährt, das komischerweise immer noch den Neuwagenduft von Autohäusern versprüht, wird mich wenigstens sicher nach Palma bringen.

Die Fahrt ist entspannt, beruhigend aufgrund der Sehenswürdigkeiten und Landschaften, die sie am Fahrbahnrand für mich bereit hält, und recht kurzweilig, da Palma nur knappe 80 Kilometer vom Sonnenlotionpool entfernt ist. Unterwegs überholt man Fahrzeuge, die in Deutschland beim TÜV direkt eingezogen und ins Museum gestellt werden würden. Palma selbst ist ein Kracher, damit hatte ich nicht gerechnet. Die Kathedrale, die kleinen Gassen und Eckcafés, die unverschämt attraktiven Bewohnerinnen und das leckere Essen haben mich umgehend in ihren Bann gezogen. Hier möchte ich die nächsten Stunden verbringen und wirklich und wahrhaftig Urlaub machen. Natürlich läuft man auch hier den Ullas und Winfrieds aus den besagten Hotels über den Weg, der Grad der Konfrontation beschränkt sich aber auf das aus Deutschland bekannte Anglotzen und Kopfschütteln. Damit kann ich umgehen.

Rinderfilet mit kleinen Kartöffelchen und Mojo-Soße verbinden sich in meinem Magen mit dem fabelhaften Rioja und lassen mich befriedigt glucksen, während ich die flanierenden Spanierinnen beobachte, die an Lässigkeit und Bräune niemals zu überbieten wären. Ich mag das. Rumsitzen, essen, trinken, beobachten und ab und zu unbemerkt furzen, das ist echter Urlaub. Nur schade, dass die Zeit so schnell vergeht. Um 20.00 muss der Wagen wieder im Heimathafen andocken, daran erinnert mich die AIDA im Vorbeifahren am atemberaubenden Hafen, in dem ich mir auch ein eigenes Bötchen gut vorstellen könnte. Ich fotografiere noch ein paar Graffitis an den historischen Gebäuden und wundere mich, wie viel Scheiße auf eine 16 Gigabyte-Karte passt, bevor ich mich wieder auf die MA-15 mache, eine Art Autobahn, die ihren Namen nicht wirklich verdient und mich irgendwie an die Nachrichten aus dem Kosovo zu Kriegszeiten erinnert. Überhaupt ist das der Tenor auf Mallorca und den anderen spanischen Inseln. Alles sieht aus wie nicht fertig gestellt. Überall Baukräne und Arbeiter, Absperrungen und Gefahrenhinweise, aber nichts passiert. Na ja, bei täglichen 35 Grad Celsius, die einem der Osram hier täglich auf den Helm zimmert, ist es weit her mit dem Enthusiasmus, Projekte ernsthaft zu Ende zu bringen. Drauf geschissen! Morgen ist mein letzter Tag auf der deutschen Enklave und ich sehne mich bereits nach Zucht und Ordnung, die ich zu Hause zwar wahrnehmen, aber nicht befolgen werde.

Urlaub ist was Schönes. Zu Hause ist aber besser. Das merke ich deutlich, jedes Mal. In Dortmund kann ich mit den Afrikanern feiern, ohne Sonnenbrillen-Fakes zu kaufen und die Scheißerei nach dem Essen hält sich auch in Grenzen. Das ist kalkulierbar und beruhigt mich irgendwie.

Nach der 16 Gigabyte-Karte werde ich jetzt noch testen, wie viel auf meine All-Inclusive-Karte passt. Das mag ich auch. Una Cerveza por favor!

137 METER FREIER FALL

Aufgeregt raschel ich mit der Zeitung und suche mit nervös, freudigem Blick nach jemandem in meiner Umgebung, der meine Begeisterung mit mir teilt. Vergebens, ich bin allein. Dann erzähle ich mir halt selbst, wie geil ich den Artikel finde, den ich gerade gelesen habe. Ich grinse, gebe mir High-Five und sage:

„Yesssss, Digger, das wird mega!"

Ich sitze im Maximilian's in Dortmunds Innenstadt, das Pärchen neben mir sieht mich verstört an und lächelt gequält. Man kann ihre Gedanken fast hören:

„Armer Irrer, ich halte lieber mein Portmonnaie fest. Zahlen, wir müssen hier weg, bevor er uns anspricht!"

Ist mir egal, was die anderen denken. Ich muss sofort nach Hause und Anna davon erzählen. Starkoch Dennis Rother, ein aussichtsreicher Kandidat auf die beliebten Michelin Sterne, übernimmt das Turmrestaurant im Florian, dem Fernsehturm Dortmunds und einem der bekanntesten Wahrzeichen der Bierstadt. Aus der Skyline vom Pott nicht wegzudenken und bis jetzt ein lahmes, Kaffee und Kuchen verteilendes, Oma und Opa Rückzugsgebiet oder geheimer Treffpunkt für Verliebte, die zu Hause noch jemanden sitzen haben, der davon nichts mitbekommen darf.

Dennis Rother, ich freu mir den Arsch ab. Manchmal fuhr ich ja mit meiner Frau oder auch mal alleine in gehobene Gastronomien und liess es mir so richtig gut gehen. Eine Weinreise in die

Pfalz mit Verkostungen, bis man auf den Brustwarzen zurück ins Hotel kriecht oder auch in der Nähe Dortmunds. Erkunden von guten Restaurants fernab von diesen ganzen Scheissbuden wie das Alex, Vapiano oder wie die besseren Pommesbuden mit Angestelltenbetrug sonst so heissen. Läden, in denen Masse statt Klasse serviert wird und die Mayo oder Ketchup in kleinen Plastiksachéz auf dem Tellerrand liegen und dir vermitteln, dass du es verdammt nochmal nicht wert bist, selbstgemachte Saucen oder zumindest aus Glasgefässen umgefüllte Dips zu bekommen.

„Du bist ein Arsch, also friss das verfickte Schnitzel im Wenker's und quetsch dir deine verkackte Mayo selbst auf die verschröggelten Pommes, die an frittierte Salzstangen erinnern."

Da kann ich auch zu Hause bleiben und mir eine 5-Minuten-Umami-Granate mit dem Wasserkocher aufgiessen, dafür muss ich doch nicht essen gehen. Selbstverliebte Tellerjongleure und Servierfotzen, die keinen Block und Stift haben weil sie eh nicht schreiben können, und statt dessen mit einem Elektrokellner in der Hand daherkommen, der sie stark an eine Politesse erinnern lässt. Wie gerne würde ich mich mal in so'nem Laden mit dem Geschäftsführer boxen. Solche Schuppen meine ich echt nicht, das sind doch keine Restaurants.

Nein, richtig geile Läden, wo die Leute ihre Mäntel nicht festhalten wenn ich reinkomme, sondern ich gefragt werde, ob ich meinen Mantel ablegen möchte. Läden mit Stil, mit geilem Service, mit Wein- und Wassersommelier. Läden, die einen Eindruck hinterlassen, nicht nur in der Geldbörse, nein auch im Belohnungszentrum meines Gehirns. Es gibt Menschen, die sagen, dass man da ja nicht satt würde und warum man so dämlich wäre, für einen Furz von Fleischstücken mit ′nem Klecks Sosse, 200€ zu bezahlen. Menschen, die Expresso bestellen, am besten schon vor dem Essen, oder die Stoffserviette nach Beendigung des immer zu klein ausgefallenen Hauptgerichtes, in die Bratensosse drücken und danach den obersten Hosenknopf mit lautstarker Ankündigung öffnen.

Ich finde es schwachsinnig 50.000€ für ein Auto zu bezahlen. Ein Kasten Metall, der mich von A nach B und unnötiger Weise auch noch in Teufels Küche bringt. So wie letzten Monat, als ich nach drei mal blitzen und einmal bei Rot über die Ampel, die scheiss Karte für 4 Wochen abgeben konnte und zu den 7 Punkten auch noch gleich 720€ los war. Herrlich, als würde der Kleinkredit, den ich jede Woche in Form von Brennstoff in den Tank schmeisse, nicht schon genug sein. Da muss ich nicht noch zehntausende von Euros raushauen, um bei meinen Nachbarn besser auszusehen, wenn ich vom Hof rolle. Ich meine, ich bin vom Hals bis zu den Füßen tätowiert…, ob ich in einen Porsche Panamera oder in einen Twingo Baujahr ′95 einsteige ist meinen Nachbarn egal. Für die bleibe ich asozial.

Also, um es nochmal zu verdeutlichen. Ich spare bei Autos und haue richtig rein beim kleinen Luxus, sprich Essen und Trinken. Da ich in drei Monaten heiraten werde, wäre ein Besuch bei Dennis Rother im drehenden Fresstempel der Extraklasse auf 137 Metern Höhe, genau das Richtige. Ich muss nach Hause und Anna sofort davon erzählen.
Ich winke nach der Bedienung und der Typ neben mir zuckt zusammen. Verdammt, ein Selbstgespräch geführt und schon ist man für den Nebentisch ein Serienmörder. Die Kellnerin ist das Beste in diesem Laden, denn sie trägt Leggings. Schwarze Leggings. Und Sneaker. Heute laufen alle so rum, da war es noch

was Besonderes. Sie fragt, ob ich zufrieden gewesen sei und ich nicke kräftig, sehe auf ihre Oberschenkel und sage:

„Seeeehr zufrieden…, stimmt so."

Sie lächelt verlegen, dreht sich um und geht. Ich sehe ihr hinterher. Ich sehe nicht auf ihre Oberschenkel. Als ich meinen Blick von ihrem Apfelärschchen abwende, bemerke ich wieder das Pärchen neben mir, ihren verstörten Blick und den Umstand, dass ich das Steakmesser noch in der Hand halte. Jetzt muss ich aber wirklich raus hier. Ich huste kräftig in Richtung Nebentisch und gehe.

Draussen ist es kalt, aber nicht ungemütlich, ich atme tief durch. Das Pärchen vom Nebentisch jetzt wahrscheinlich auch. Schnell im Bettler- und Pennerslalom über den alten Markt und ab nach Hause. Es bedarf nicht viel Überzeugung um Anna von meiner Idee zu begeistern. Ihre Augen funkeln nach meinen Ausführungen über den Plan, bald dort einzukehren und den Abend danach noch mit einem Konzert oder etwas ähnlichem ausklingen zu lassen. Gesagt, getan. Ich reserviere telefonisch und die Freude über das bevorstehende Erlebnis lässt mich zufrieden glucksen.

Ich muss erwähnen, dass der Wunsch nach einem anspruchsvollen Konzert aus terminlichen Gründen nicht ganz hingehauen hat. Wir entscheiden uns für „Alexander Marcus" auf seiner Papaya Tour in der Suite23 am Schwanenwall. Chris, der Besitzer, ist ein guter Freund und daher verspricht er mir, auch bei späterem Eintreffen nicht lange warten zu müssen oder gar abgewiesen zu werden. Anna ist einverstanden und uns beiden ist in Erwartung des Essens völlig egal, wie das Programm danach ausfällt.

Heute ist der 8. August 2008. Mein Freund Fitty ist Taxifahrer, er versichert mir, nachdem er uns am Eingang des Westfalenparks abgesetzt hat, dass er uns sofort bei Anruf wieder einsammelt, uns sicher zu Alexander Marcus fährt, und auch noch das Konzert mit uns besucht, um uns danach wieder nach Hause zu fahren. Fast wie ein Limousinenservice, nur mit einem Freund am Steuer und der Möglichkeit im Wagen zu kiffen.

Anna sieht toll aus, Bleistiftrock und Bluse, hohe Schuhe. Ich fasse ihr fest an den Arsch und halte ihr meinen Arm hin um sich einzuhaken. Mich selbst habe ich in einen massgeschneiderten Zweiteiler gesteckt und dazu trage ich rahmengenähte Schuhe. Wir kommen uns ziemlich geil vor und sind es auch.

Am Turm angekommen gehen wir zielstrebig auf den Fahrstuhl zu und fahren nach oben. Der Druck lässt meine euchastische Röhre knacken und halte mir die Nase zu während ich vergeblich einen Druckausgleich versuche. Oben angekommen begrüsst uns eine leckere, junge Kellnerin in weisser Bluse mit tollem Lächeln und tollen Titten. Sie nimmt uns, nach dem wir die Reservierung bestätigt haben, die Garderobe ab und geleitet uns an einen Tisch am Fenster. Das Restaurant dreht sich langsam und man fährt mal an der Bar, an der Küche und am Fahrstuhl vorbei. Irgendwie unheimlich weil ich so eine extreme Höhenangst habe, aber ich fühle mich sicher. Um meine Sicherheit noch etwas zu untermauern, verlange ich nach der Champagnerkarte, die keine Minute später von einer ebenfalls unverschämt attraktiven Servicekraft an den Tisch gebracht wird. Anna, die Kellnerin, ich…, wir alle Lächeln uns zu und wissen jetzt schon, dass es ein toller Abend wird. Fast wie im Swingerclub.

Ich entscheide mich für eine Flasche Dom Perignon Vintage und fühle mich grossartig, als ich das auch laut ausspreche. Das lecker Mädchen lächelt, sagt danke und geht. Wir bestellen nach dem ersten Glas aus der perfekt gekühlten Flasche, die mit einem Kühler am Tisch befestigt wurde, das Vier-Gänge-Menü. Anna variiert etwas, da sie käseaffin ist und man mich mit der verschimmelten Milch eher verjagen würde. Das Menü beginnt mit einem westfälischen Blutwurststrudel, überzeugt mit Salaten und Lammcarré und endet in einer stehenden Ovation für Preisselbeerconfit und dunkler Mousse an Mangoparfait. Ich hab eine Erektion als ich den letzten Löffel ablecke und obszön mit den Augen rolle, als die Kellnerin zum Tisch kommt. Sie nimmt die Flasche Champagner, giesst die letzten Tropfen in Anna´s Glas und fragt selbstsicher und antrainiert:

„Sie möchten doch sicher noch eine weitere Flasche?“

Anna sieht mir tief in die Augen und schüttelt unmerklich den Kopf. Sie hat die Karte durchgesehen und sich die Preise jeder Flasche gemerkt. Die Angst nach einer verfressenen Monatskaltmiete in Zahlungschwierigkeiten zu kommen, lassen ihren Verstand gegen ihren Durst gewinnen.

Bei mir ist es schon zu spät. Die weltmännische Lebemannposition aufgeben und in die Reihen des Pöbels zurückschreiten, in dem ich jetzt auf Prosecco umschwenke? Niemals. Die grünen Augen der Kellnerin lassen mich über meine Lippen lecken und ich sage:

„Wenn noch eine muss, aber dann ist Schluss!"

Sie findet das Zitat aus einem Werner-Film ähnlich peinlich wie Anna, schafft es aber sich nicht mit der Hand an die Stirn zu schlagen wie meine Begleitung. Anna fragt mich, ob ich bescheuert wäre, davon gleich zwei Pullen zu verklappen. Sie grinst allerdings dabei, weil sie genau so besoffen ist wie ich und sich auf den Nachschub freut.

Nach einem kurzen Moment kommt die Kellnerin zum Tisch zurück und fragt, ob es uns etwas ausmachen würde, etwa 8 Minuten auf den Champagner zu warten, da sie keine Flasche dieses von mir favorisierten Jahrgangs mehr im Haus hätten und der eigene Bringdienst inklusive Fahrstuhlfahrt genau diese Zeit bräuchte, um unsere Gelüste zu befriedigen.

Ich nicke volltrunken und bestelle zur Überbrückung der Wartezeit zwei eiskalte Belvedere Vodka im Schwenker. Die Kellnerin eilt davon. Lächelnd. Anna und ich sehen uns an. Lächelnd.

Nachdem wir die zweite Flasche in der Hand eines Boten bei unserer 269sten Turmumdrehung aus dem Fahrstuhl kommen sehen, wird uns bewusst, wie besoffen wir sind und das wir diese Pulle wahrscheinlich gar nicht mehr schaffen. Egal, jetzt ist eh der Zeitpunkt gekommen, wo die Etikette langsam den Trieben weicht. Ich krempel meine Hemdsärmel hoch, die Kellnerinnen tuscheln kichernd über uns und Anna und ich befummeln uns unter dem Tisch während ich mir mit dem Finger die geschmolzenen Reste der Mousse ins Zahnfleisch reibe.

Etwa Dreiviertel des Champagners ist geschafft, als ich eine der beiden süßen Kellnerinnen zu uns bitte und sie frage, ob wir

Herrn Rother persönlich für das Essen danken dürften. Das Gerücht um die beiden besoffenen Freakshowgäste von Tisch 11 scheint sich herum gesprochen zu haben und Herr Rother, Gott der Pfannen und Töpfe, erscheint an unserem Platz, ist höflich, hält Smalltalk und erträgt tapfer unsere lallenden Lobeshymnen. Ich sage ihm leise, da sich andere Gäste nach uns umdrehen, dass wir ganz schön voll sind und wir den Rest des Champagners gerne mit den beiden Service-Amazonen wegmachen würden, da sie so unverschämt nett und professionell waren. Es seien ja auch kaum noch Gäste da, und da könnte man doch mal eine Ausnahme machen. Er lächelt, wissend, das man jemandem, der gerade eine Anzahlung für ein neues Golfschlägerset versoffen hat, keinen Wunsch abschlagen sollte und winkt die beiden zu sich.

Kichernd und dankbar setzen sich die Mädels an unseren Tisch, wir bieten ihnen das Du an und in Gedanken wälze ich mich schon nach einer Taxifahrt zu mir nach Hause, in einem Fleischberg aus Kellnerinnen und meiner Frau. Aber nur gedanklich, denn eine der beiden unterbricht meine Wünsche durch die Frage, nach unseren Berufen. Sie hätte mit dem Küchenpersonal gewettet und wüsste nun gerne das Ergebnis. Ich sage ihr, dass ich in einem Tattoostudio arbeite und Anna gibt an, im Gastronomiegewerbe tätig zu sein und einen Club zu leiten. Die Kleine springt auf, klatscht in die Hände und ruft für ihren Chef etwas zu laut:

„Hah, ich hab Recht gehabt!"

Die Frage, ob die anderen auf Zuhälter und Nutte getippt haben, spare ich mir einfach und lache mit den Servicekräften, die sich für die netten Gäste, den Champagner und das Trinkgeld bedanken und uns unsere Garderobe zurückgeben.

Glücklich verlassen wir den Turm und rufen Fitty an, damit er uns am Einganz vom Westfalenpark abholen soll. Das Taxi biegt kurze Zeit später um die Kurve, Anna und ich teilen uns eine Gitanes, die die Verdauung ordentlich ankurbelt. Ich muss furzen. Anna schlägt mir auf den Oberarm und hält die Luft an, bevor sie auf Fitty´s Taxi zugeht. Ich trete an die Fahrertür und sage Fitty, er möge noch einem Moment warten, ich wolle nur kurz noch in den Park pissen, der Champagner mache das unumgänglich.

Ich öffne Anna die Autotür und gehe neben einem stattlichen Baum hinter ein kleines Gebüsch, öffne meine Hose und lasse den heissen, dampfenden Strahl in den Rindenmulch der Büsche vor mir einschlagen. Die Kippe im Mundwinkel, extrem angesoffen und glücklich hebe ich ein Bein und lasse nochmal einen fahren. Ein quietschender, heller Furz, der mich lachen lässt. Da hab ich noch einen oder zwei von. Ich hebe mein anderes Bein an, kneife angestrengt ein Auge zu und ein kleiner, feiner heller Ton ertönt aus meinem Puploch als sich das Geräusch auf einmal verändert und ich mir mit einem Knall in die Hose scheisse.

Mein Gesicht ist wie versteinert, mein Bein immer noch in der Luft. Der Stummel der Gitanes fällt aus meinem Mund und zischt, als er in der Pissepfütze vor mir auftrifft. Ich schüttel vorsichtig meinen Schwanz ab, verstaue ihn in der Hose und drehe mich langsam um. Ich schleiche breitbeinig zum Taxi und öffne die hintere Tür. Anna und Fitty reden und lachen, sie haben sichtlich Spass. Ich sage laut:

„Ähemmm..., ich hab da ein Problem. Ich habe mir gerade in meinen 1000€ Anzug gekackt und muss dringend nach Hause. Auf Alexander Marcus ist geschissen!“

Die beiden wollen gerade meine Aussage anzweifeln, als sie merken, dass genau sowas genau mir an genau so einem Tag passieren muss. Es ist mit Sicherheit kein Scherz. Er meint es Ernst.

Ja, das meine ich. Ich hab mich eingeschissen, mein Schritt hat trotz der Kälte angenehme 37 Grad. Ich krabbel langsam in den Fond des Taxis und fahre doggystyle auf den Rücksitzen bis nach Körne. Fitty lacht ohne Pause, Anna öffnet alle Fenster, hält sich ihren Schal vor das Gesicht und schüttelt den Kopf unter leichtem Kichern bis wir zu Hause ankommen.

Das war ein toller Abend, denke ich so bei mir, als ich total besoffen, nur mit Hemd und Jacket bekleidet in meiner Dusche hocke und mir den Arsch abbrause. Ich trockne meinen geschändeten Körper und wanke zum Schrank um mir eine andere Anzughose, eine Boxershorts und ein paar Socken zu angeln. Anna sitz auf dem Bett und lacht, sie jetzt nach einem Blowjob zu fragen, wäre unappetitlich und vermessen. Fitty hat vor der Tür gewartet, neben seinem Taxi, dessen Türen er komplett geöffnet hatte, während ich meine Kiste gewaschen habe. Details erspare ich ihm und wir fahren lachend gemeinsam in die Suite.

Um das Ganze etwas abzukürzen möchte ich nur erwähnen, dass wir hunderte Bekannte getroffen haben, die wussten, dass wir heute essen waren und jedes Details erfahren wollten. Ich machte den Fehler und erzählte einem meiner Freunde, die ganze Geschichte inklusiver der Mousse au Chocolat Aktion in meiner Hose und die Story ging rum wie ein Lauffeuer. Chris, der Clubbesitzer, lachte laut als er uns durch die Bierklappe des Getränkelieferanten in den Club schmuggelte, weil wir am Haupteingang gelyncht worden wären, von den hundertzwanzig Wahnsinnigen, die aus Platzmangel nicht mehr reindurften.

Als wir den Club durch den Hintereingang betreten, stehen wir mitten auf der Bühne und der komplette Club jubelt uns zu, in der Annahme, das Konzert ginge jetzt los und wir, also der Taxifahrer, die besoffene Nutte und der Typ mit Hose, die nicht zum Jacket passt, wären die Vorband. Einer aus den hinteren Reihen rief noch:

„Da is ja der Kackvogel!“

Wir quetschten uns durch die Menge zum Tresen und begossen diesen Scheissabend mit Vodka, kein qualitativ hochwertiger Vodka, aber gut genug, um den Abend zu dem werden zu lassen, was er letztendlich auch war. Ein unvergessliches Erlebnis.

THE SAME PROCEDURE

Nein, ich weiß nicht immer, was ich will. Mit Sicherheit nicht. Ich weiß sehr oft, was ich nicht will und das ist bisher immer ausreichend gewesen. Denke ich. Die meisten Entscheidungen habe ich nach einem kurzen Ersteindruck gefällt.

Der erste Tag in der Schule, ich trug eine khakifarbene Hose, dazu Sandalen und lutschte ein gleich farbenes Bonbon der Firma Werther, dass ich, kurz bevor ich die Klasse betrat, aus meiner Schultüte befreit hatte. Ich sah mich um und fällte meine Entscheidung. Nichts für mich.

Der erste Tag am Arbeitsplatz meiner Lehrstelle bei Hoesch, ich trug eine blaue Latzhose und Arbeitsschuhe mit Stahlkappen. Der Duft von gefrästem Metall und schlechtem Kaffee fand seinen Weg in mein Gehirn und nahm direkt Platz neben meiner Entscheidung. Nichts für mich.

Der Tag der Nachmusterung zum Wehrdienst. Ich trug eine dunkle Jeans und Chucks in Camouflagemuster. Das Empfehlungsschreiben meines Psychologen, welches ich aufgrund gerichtlicher Auflagen mitbringen musste, deckte sich mit meiner sofort gewonnenen Erkenntnis. Nichts für mich.

Der Job bei Reynolds Aluminium war ein Vertrag als Profilrichter auf Zeit. 18 Monate. Mir war am ersten Tag klargeworden… Nichts für mich!

Verdammt! Was ist denn was für mich? Mache ich was falsch?

Das waren die Fragen, die mir in dieser Zeit durch den Kopf schwirrten, mich matt und langsam machten. Man bremst sich aus. Da steckste nicht drin.

Doch. Da steckste drin. Bis zum Hals. Die Zeit, die man braucht um konfus zu sein, ist wichtig, man sollte sie auskosten. Denn Erkenntnis ist endgültig. Das Jahr geht zu Ende und das Neue wird begrüßt. Zwotausendundsiebzehn.

Neunzehnhundertvierundachtzig hab ich noch gedacht, dass ich dann mit Sicherheit tot oder aber Commander eines Spaceships sein würde. Beides scheint mir heute weniger erstrebenswert.

Man denkt zurück an das vergangene Jahr und lässt sein Leben nochmal Revue passieren. Die lustigen Sachen, die traurigen, die schönen und die besonderen Momente. War das Jahr okay für mich? Wie wird das kommende - besser oder schlechter? Ich bin mir im Übrigen bewusst, dass ich weder unter einer Winterdepression, noch unter einer Midlife-Crisis zu leiden habe, während ich das hier schreibe.

Es geht mir nicht ums Älterwerden, um verschwendete Zeit oder "Hätte ich doch mal!". Auch nicht um gute Vorsätze wie Sport oder das Quittieren des Dienstes an der Zigarette. Es geht einzig und allein darum zu wissen, was man nicht will! Das nächste Jahr wird entspannter und erfolgreicher, wenn man weiß, dass man in einigen Momenten das Gefühl haben wird, einen ganz bestimmten Satz auf der Zunge liegen zu haben.

DAS WILL ICH NICHT!

Der Satz gibt Sicherheit, die man in den meisten Lebenssituationen nicht bekommt. Denn er sagt ganz klar aus, dass alles andere möglich ist, nur DAS jetzt nicht. Man kann alle anderen Alternativen ausprobieren und wenn man merkt, dass man die auch nicht will, dann lässt man's halt. Ganz einfach!

Ich trage gerade eine schwarze Adidas Trainingshose, ich bin barfuß und gespannt auf meine praktische Umsetzung dieser Theorie.

DAS SCHÖNE GEFÜHL

Eigentlich geht es immer nur darum, um das schöne Gefühl. Jedenfalls ist das bei mir der Fall und ich bin fest davon überzeugt, daß das bei Anderen auch so ist. Sicher ist das schöne Gefühl für jeden irgendwie anders, aber im Grunde auch irgendwie gleich.

Es löst Dinge aus. Im Körper oder im Geiste, der Seele, wie immer man das nennen möchte. Eine Art von Behagen, wie die Vorstellung, im Winter vor einem Kamin zu sitzen. Ein Zustand, bei dem man gerne tief einatmen und beim seufzenden Ausatmen all das Negative, das Unbehagen, den Stress oder die Ängste freigibt. Sie verschwinden sicher nicht, aber sie verlieren an Gewicht, an Bedeutung und sie können einem in diesem Moment nichts mehr anhaben. Keine Bremse mehr im Gehirn, keine Grübeleien über Vergangenes oder Bevorstehendes.

Ich habe dieses Gefühl in letzter Zeit immer häufiger. Vor zwanzig oder dreißig Jahren war es eher eine Seltenheit. Das lag mit Sicherheit nicht an fehlenden Gelegenheiten, ich habe es einfach nicht erkannt oder nicht zugelassen. Warum auch immer.

Bei gutem Essen, außergewöhnlichen Geschmacksrichtungen, da blitzt es manchmal ganz kurz auf. Es ist mir einfach anzusehen, ich lächle dann. Die Intensität ist sehr unterschiedlich. Von ganz kurzen Momenten bis hin zu komplett vereinnahmenden Schauern kann alles dabei sein. Wenn ich mit feinem Schmirgel bearbeitetes Holz anfasse, dann ist es da, kurz. Klettpatches von ihrem Flausch zu reißen ist toll, die ersten zehn Sekunden unter heißem Wasser in der Dusche, bei dem man sich fragt, ob man gerade friert oder die Gänsehaut nur ein Aufbäumen der zufriedenen Seele ist. Knisternde Poprocks, die im Mund zerplatzen und durchlaufende Sekundenzeiger bei Automatikuhren zu beobachten finde ich toll.

Lächeln, das schöne Zähne freilegt, feste Zahnspangen bei erwachsenen Frauen, genauso aber auch Frauen ohne Zahnspangen mit Anomalien der Eckzähne. Lagerfeuer und das Geräusch von hohen Schuhen auf Beton. Limericks, die beiläufigen Blicke von Christopher Walken während eines Interviews, mit Geschwistern über längst vergessene Familiensitten zu reden, wohlklingende Wörter wie Krokodil, Erstgeborener, Hoheitsgewässer und Alarmanlage.

Schöne Hände und schöne Füße, das Geräusch des Tastenanschlags beim MacBook, der erste Löffel aus einem weichgekochten Ei mit Maggi, nach dem Friseurbesuch mit der Hand durch die Haare zu fahren, und der erste Atemzug nach dem Verlassen des Flugzeugs.

Aber auch große Dinge, von denen ich gar keine Ahnung habe, wie das Lächeln des eigenen Kindes wenn man sich morgens über den Rand des Bettchens beugt.
Eine Hand des geliebten Menschen auf der eigenen Brust während man nebeneinander steht, beipflichtendes Schulterklopfen von jemandem, mit dessen Reaktion man so nicht gerechnet hatte. Der Geruch der Haut zwischen Hals und Schulter nach dem Sex, rahmengenähte Budapester, Budapest, Prag, New York, Brügge, Iserlohn, Dortmund.

Colafläschchen von Haribo und Peanutbuttercups, die Meldung „Download beendet“, Sandburgen mit Wassergraben, der

Moment wenn du in die Badewanne steigst und die Eier gerade ins heiße Wasser eintauchen.

Jemandem eine Freude zu machen und zu sehen, wie sich Tränen in den Augen des Anderen sammeln, eine ehrlich, feste Umarmung, die länger dauert, als man sie selbst geben wollte und man dann nochmal extra feste zudrückt. Der Geruch von erhitztem Staub der in den ersten Minuten nach dem Anstellen der Heizung durch den Raum schwebt, der Geruch von frisch gemähtem Gras, der Geruch der Hundedecke, den Hundeohren, den Hundepfoten und die Freude des Hundes wenn man nach Hause kommt und er sich so benimmt, als wäre man drei Jahre auf Weltreise gewesen, obwohl man nur an der Bude Bier und Kippen geholt hat.

Die Brille nach dem Putzen wieder aufzusetzen und alles in FullHD und Realtime zu sehen, Kellner beim Gläser polieren zu beobachten, eine Mozartkugel in der Mitte durchzubeißen, die Stille zwischen den Tiergeräuschen im Wald bei Nacht, genau die richtige Menge Soße zum Kartoffelpüree zu geben, das Ausstrecken der Beine am Morgen nach dem Aufwachen und dabei seltsame, animalische Laute von sich zu geben. Das Schaukeln in einer Hängematte, mit der Hand gegen den Strich über Nubukleder zu streichen und das Ganze auch wieder in die andere Richtung. Die erste Mandarine des Jahres, die gut schmeckt und keine Kerne hat. Das Benutzen eines Schuhanziehers, Lesen vor Publikum, Videos, bei denen die Musik perfekt zum Bild passt und der Moment, wo der Tätowierer sagt:“Fertig!“

Wahrscheinlich fällt jedem in diesem Moment mindestens eine Situation ein, die ich nicht auf meine Liste setzen würde, vielleicht auch mehr als nur eine. Andere grinsen und nicken vor sich hin weil die Momente ihren eigenen Momenten ähneln oder es exakt die Gleichen sind. Bei manchen Menschen ist es vielleicht etwas, das wir verabscheuen, abgrundtief hässlich oder auch moralisch zutiefst verwerflich finden.

Ich hab nur versucht, es zu beschreiben aber das ist gar nicht so einfach. Weil es so gleich und doch so unterschiedlich sein kann. Aber ich kann mir nicht vorstellen, daß es Menschen gibt, die es gar nicht haben. Es gibt vielleicht Leute, die in vielen Bereichen verschiedene Ansichten haben, die Dinge unterschiedlich wahrnehmen, empfinden. Aber ich glaube, es ist genau das, was uns alle gleich macht, uns vereint. Es ist das, was uns menschlich macht. Das schöne Gefühl.

DAS SCHLECHTE GEFÜHL

Du hast bestimmt gerade die Geschichte gelesen, die im Buch direkt vor dieser Geschichte steht. Das schöne Gefühl. Vergiß den Scheiß. Ich muss nüchtern gewesen sein als ich das geschrieben habe.

Eigentlich geht es nämlich nur um das schlechte Gefühl. Es hat so viel Kraft, so viel Energie, es lädt dich auf mit genügend Power um sogar Katzenbabys zu hassen. Das schlechte Gefühl ist ein Motor, ein wahnsinnig starker Antrieb, das Todesaggregat in deiner kackschwarzen Seele.

Das schlechte Gefühl treibt dir die Augen aus deiner Denkhöhle als wolltest du sie den ganzen unwerten Atemluftverbrauchern um dich herum entgegenschiessen.

Halsschlagadern dick wie Regenwürmer treten hervor wenn sich das schlechte Gefühl breitmacht und deine Hirnrinde mit totaler Ablehnung verseucht. David Hasselhoff isst in deinem Gehirn einen Burger und räkelt sich besoffen in deinen Gedanken während „I've been looking for freedom" in Dauerschleife durch dein Innenohr pfeift.

Das schlechte Gefühl ist natürlich kein Dauerzustand, es kommt und geht und man bemerkt es manchmal gar nicht, wenn es heran rollt wie Tine Wittler, die hämisch lächelnd kleine sozialkompetenzvernichtende Handgranaten in deinem Emotionszentrum als Dekoration drapiert. Anfangs windest du dich noch, wehrst dich gegen das schlechte Gefühl weil du gut sein willst, gut wie ein regenbogenscheißendes Einhorn, das verhungernde, afrikanische Kinder vor dem angreifenden orangenen

Präsidenten der USA reitend in sicheres Terrain bringt um sie dort mit Skittles zu füttern und ihnen danach die aufgeblähten Bäuche zu streicheln während du „Last Christmas" von Wham summst. Aber das bist du nicht. Das bist nicht du!

Du bist der, der sich aufbäumt. der genug hat von diesem ganzen Schmutz, dem Dreck, der Ungerechtigkeit und dem Ekel, der dich umgibt. Dieses schlechte Gefühl kommt hoch und zerfrisst deine Organe auf dem Weg zum Gehirn und dann....dann lässt du es zu.
Du lässt es raus und geniesst es, suhlst dich in deiner Ablehnung, Auflehnung, deiner totalen Verweigerung länger hinzusehen. Das Gefühl ist da. Das schlechte Gefühl. Du bemerkst es täglich. Immer häufiger. Meist erst bei kleinen Dingen. Es überkommt dich wenn du den USB-Stick falsch herum reinsteckst.

Es überkommt dich wenn deine Kippen nach geteertem Klostein schmecken weil du krank wirst, es überkommt dich weil der Intervallscheibenwischer nie dem Intervall des Regens entspricht, egal wie sehr du dich auch bemühst, ihn richtig einzustellen. Das schlechte Gefühl überkommt dich schon morgens wenn der Wasserbehälter deiner Kapselkaffeemaschine leer ist und du nach dem Auffüllen merkst, dass du auch keine Kapseln mehr hast.

Es überkommt dich wenn alte Männer an der Bushaltestelle neben dir husten und dann einen Schleim ausspucken mit dem man die brennenden Ölquellen von Mossul umgehend und für immer löschen könnte.

Das schlechte Gefühl ist da wenn du beim Tanken 20,01€ auf der Uhr hast und die dann auch noch auf den Cent genau bezahlen musst, wenn du selbst beim Kauf von Jägermeister und Kondomen nach deiner Payback-Karte gefragt wirst, wenn Linksabbieger, die du vorlässt, sich nicht bedanken, wenn dein Handy kurz vor Ende der Softwareaktualisierung ausgeht, wenn du direkt nach dem Duschen kacken musst und auch wenn dir im Fernsehen erklärt wird, daß du dich nicht beim Rasieren geschnitten sondern nach der Morning Routine Hautirritationen hast. Es ist zum Kotzen!

Menschen, die „Einzigste" und „besser wie" sagen, Menschen, die Crocs tragen, Menschen, die sich beim Husten die Hand nicht vor den Mund halten und Menschen, die 10 Minuten vor dir in der Schlange stehen und wenn sie dran sind sagen „Äääääääh, was neeeeeehm ich denn....?"

Menschen, die dir sagen, daß sie nicht damit gerechnet haben daß Glenn stirbt bevor du die Folge The Walking Dead gesehen hast. Menschen, die The Walking Dead gar nicht sehen wollen. Menschen, die den Charakter Tyrion Lannister für den besten von The Walking Dead halten und Menschen allgemein.

Das schlechte Gefühl kommt hoch wenn du im Bad ein nasses Handtuch erwischt, wenn du gerade im Auto sitzt und noch mal hoch in die Wohnung musst weil du dein Handy vergessen hast, wenn du in der Wohnung bist und merkst, daß dein Handy doch im Auto liegt.

Wenn du dir die saftige Stelle vom Big Mac freigeknabbert hast und dein Freund oder deine Freundin dir diese Stelle rausbeißt, wenn du im Gespräch jemandem gegenübersitzt, der nach kaltem Zigarettenrauch riecht, wenn du dir die Wahlergebnisse in den USA ansiehst, wenn du Samstagabends rausgehst und du in einen fremden Junggesellenabschied gerätst, wenn du glaubst durch festeres Drücken auf der Fernbedienung die leeren Batterien auszugleichen und erst Recht wenn du im Dortmunder Kreuzviertel einen Parkplatz suchst.

Es überkommt dich bei Starbucks, wenn der Wichser hinter dem Tresen nicht glauben will, daß du Spartacus heisst, wenn du morgens noch im dunklen Winter deinen Wagen von Eis freikratzt und dann merkst, daß es der Wagen deines Nachbarn war. Wenn das Spiegelei zerläuft bevor du es anstechen konntest, wenn der Festplattenrekorder die letzten drei Minuten des Films nicht aufgenommen hat und wenn du auf ner Dancehallparty als DJ gefragt wirst, ob du nicht mal UB40 auflegen kannst.

Das Gefühl mag bei jedem anders sein, jeder erlebt es mal stärker oder schwächer aber jeder kennt es. Dem einen macht es vielleicht nichts aus wenn der Wetterfrosch nach den Nachrichten Dauerregen und heftige Winde für seinen ersten Urlaubstag verkündet und ein anderer zuckt vielleicht gleichgültig mit den Schultern wenn die Fotze hinter dem Bäckereitresen das belegte Brötchen in Remoulade ertränkt. Aber trotzdem hat jeder dieses Gefühl.

Ich hab nur versucht, es zu beschreiben aber das ist gar nicht so einfach. Weil es so gleich und doch so unterschiedlich sein kann. Aber ich kann mir nicht vorstellen, daß es Menschen gibt, die es gar nicht haben. Ich glaube, es ist genau das, was uns alle gleich macht, uns vereint. Es ist das, was uns menschlich macht. Das schlechte Gefühl.

AMPUTATIONEN, NUTTEN UND ANDERE ZUFÄLLE

Klaus ist tot. Seit ein paar Jahren schon. Er kam aus Regensburg, war ein bekannter Tätowierer, Lottogewinner, Lebemann, Alkoholiker und Millionär, eine wunderbare Mischung. Zum ersten Mal getroffen habe ich Klaus in den 90ern auf irgend einer Tattooconvention in Österreich, wo wir beide gearbeitet haben. Danach haben wir uns für ein paar Jahre aus den Augen verloren. Bis zu diesem Urlaub in Bulgarien, in dem Klaus mir die unglaublichste Geschichte erzählte, die ich jemals gehört habe. Eine Geschichte, die so absurd war, dass sie eigentlich nicht wahr sein konnte. Eine Geschichte über das Schicksal, über vermeintliche Zufälle und über göttliche Fügung.

Wir haben alle noch verschlafene Gesichter, teilweise mit Liegefalten des Kopfkissens auf der Wange, frühes Aufstehen hat keiner von uns trainiert. Wir, das sind die Tätowierer aus dem Laden, in dem ich arbeite, unser Chef und zwei seiner Freunde. Der eine ist ein Kumpel unseres Chefs aus Norddeutschland, der andere ist Klaus. Lachend fallen wir uns in die Arme und verschütten dabei etwas von dem handwarmen Warsteiner, das wir hier im Düsseldorfer Flughafen von einem überforderten Barkeeper gezapft bekommen haben. Es ist kurz nach sieben Uhr morgens und wir warten auf unseren Flieger nach Varna in Bulgarien, von wo aus wir mit dem Bus zu unserem Urlaubsziel fahren…, der Goldstrand.

Klaus, die anderen und ich stehen an der Bar in der Flughafenhalle und trinken ein Pils nach dem anderen. Nach dem fünften, sechsten Bier habe ich Schwierigkeiten, Klaus zu verstehen. Nicht weil ich so voll bin, Klaus redet einfach von Schluck zu

Schluck undeutlicher und sein harter, bayrischer Akzent vermengt alles zu einem Brei, der sich zwischendurch anhört wie eine Phantasiesprache. Da wir selten beim Saufen über wirklich tiefgründige Dinge reden, ist das aber nicht weiter schlimm. Ich nicke lachend zu seinen Ausführungen, die immer wieder von Wortfetzen wie „Weißt?“, „Herrgottsakra!“ und „Passt scho!“ begleitet werden. Klaus zeigt auf die Warteschlange an den Schaltern für den Check-In und sagt einen weiteren, unverständlichen Satz, der höchstwahrscheinlich eine Frage ist, da er betonungsmässig mit einem Fragezeichen endet.

„Is des net der Hellscheider?“

Verdammt, ich hab ihn nicht verstanden. Nicken und lachen wäre jetzt unangebracht, denn Klaus starrt mich an und sieht immer wieder auf die Warteschlange und zuckt mit den Schultern. Er wiederholt seine vermeintliche Frage etwa viermal und zeigt auf einen Typen am Ende der Schlange.

Jetzt verstehe ich ihn endlich. Er sagt: „Ist das nicht der Helge Schneider?“ Ich muss lachen. Helge Schneider! Wie besoffen muss man sein? Der Typ hat ’ne orangene Jacke an, zerzauste Haare und…, fuck, das ist echt Helge Schneider.

Ich gehe rüber und frage Helge, ob er ein Foto mit mir macht. Macht er. Ich gebe ihm die Kamera, er kontrolliert das Bild, findet es gut und steckt die Kamera ein. Ich bin schon zu besoffen, um das zu merken. Helge ist aber so ehrlich, dass er mich daran erinnert, als ich gehen will. Seine blonde, attraktive Begleitung verdreht die Augen.

Wieder zurück an der Bar sagt Klaus irgendwas, das sich anhört wie „Hölzerner Marmeladensack“, ich tippe auf „Hab ich doch gleich gesagt“, liege wohl richtig und zeige das Foto, alle sind begeistert.

Wir checken ein, fliegen etwa fünf Stunden nach Varna und kommen dort noch betrunkener an, als wir dem Sicherheitspersonal zumuten können. Die haben aber Gott sei Dank schon andere Sorgen, denn ein besoffener Deutscher aus unserem Flieger rennt nach der Landung aufs Rollfeld und zieht sich aus, während er mit seinem T-Shirt startenden und landenden Flugzeugen zuwinkt. Ein Tritt in den Rücken und ein paar Handschellen beenden das Spektakel ziemlich abrupt.

Die Fahrt zum Hotel ist langweilig und trocken, da es uns nicht gestattet ist, Alkohol im Bus zu trinken. Das Warten hat sich aber gelohnt, denn das Hotel ist nicht nur für bulgarische Verhältnisse ein absoluter Kracher. Wir checken ein und bekommen unsere Zimmer zugeteilt. Für den Abend verabreden wir uns in der Lobby zum Saufen an der Hotelbar, die mit ihrem dunklen Holztresen eine eine echte Konkurrenz zu deutschen Kneipen abgibt.

Es ist etwa 20.00 als wir uns nach und nach in der Lobby einfinden und uns das erste Bier bestellen, mit dem wir uns in die üppigen, gemütlichen Sitzecken fallen lassen. Klaus trägt eine kurze Hose und ein löchriges T-Shirt, man würde nicht im Traum darauf kommen, daß er Millionär ist. Vor allem wenn man an seinem rechten Bein herab sieht. Klaus hat einen Holzfuss. Vor Jahren hatte er bei einem Motorradunfall eine unschöne Begegnung mit einer Leitplanke auf irgend einer bayrischen Landstraße, der Fuß blieb damals da und Klaus bekam einen Holzfuss. Nun, dieser Holzfuss hat nichts mit den Hightech-Beinprothesen aus Fiberglas und Carbon gemein, die reiche Supersportler tragen und damit wie eine Gazelle laufen und springen können. Es ist ein einfaches, nicht besonders schönes Stück Holz, aus dem ein betrunkener, unbegabter Blinder einen Fuß geschnitzt hat. Die Zehen sind klobig und die Zehennägel dilettantisch in die Kuppen der Zehen geritzt. Dieser Fuß ist eine Farce, geradezu lächerlich anmutend steckt er in den Trekking Sandalen, die Klaus ungeniert auf dem Glastisch ablegt während wir uns zu prosten und ein weiteres Bier trinken.

Wir sind besoffen, voll bis obenhin. Klaus hat die Musik im Hotel satt und will aufs Zimmer gehen, um eine CD zu holen, die der Portier dann gegen das Gedudel ein- tauschen soll, das uns seit Stunden beschallt.

Hinter dem Tresen am Empfang befindet sich eine Stereoanlage, die mit sämtlichen Boxen in den Fluren und Toiletten des Hotels verbunden ist. Klaus knallt die CD auf das dunkle Holz und sagt irgend etwas, das niemand versteht. Da er aber wild auf die Musikanlage deutet, kann sich der Portier denken, was er von ihm will und tauscht die beiden CDs gegeneinander aus. Der erste Song ertönt und Klaus schreit durch die Lobby:

„Lauda, Lauda…, mochmalauda!“

Dabei schraubt seine linke Hand in der Luft an einem imaginären Lautstärkerad und seine rechte Hand zeigt auf den Portier, der verlegen grinsend die Musik tatsächlich etwas lauter dreht. Altbayrische Volksmusik erklingt, erst ein schlimmer Synthesizer, dann ein Akkordeon mit rhythmischer Schlagzeugbegleitung.

Der Portier sieht mich an und wir verdrehen beide die Augen. Bei mir ist der Pegel allerdings schon so weit überschritten, dass ich Helga Beimer ficken und auch zu Roger-Whittaker-Songs singen würde. Klaus und ich tanzen zu diesem Audiomüll bis ich merke, dass das keine normale Volksmusik ist. Ich bleibe stehen und lausche angestrengt der Musik, um etwas vom Text zu verstehen. Klaus singt mit, was aber keine Hilfe ist.

Ich verstehe es jetzt. Einen Satz nach dem anderen. Oh…mein… Gott. Dachte ich erst an so etwas wie die Zillertaler Türkenjäger oder einen anderen beschissenen Nazidreck, so wird mir jetzt augenblicklich klar, dass die CD von Klaus das Asozialste ist, was ich je gehört habe. Der Sänger singt wortwörtlich:

„Die Fotzn meina Frau, stinkt wie des Oarschloch einer Sau, und wenn i sie mol schleck, dann glaub i i verreck!“

Klaus lacht schallend, als er merkt, dass ich den Text nun verstehe und zeigt mit Tränen in den Augen auf mein fassungsloses Gesicht.

Im Hintergrund sehe ich deutsche Urlauber, die sich vor dem Tresen des Portiers versammelt haben und nicht begeistert aussehen. Ich schleiche mich dazu und bekomme gerade noch mit, wie einer der aufgebrachten Teutonen versucht, den Text auf englisch zu übersetzen, damit dem Portier auch klar wird, was er da durch das ganze Hotel jagt.

„Se Kant of mei Weif smells like se asshole of a pick!“

Ich muss mich zusammenreissen, um nicht vor Lachen laut aufzuschreien. Einer der Urlauber erklärt, dass die Musik überall im Hotel laufe und es eine Unverschämtheit sei, sogar im Restaurant beim Essen mit hunderten anderer Urlauber so einen Dreck hören zu müssen. Der Portier hat genug gehört und er deutet Klaus an, seine CD wieder mitnehmen zu dürfen. Alles sehr professionell, fast ängstlich und ohne Vorwürfe an uns. Wahrscheinlich hat er den Holzfuss gesehen und traut sich nicht, Klaus in Verlegenheit zu bringen, weil er ahnt, daß er selbst dann vielleicht eine Holzhand benötigt.

Wir beschließen, dem Spuk ein Ende zu machen und verlassen das Hotel, um uns am Strand Koks zu besorgen und ein paar Stripclubs abzuklappern. Letztes Jahr sind wir in alle Clubs ohne zu warten reingekommen, weil wir eine Strategie hatten, die sich bewährte. Wir waren zehn Leute, neun von uns in schwarzen Anzügen mit weissem Hemd und Krawatte, einer in Jeans und T-Shirt. Wir erklärten an der Kasse, daß es sich bei unserem Freund um einen Multimillionär aus Deutschland han- delt und wir seine Bodyguards seien. Man gewährte uns überall sofort Einlass und alle Getränke gingen jedesmal aufs Haus. Selbst auf der Tanzfläche bildeten wir neun einen Kreis, so dass unser Promi in der Mitte ungestört alleine tanzen konnte. Niemand hinterfragte das, die Geschäftsführer der Läden waren froh, einen echten Multimillionär in ihrem Club zu haben. Vollidioten.

Nach Stunden löst sich unsere Gruppe nach und nach auf, wir gehen in verschiedene Richtungen, einige von uns ins Hotel. Ein Kollege und ich in die Stripbar neben der Diskothek Bonkers, ein asozialer Schuppen, die Stripbude ist nicht besser. Wir bleiben nicht lange, zwei große, dunkelhaarige Mädels gehen voran und nehmen uns in ihr Stundenhotel mit. Zu viert liegen wir in dem speckigen Doppelbett und lassen das gleitgelgeschwängerte

Geratter der beiden lustlosen Urlaubsbeglückerinnen über uns ergehen. Als die eine ihr Handy nimmt und mit jemandem zu telefonieren beginnt, während sie auf mir reitet, habe ich genug. Ich schubse sie von mir runter, schmeisse ihr Handy vom Balkon und ziehe mich an, mein Kollege macht das Gleiche und wir verlassen das Hotel ohne zu bezahlen. Vor dem Verlassen des Zimmers schnipsen wir beide noch eine brennende Zigarette in das Bett. Eine dumme Idee. Wir verfolgten noch tagelang die Nachrichten, um zu checken, ob es Berichte über zwei verkohlte Nutten und ein abgebranntes Hotel zu sehen gab. Gab es nicht. Der nächste Morgen war grausam, alle hatten einen Schädel vom Saufen und niemand traute sich so richtig ins Sonnenlicht. Klaus und ich beschlossen also, an der dunklen Hotelbar Platz zu nehmen und anstelle des Frühstücks ein Konterbier zu trinken.

„Unglaublich, oder?“ fragte ich Klaus während ich versuchte, den Bierschaum aus meinem Bart zu lecken.

„Wos denn?“ sagte Klaus.

„Na, dieser Urlaub hier“ entgegnete ich. „Jahrelang sehen wir uns nicht und dann fahren wir auf einmal zusammen in Urlaub ohne etwas davon zu ahnen. Das ist doch ein unglaublicher Zufall, oder?“

Klaus trinkt einen tiefen Schluck aus seinem Bierglas, zeigt auf den Barkeeper und sagt:

„Hol uns noch zwoa Bier und i erzähl dir des Unglaublichste, des du je ghört hast!“

Gesagt, getan. Wir prosten uns zu, ich nehme eine Sitzposition ein, die bequem ist und Interesse an der Geschichte vorgaukelt und Klaus beginnt, mir seine Story zu erzählen…
Es war etwa 10 Jahre her, Klaus hatte gerade geerbt und genug Kohle, um sich mal eine Auszeit zu nehmen. Sein Traum war es, sich mit einem Motorrad durch Neuseeland zu fräsen und einfach mal für drei Monate nichts zu machen. Keine Tattootermine, kein Stress, keine Verpflichtungen. Klaus kaufte sich nach seiner Ankunft in Wellington eine alte Honda CB 900 „Bol d`Or" und machte sich auf den Weg, das echte, unverfälschte und wilde Neuseeland zu entdecken. Er hatte ein Zelt dabei und ein paar Sachen, die er für unverzichtbar hielt. Nach ein paar Tagen Fahrt durch mehr oder weniger große Städte und Dörfer, kam er endlich in die Gegenden, die er gesucht hatte. Menschenleere Gebiete von atemberaubender Schönheit mit natürlich gewachsenen Wäldern, Bergen und klaren Seen. So wie man es aus den Herr-der-Ringe-Filmen kennt, nur ohne die scheiss Zwerge und Zauberer.

Gegen Abend, Klaus hatte seit etwa hundert Kilometern keinen Menschen mehr gesehen, beschloss er, sein Motorrad zu parken und sein Zelt für eine Übernachtung aufzuschlagen. Er verliess also den Weg und rollte mit der Maschine in ein Waldstück, um eine geeignete Stelle zum Übernachten zu finden.
Als der Scheinwerfer des Motorrads erloschen war, bemerkte Klaus ein flackerndes Licht in einiger Entfernung, durch sein kleines Fernglas konnte er erkennen, daß es sich um eine Art Wagenburg handelte, die sich ein paar Aussteiger dort erbaut hatten, um der Gesellschaft und ihren Zwängen zu entfliehen. Er beschloss, dorthin zu fahren, um die Hippies nach etwas Gras zu fragen. Ein Tütchen jetzt so vor dem Schlafengehen am Lagerfeuer wäre jetzt genau das Richtige, dachte Klaus.

An der Wagenburg angekommen wurde er direkt von zwei unfreundlichen Punks begrüßt, die überhaupt keinen Bock auf einen Stadtmenschen hatten und ihn so schnell wie möglich wieder loswerden wollten. Klaus stellte sich höflich vor und erklärte sein Anliegen. Ob sie ihm etwas Gras verkaufen könnten, nur für ein Tütchen, bat er sie.

Die Punks sahen sich kurz an, der eine rollte genervt mit den Augen und nickte seinem Kumpel zu. Klaus folgte ihnen zu einem alten Bauwagen, dessen Tür weit offen stand. Als er ihn betrat, konnte er nicht fassen, was er dort vorfand.

Die ganze Bude sah aus, als hätte jemand eine Handgranate dort hinein geworfen. Jeder Messi hätte sich sofort zu Hause gefühlt, denn alles war durcheinander geworfen und überall stapelte sich Müll verschiedenster Herkunft. Das einzig ordentliche in diesem Bauwagen aus der Hölle war ein Bilderrahmen, der ordentlich und mittig an der Stirnseite der Behausung aufgehängt war. Das Glas des Rahmens war spiegelblank geputzt und das Bild darin wirkte durch die surreale Umgebung wie eine Art Altar. Klaus ging langsam auf das Bild zu und erstarrte.

In diesem Bilderrahmen, auf diesem Bild war ein Foto aus einer Tattoozeitschrift, das fein säuberlich ausgeschnitten und gerahmt worden war. Auf dem Foto sah man einen tätowierten Rücken, auf dem ein riesiger Drache zu sehen war. Groß, bunt und majestätisch schlängelte sich der Drachen von einem Schulterblatt quer über den ganzen Rücken bis zum Arsch hinunter. Klaus musste schlucken und tief Luft holen. Er kannte dieses Tattoo. Er kannte diesen Rücken Es war sein eigener.

Klaus drehte sich zu den Punks und zeigte stumm und mit weit aufgerissenen Augen auf das Bild, während die Beiden lachten und sagten, daß das ihr Gott sei. Sie glauben nicht an Religion und so haben sie beschlossen, dieses Foto von diesem megageilen Rückentattoo zu ihrem Gott zu ernennen. Ob es ihm gefallen würde, fragte einer der beiden. Klaus zog seinen Pullover aus und drehte sich mit dem Rücken zu ihnen.

Klaus sagte, man hätte nur noch Schreie gehört und die Punks haben alle anderen Bewohner zusammengerufen. Man lag sich in den Armen, lachte und weinte vor Freude und Unglauben, hier 36.000 km von zu Hause entfernt auf das Unmögliche zu treffen. Klaus sagte, daß man sich wohl vorstellen könne, daß er nicht gezeltet, sondern in der Wagenburg übernachtet habe und daß er in dieser Nacht eine der heftigsten Parties seines Lebens gefeiert habe. Er blieb etwa eine Woche dort.

Klaus lehnt sich in der Polsterecke der Hotellobby nach vorne, sieht mir tief in die Augen und sagt:

„Des ist unglaublich…, net der scheiss Urlaub hiä, verstehst?“

Ich grinse, nicke ihm zu und trinke mein Bier aus. Heute Abend hat ein anderer Portier Dienst, der uns noch nicht kennt. Klaus geht auf sein Zimmer und holt die CD.

EL CONDOR PASA

Ich hasse Chuck Taylors. Diese Leinenturnschuhe, die nicht nur Scheisse aussehen, sondern auch noch extrem schädlich für die Füße sind, haben mir noch nie gefallen. Trotzdem hab ich welche. In Camouflagemuster. Sie sind halt praktisch und nehmen selbst im Handgepäck nicht zu viel Platz weg. Ich fliege gleich nach Hause, also nach Düsseldorf, was Gott sei Dank nicht mein Zuhause aber mein Flugziel ist. Die letzten Sandkörner schüttel ich aus den Chucks, packe sie in die blaue Ledertasche, die mein einziges Gepäck sein wird, und fahre mit meiner alten Freundin in Richtung Flughafen.

Wir haben uns vor zwanzig Jahren kennengelernt und uns seitdem nicht mehr gesehen. Letzte Woche hab ich sie dann auf Facebook entdeckt, irgendwo in der Freundesliste einer meiner Freundinnen hat mich ihr Name angesprungen. Wir schrieben uns vier, fünf Nachrichten hin und her, als sie anmerkte, daß sie mich jetzt gerne auf'nen Kaffe einladen würde um über die alten Zeiten zu quatschen, wenn sie nicht gerade auf Teneriffa leben würde.

Ich öffnete während des Chats einen neuen Tab und suchte nach Flügen auf die Kanareninsel. Nach etwa 20 Minuten hatte ich ein tolles Angebot entdeckt und fragte nochmal nach, ob sie die Einladung wirklich ernst meinte. Sie bejahte, ich buchte.
Acht Tage später ging mein Flieger der Germania-Air nach Teneriffa. Meinen Hund hatte ich bei meiner Schwiegermama verstaut, meine Wohnung wurde in der Zeit von einer befreundeten Fotografin als Kulisse für ein Fotoshooting benutzt und ich flog mal eben für drei Tage, von denen der letzte mein Geburtstag sein sollte, nach Teneriffa.

Germania-Air ist eine grausame Fluggesellschaft mit Beinfreiheit für Zwergwüchsige, beschissenem Essen, das an gehobelte Plastiktüte erinnert und extrem unfreundlichen Flugbegleitern. Ich will gar nicht näher darauf eingehen, ich plane meinen Anschlag im stillen Kämmerlein. Wie dem auch sei, ich hatte eine verdammt schöne Zeit dort, meine Bekannte und ich verstanden uns blendend, wir besuchten Vulkane, picknickten in Pinienwäldern und gingen mit ihrer 16jährigen, zuckersüßen Tochter und ihrem Freund essen.

Wir machten Hundespaziergänge, soffen in Piratenbars und Restaurants und kurz vor der Abreise ließ ich mich sogar noch in einem lokalen Studio tätowieren. Ein rundum gelungener Kurztrip mit Geburtstagsfeier bei 20 Grad während die Daheimgebliebenen in deutscher Kälte zittern mussten. Jetzt allerdings war der Trip zu Ende und ich musste nur noch meine Chucks säubern, um den Heimweg anzutreten.

Die Fahrt zum Flughafen geht schnell, ein paar Tomatenfelder später sind wir da und verabschieden uns. Sie geht nicht mehr mit in den Terminal, Abschiede liegen ihr nicht, sagt sie. Ich packe meinen Kram und gehe direkt in den Abflugbereich B, um einzuchecken.

„Hola…, äh, is it possible to get an Exit-Seat?“

Ich sehe der dunkelhaarigen Dame am Schalter tief in ihre braunen Augen. Sie lächelt. Kurz. Fast unmerklich. Dann sagt sie:

„No way, you are the last passenger for check-in, there are no Exit-Seats left.“

Ihr Blick senkt sich wieder auf den Monitor und ihre Hände rasseln über die abgenutzten Tasten, die an den Rändern den Schmutz ihrer Benutzer aufweisen. Sie stockt. Dann sieht sie mich verlegen an und erklärt mir in einem etwas abgefahrenen Gemisch aus Spanisch, Englisch und Deutsch, daß mein Sitzplatz an einen nachträglich hinzu gebuchten Fluggast vergeben wurde und sie nun keinen Platz mehr für mich frei hat.

Ich schlucke. Es waren ein paar wunderbare Tage, aber ich will nach Hause. Mein Hund, meine Bude, die Vorbereitungen auf meine Buchpremiere und natürlich die Arbeit, warten auf mich. Mich durchzucken Gedanken von schnell geleerten Schnapsgläsern, die ich mir heute Abend frustriert in einer Tapas-Bar nebeneinander aufreihen werde, um den Schmerz des versäumten Fluges zu betäuben. Ich hole tief Luft.

„Seniora, ich muss nach Hause. Ich habe Geburtstag und ich muss nach Hause. Bitte, ich habe diesen Flug gebucht und bezahlt, es kann doch nicht sein, dass sie meinen Platz jemand anderem geben, nur weil ich etwas später komme."

Die Seniora sieht mich lächelnd an, und bevor sie etwas sagt, sehe ich den Satz in ihren Augen, den ich gar nicht als Option auf dem Schirm hatte. Upgrade, Baby! Ihre jetzt wieder sehr geilen Augen rufen ihn mir zu. Upgrade, Baby.

Und ich Idiot dachte, das Flugzeug wäre voll. Ist es aber nicht. Okay, die Ruderabteilung im hinteren Teil der Condor-Galeere ist überbucht und abgefüllt, der vordere Bereich mit den Sitzreihen 1-10 allerdings gehört zur „Premium-Economy" und ist nur zu zwei Dritteln belegt. Ich muss grinsen, als die Seniora mir meine Bordkarte aushändigt und den ursprünglichen Platz in

Reihe 18 mit einem Condor-Kugelschreiber durchstreicht und darüber handschriftlich meinen neuen Platz vermerkt.

„Reihe 3, Platz C am Gang."

Sie zwinkert mir schelmisch zu und ich bedanke mich artig mit einer angedeuteten Verbeugung. Auf dem Weg zum Gate wird mein Flug aufgerufen und ich kann direkt bis zur wartenden Maschine durchlatschen. Die anderen Urlauber und ich warten artig, bis die Rollstuhlfahrer verstaut sind und gehen dann im Entenmarsch durch die Gangway in das Flugzeug. Zwei schwule Stewards empfangen mich an der Tür und deuten nach links, der Pöbel nach mir wird nach rechts geschickt. Ich grinse, als ich mich setze.

Die Sitzreihen sind ungefähr doppelt so weit voneinander entfernt wie die in der Germania-Maschine auf dem Hinflug und lassen mir die benötigte Beinfreiheit, die ich mir eigentlich durch den Exit-Seat erhofft hatte. Auf dem Sitz neben mir liegen Zeitungen und Geschenke, wie z.B. eine Wolldecke, ein wasserdichtes Kästchen mit Kopfhörern, Kugelschreiber, Reisezahnbürste mit Zahnpasta, Schlafmaske und aufblasbarer Nackenstütze.
Der Sitz neben mir bleibt frei, am Fenster setzt sich kurz vor dem Start noch ein adretter und freundlicher Versicherungsmensch mit Breitling und Oliver Peoples Brille zu mir, der mir die Flugzeit später noch mit Tipps zum nächsten Teneriffa-Urlaub und lustigen Geschichten zu seinem ungarischen Vorsteherhund, der im Gepäckraum drei Meter unter uns für 400€ extra mitfliegt, zu versüßen versteht.

Die Bildschirme klappen aus der Decke herunter und sind doppelt so groß, wie die Monitore im hinteren Bereich, es wird ein

Flugsicherheitsvideo gezeigt. Erst will ich nicht hinsehen, da ich diese ganze „Ausgänge hier, hier und hier-Scheisse“ schon auswendig kann, dann aber wird’s interessant.

Die Macher dieses Films wollten nämlich mal mit Humor an die Sache rangehen und so wird in dem Film jeder Teil der Aufklärung sehr überzogen mit slapstickartigen Parodien berühmter Personen verknüpft. Beim Erläutern der Sauerstoffmasken wird ein Marilyn Monroe Double gezeigt, die erst sich selbst hilft und dann die Maske ihrer etwa 10jährigen Begleitung, die ebenfalls wie Marilyn aussieht, überzieht. Charlie Chaplin zeigt mit seinem Krückstock auf die Notausgänge während Old Shatterhand seinem Sitznachbarn Winnetou aufgrund des Rauchverbotes die Friedenspfeife abnimmt und ihn mit einem Lächeln und erhobenem Zeigefinger abmahnt als ganz zum Schluss ein Astronaut in kompletter Montour von seinem Sitz aufsteht und verkündet:

„One small step for mankind, but a giant step for flightsafety!“

Ich muss lachen. Das ist echt irre. Könnte vielleicht die versteckte Kamera sein, zu meinem Geburtstag schon irgendwie seltsam. Dann die Durchsage, die das ganze Erlebnis perfekt macht. Die üblichen Hinweise zum Essen werden aufgezählt und danach gibt einer der Stewards über das Mikro bekannt, daß die Premium-Gäste gleich ein Menü serviert bekommen und alle, also auch die alkoholischen Getränke, kostenfrei für den gesamten Flug sind.
Ich klatsche einmal kurz in die Hände und bestätige die Befürchtungen meiner Mitreisenden, einer schweren Alkoholkrankheit verfallen zu sein.

Das Geilste an der Sache ist allerdings, daß die Mitreisenden in der Holzklasse das alles mitbekommen und natürlich auch nur ein paar Meter hinter uns sitzen. Zusammen gepfercht, ohne jegliche Beinfreiheit bestellen sie labberige Pasta, die sie bezahlen müssen und trinken Wasser, weil alles Alkoholische jenseits der 5,-€ Marke liegt und damit das Urlaubsbudget nach dem Besuch der Delphintour an der Küste Teneriffas überfordert wäre. Sie recken ihre empörten Köpfe über die Sitzreihen, um zu erspähen, wie ich meine Rindsroulade mit Fleischsalat, Kartoffeln, Brokkoli, eine Käseauswahl mit Weintrauben, Vollkornbrot ohne Kruste, ein Laugenbrötchen, ein Snickers und einen Schokoladenpudding mit Vanillesauce serviert bekomme und dazu einen Piccolo Fürst von Metternich bestelle.

Die Plastikgabeln rattern über die Pasta-Arrangements, die von der kochend heißen Alufolie schon matschig geworden sind, während ich mit silbernem Metallbesteck mein wirklich vorzügliches Essen verspeise und mir den Sekt schmecken lasse. Als ich beim Nachtisch angekommen bin, bemerke ich einen älteren Herrn, der an meinem Platz vorbeigeht und den Steward ziemlich ungehalten nach seinem Essen fragt, ich kann nicht alles verstehen, man merkt aber schon, daß der Opa hungrig und sauer ist. Warum auch immer. Pech gehabt, du Holzkopf, denke ich noch so bei mir, als der Steward seinen Blick von einer Liste hebt, zuerst das Schild über meinem Sitz und dann mich selbst ansieht. Er kommt auf mich zu und fragt:

„Entschuldigung, haben Sie diesen Premium-Sitz von Deutschland aus gebucht?“

Um mich herum wird es still, die Sitzreihen vor mir drehen sich nach mir um und warten gespannt auf eine Antwort, der hungrige Opa auch. Ich sage leise:

„Äh, nein…, ich würde gerade upgegradet weil dem Bodenpersonal ein Fehler unterlaufen ist. Hab ich was falsch gemacht?"

„Nein, nein, das ist natürlich nicht ihr Fehler, aber sie haben jetzt das Essen dieses Herrn bekommen und weil er in der letzten Reihe der Premiumklasse sitzt, ist er nun selbst leer ausgegangen. Außerdem muss ich Ihnen natürlich ab jetzt den Verzehr von alkoholischen Getränken in Rechnung stellen. Dieser Sekt geht noch auf uns, den nächsten müssen sie dann aber bezahlen."

Er sagt es so laut, daß alle Fluggäste inklusive des verhungernden Rentners dies mitbekommen und mich anstarren, um meine Reaktion abzuwarten. Ich bin wirklich peinlich berührt, hätte ich mich doch gerade noch weltmännisch im Kreise meiner elitären Mitreisenden aufgehalten, so war ich jetzt ein leistungserschleichender, tätowierter Eindringling, der sich seine Roulade und den Sprit ergaunert hatte. Ohne das zu wissen, aber immerhin. Ich entscheide mich für die Offensive, drehe mich zu dem Opa und sage:

„Danke schön für das ungewollte Geschenk, ich habe nämlich heute Geburtstag!"

Während der Rentner noch Luft holt, um zum Gegenschlag anzusetzen, brechen die beiden Reihen vor und hinter mir zusammen vor Lachen. Im Sitz hinter mir befindet sich eine übertrieben gebräunte, weißhaarige Frau Ende Sechzig, die meinen Oberarm streichelt und in derbstem kölnischen Akzent laut lachend ruft:

„Alles richtig gemacht, das haste dir verdient, Jüngelchen!"

Sie beginnt die ersten Worte des Geburtstagsständchens „Happy Birthday to you" und die umliegenden Sitzreihen stimmen mit ein, während der empörte eigentliche Rouladenbesitzer zu seinem Sitz stampft und von den beiden Steward mit Freigetränken, Gutscheinen und Entschuldigungen bombardiert wird. Ich muss laut lachen, stehe auf, proste den Anderen mit meinem Freisekt zu und verbeuge mich, bevor ich lächelnd zurück auf meinen Sitz sinke. Was für ein Tag, was für ein Urlaub, was für ein Flug.

Nach dem Essen bestelle ich für 25€ Piccolos und verteile sie an meinen Sitznachbarn und die Omi hinter mir, den Rest saufe ich selbst. Beinfreiheit, Spaß, Alkohol, belustigte Nachbarn, die mir nach jedem Toilettengang High-Five geben oder ein Auge zukneifen und die Gewissheit, daß ich morgen meinen Hund endlich wieder knutschen kann, sorgen für einen wohlig, warmen Schlaf unter der kostenfreien Wolldecke und der dazugehörigen Nackenrolle. Condor, du hast mich verzaubert.

One small step for mankind, but a giant step for my Wohlbefinden. Danke.

DIE RUHE NACH DEM STURM

Es ist noch dunkel draußen, als ich das erste Mal wach werde. Die Schmerzen sind stark und stechend, ich greife mir an die Brust, den Bauch, die Nieren. Alles tut mir weh, ich kann es gar nicht richtig lokalisieren oder beschreiben. Es fühlt sich an, wie eine Mischung aus einer nicht enden wollenden Blähung, die sich verkeilt hat und den Folgen eines festen Fußtritts in die Rippen.

Ich drehe mich von einer Seite auf die andere, stöhne und fluche in verschiedenen Lautstärken. Gestern hab ich noch gemütlich vor einer Kneipe im Dortmunder Norden gesessen und hatte neben drei Kronen Pils einen leckeren Salat mit gratiniertem Schafskäse, um den Abend abzuschließen. Dabei hätte ich's belassen sollen.

Hab ich aber nicht. Kurz nach 22.00 mache ich mich mit dem Fahrrad auf den Weg in die Hirschkuh, der letzte Ort, wo man an einem Dienstag um diese Uhrzeit noch an einem abgerockten Tresen sitzen kann, um sich mit Bier und Schnaps wegzuballern. In solchen Momenten bemerkt man erst wieder, dass Dortmund nur zahlenmäßig eine Großstadt ist und vergnügungstechnisch manchmal unter einer Kleinstadt im Sauerland rangiert.
Der Abend fing schon beschissen an, an der Tür zur Hirschkuh wird mir von einem volltrunkenen Idioten der Weg versperrt und ich muss ihm deutlich klarmachen, dass mir nicht nach Spielchen zumute ist und er mir nicht auf den Sack gehen soll. Die klare Ansage hat zwar Wirkung gezeigt, jedoch pimmelt das alkoholisierte Kleinhirn immer wieder um mich herum, um abzuchecken, ob er nicht doch noch einen Faustkampf mit mir

hinbekommt. Am Tresen bestelle ich Bier und Vodka und das alte Ritual beginnt.

Um das Ganze etwas abzukürzen, gegen halb eins morgens bin ich rabenvoll und schwinge mich auf mein Fahrrad in Richtung Nordstadt. Vorbei an geschlossenen Dönerbuden, geschlossenen Waschsalons, geschlossenen Shisha-Bars und geöffneten Gras-dealer-Hauseingängen, rolle ich in Schlangenlinien die Münsterstrasse herunter bis nach Hause. Man kennt die Abende, an denen man nicht mehr weiß, wie der Rest verlaufen ist. Bis zur Haustür erinnert man sich noch vage, der Zeitraum bis der Schlaf einem das Licht ausmacht, ist allerdings weg. Bei mir auch. Bis ich diese Schmerzen verspüre.

Kein Blut im Bett, also keine Stichwunde, obwohl es sich genau so anfühlt. Ich drehe mich ständig und schreie, bis der Punkt gekommen ist, an dem ich kapituliere. Ich will ins Krankenhaus. Irgendwas ist da kaputt in mir, wahrscheinlich der Magen oder der Schafskäse, oder was aus den Gläsern der letzten Nacht. Scheißegal, jemand muss mir helfen. Die Schmerzen sind unerträglich und werden schlimmer.

Langsam, fast wie in Zeitlupe, schleiche ich die letzten Stufen zum Haupteingang des Krankenhauses hoch. Meine Sicht verengt sich zunehmend, von Schritt zu Schritt, wie eine beschlagene Taucherbrille. Die letzte Stufe, die automatische Tür öffnet sich, ich schlurfe in T-Shirt und kurzer Hose in die Lobby, als mich ein Stich in der Magengegend zu Boden wirft.

Ich bekomme kaum noch Luft, bin kurzatmig und verdreh die Augen, während umstehende Besucher und Patienten mich in einem nicht zu erkennenden Stimmenwust ansprechen und mir Fragen stellen. Ich antworte mit einem langezogenen, leidenden

„Auaaaa!“

Ein, aus drei hübschen, jungen Mädels bestehendes, Notfallteam findet sich in der Lobby ein und redet mir gut zu. Ich bekomme noch auf dem Fußboden liegend einen Zugang gelegt und werde auf eine Trage gehievt. Im Vorbeigehen erkundigt sich eine Ärztin nach mir und ich bekomme mit, wie sie sagt:

„Ist der hier zusammen geklappt oder ist der besoffen?“

Ich würde ihr gerne sagen, dass ich gestern ihre Mutter gebumst habe und mir deswegen jetzt noch schlecht ist, aber mein Zustand lässt das nicht zu. Eigentlich habe ich gar nichts gedacht. Ich glaube, ich habe gelächelt. Etwas verzerrt gelächelt, weil es so typisch war.
Dreieinhalb Stunden im Schockraum der Notaufnahme mit Clip an meinem Finger, Infusion in meinem Arm und einem dauernden Piepgeräusch in meinen Ohren.

Piep_Piep_Piep. Das Feld „Apnoe“ leuchtet immer wieder auf dem Monitor auf und nervt nach einer Stunde so gewaltig, dass es mir langsam auch egal ist, ob ich atme oder nicht.
Die chinesische Unfallärztin sagt mir ganz klar, dass meine Werte nicht gut aussehen, sie will aber nochmal eine Internistin zu mir schicken. Ich bedanke mich auf chinesisch und sie grinst über ihre Schulter, als sie den Behandlungsraum verlässt. Alle sind supernett und machen einen sehr kompetenten, professionellen Eindruck. Bewundernswert, bei dem Menschenschrott, den sie hier täglich verarzten müssen. Selbst bei mir, dem vollta-

towierten Kernassi, der in der Lobby zusammenbricht und nach Restalkohol riecht, ist jeder freundlich und höflich, lächelt und beruhigt mich auf eine nicht überhebliche, freundschaftliche Art.

Die Internistin sieht aus wie ein indisches Fotomodell und stellt sich vor meine Behandlungsliege. Ihre dunkel geschminkten Augen sehen mich durchdringend an und sie sagt in einem Ton, der bestimmter nicht sein könnte, dass es sich bei den Werten, die angeblich nicht gut aussehen, um meine Bauschpeicheldrüsenwerte handelt. Ihre Augen verengen sich als sie mich fragt, ob ich viel Stress habe, mich schlecht ernähre, viel rauche oder trinke.

„Ja!" sage ich.

Ist ja auch so. Alles, was sie sagt…, ich bin der, von dem sie redet. Ich hab Stress mit den drei bis vier Jobs, die meine Maschine am Laufen halten. Ich fresse eigentlich täglich mindestens einmal etwas, das die Bezeichnung Essen nur bedingt verdient und erst durch Ketchup erträglich wird. Ich rauche etwa zwanzig Gitanes oder Rot-Händle am Tag und ich saufe. Ich saufe nicht wie ein Alkoholiker, obwohl ich medizinisch mit Sicherheit einer bin.

Ich saufe halt. Ich mag Bier, Wein, Whiskey, Vodka und viele andere tolle Sachen.
Ich mag sie am Wochenende, zur Belohnung nach Feierabend, zu einem guten Essen, nach einem schlechten Essen und wenn ich frustriert bin. Ich saufe in Gesellschaft und alleine, ich saufe auf der Terrasse, in der Kneipe, im Restaurant, bei Parties, auf Geburtstagen, Volksfesten, Hochzeiten und vor, während und nach abgeschlossenen Projekten.

Ich stehe nicht morgens auf und zittere oder brauche einen Liter Rotwein aus'm Tetrapak, den ich hinter den T-Shirts im Kleiderschrank verstecke und auf Ex trinke, um den Tag beginnen zu können. Ich saufe gerne. Ich mag es, besoffen zu sein. Das angeduselte Gefühl, die lakonische, manchmal gleichgültige Leichtfüssigkeit und die Gedanken, die mir in solchen Momenten kommen. Ich mag es einfach.
Sicher kann ich auch ohne. Natürlich. Wenn ich will. Die Internistin sagt, es gehe hier nicht mehr um Wollen. Ich muss!

So deutlich hat mir das noch niemand gesagt, das hat gesessen. Ich sehe auf den Boden, gedankenverloren. Kann ich das wirklich? Nicht rauchen, nicht saufen und die Ernährung umstellen? Womöglich noch Sport machen. Ich weiß es nicht, hab's ja auch noch nie ausprobiert.

Jetzt sollte der Moment gekommen sein, an dem ich es ausprobieren werde. Sicher. Ich kann mir zwar nicht vorstellen, wie das ist, aber ich werde jetzt und hier aufhören zu rauchen. Das ist der erste Schritt. Das Saufen schränke ich nur ein, aufhören ist undenkbar. Zwei Wochen gar nicht und dann mal sehen, wie hoch die Dosis sein muss. Da fangen die Einschränkungen der Willenskraft schon an. Ich lass es einfach mal auf mich zukommen.

Wichtiger ist die Begegnung, die mir die Entzündung ermöglicht hat. Ich lag im Johanneshospital mit zwei älteren Herren auf einem Dreibettzimmer. Was sonst eigentlich der Albtraum eines jeden Patienten in meinem Alter wäre, entpuppte sich schnell als Erfahrung, die ich im Regal unter „Gewinnbringend" ablegen würde.

Franz, ein Dortmunder Einwanderer aus Wiesbaden und Bernd, ein Kaninchenzüchter aus dem Hombruch, verkürzten mir meine Zeit im Hospital und sorgten für eine Atmosphäre, die ich eher mit einem Kneipentresen in Verbindung gebracht hätte. Wir redeten über Reisen, über Herkunft und Verwurzelung, über Besonderheiten von Mitmenschen und über Politik, Kunst und den verfickten Alltag mit Sorgen, Krankheiten und dem großen Thema Liebe. Jeder auf seine Art, mit seiner Perspektive und mit einer Ehrlichkeit, die man Unbekannten normalerweise nicht entgegenbringen würde.

Ich fühlte mich wohl in diesem Zimmer, trotz kleinerer Frotzeleien meiner Bettnachbarn, als sie erfuhren, dass ich schreibe. Den „Intellektuellen" in Bett 1, nannten die beiden mich öfter. Aber auch Zuspruch bekam ich ab, zum Beispiel als ich zur Magenspiegelung musste und meinen Unmut und meine Besorgnis darüber laut äußerte.

„Dat is doch kein Dingen mehr heutzutage, das macht hier der Pförtner!" sagte Franz in einwandfreiem Ruhrpottslang, den er sich im Laufe seiner Wohnzeit in Kirchhörde angeeignet hatte.

Bernd wurde sogar in seinem Krankenbett, vor unseren Augen, die Lunge punktiert und mit einer riesigen Spritze zog die Ärztin unter unserem Staunen über eineinhalb Liter gelbliches Wasser aus seiner Lunge.

Bernd sagte, dat man dat kaum fühlt. Bernd redete nur wenig und sehr angestrengt, da seine Stimmbänder sich aufgrund einer Entzündung parallel zum Lungenkrebs, verabschiedet hatten. Wenn er von seinem Schäferhund erzählte, der nur mit einem Leberwurstschnittchen in seinen Zwinger gelockt werden

konnte, leuchteten seine Augen und er holte nach jedem Satz tief Luft, um sich für den nächsten Satz zu bewaffnen.
Franz hatte Verdacht auf Prostatakrebs, er musste zur Leberpunktion und hatte sicher schon etliche andere Untersuchungen hinter sich. Trotzdem hatten die beiden, also Bernd und Franz, das Feuer noch in den Augen.

Das Feuer, das ich beim ersten Krampf im Bauch, der mich zu Boden zwang, verloren hatte und dachte, dass ich sterben muss und dass das das Schlimmste wäre, was einen erwarten kann. Ist es nicht. Manche gehen früh, andere später. Manche zu früh, andere viel zu spät. Manche Leben vorsichtig, manche geben Vollgas. Aber eins haben wir alle gemeinsam.

Wir haben gelebt. Gute Sache das. Ich bin jetzt übrigens seit drei Wochen rauchfrei, inklusive eines kleinen Rückfalls. Aber nur ein ganz kleiner. Ich hab Bock auf ein paar weitere Jahre. Nicht weil ich nicht so früh sterben will, sondern weil ich die Ruhe, die Franz und Bernd haben, noch bei mir selbst miterleben möchte.

APOKALYPTUSBONBON

Meine Fresse! Patatas Brava sind echt lecker, mit dem Knoblauchanteil verliert man allerdings alle Freunde für die kommenden drei Tage. Die ölige Suppe, in der sie liegen und mich anlächeln wird gierig von meinem Weißbrot aufgesaugt und wärmt mir die glänzenden Fingerkuppen, bevor der olfaktorische Nahkampf in meinem Mund verschwindet. Ich grinse. Essen ist was richtig Gutes. Mir fallen außer Ficken, Trinken und feuchtem Klopapier wenig Dinge ein, die mich so debil lächeln lassen.

Das Restaurant ist eine Tapas-Bar. Nicht diese supermodern beleuchteten Yuppieläden, in denen es Gletscherwasser für acht Euro gibt und die Kellner so Sachen sagen, wie:
„Hi there, mein Name ist Paul-Johann-Maria und ich sorge heute für euer leibliches Wohl"
Nein, so ein ganz gemütlicher, schammeliger Laden mit Senseo-Kaffemaschine für die Angestellten und einem hässlichen, grün gefliesten Waschraum für die Gäste. Ein Laden mit Wandschmuck, der Augenkrebs verursacht und trotzdem superleckeres Essen anbietet, das eine übergewichtige Spanierin verschwitzt und sachkundig im Hinterzimmer zubereitet. Ich gurgel mit dem leicht säuerlichen, unterkühlten Weißwein die letzten Speisereste hinunter, als mein Blick durch das Restaurant schweift.

An den anderen Tischen sitzen Afterwork-Kollegen, Liebespärchen und stumme Ehepartner, die den vollen Mund als Legitimation nutzen, überhaupt nicht mehr miteinander kommunizieren zu müssen. Aber auch die anderen Gäste reden recht wenig miteinander. Ich höre kein Gemurmel, keine Tuscheleien oder leises Lachen, es ist fast gespenstisch still. Es liegt nicht am guten Essen, das die Gäste von Unterhaltungen abhält, es ist.... ihr Smartphone.

Bis auf ein paar Ausnahmen haben alle ein vom Display beleuchtetes Gesicht. Sie starren nach unten, lächeln, tippen, wischen über ihren batteriebetriebenen Begleiter, der ab und an verzückt summt, vibriert oder leise klingelt. Niemand unterhält sich mit seinem fleischlichen Gegenüber, niemand streichelt die Hand seines Partners auf der Tischdecke liegend oder berührt mit dem Fuß unter dem Tisch das Bein des Anderen. Keine Liebkosungen, keine Herrenwitze, keine Trinksprüche. Nur Zombies mit 64 Gigabyte Speicherkapazität.

Ich hab mein Handy auch dabei, es liegt mit dem Display nach unten neben meinem Weinglas und ist auf lautlos gestellt. Ohne das Ding gehe ich nicht mehr aus dem Haus. Nie. Ich nehme es zum Kacken mit aufs Klo, zum Hundespaziergang, ins Pornokino und ich mache sogar Selfies von mir und dem Grab meiner Eltern beim jährlichen Friedhofsbesuch. Mein Handy ist mein Freund. Ein asozialer Freund, der mich hemmt und gesellschaftlich ausgrenzt, aber ein Freund. Mein Freund sagt mir, wer mich in eine WhatsApp Gruppe eingeladen hat, ob mein Facebookprofilfoto auch anderen außer mir gefällt und wer beim Quizduell tatsächlich noch dämlicher ist, als ich selbst. Mein Freund weckt mich morgens, erinnert mich an Geburtstage und informiert mich über das Wetter, ohne aus dem Fenster sehen zu müssen.

Meine Fotos überzieht mein Freund mit verschiedenen Filtern und Effekten und Emails erreichen mich unter den seltsamsten Umständen, wie zum Beispiel bei einem Festival auf dem Dixieklo. Mein smarter Freund benachrichtigt mich wenn über

Foursquare wenn Herr Drees im Westpark Bier säuft und mein Freund versendet Bilder von meinem Schwanz an Frauen aus der ganzen Welt. Wer hätte das gedacht? Damals!

Damals, als man noch mit dem roten Plastikklotz der Eltern telefonieren musste. Die Schnur aufgerollt über dem Arm, verschwand ich in meinem Kinderzimmer, damit niemand im Wohnzimmer mithören konnte. Verließ man das Haus, musste man eine der gelben Kisten suchen, die dreißig Pfennig schluckten und schwenkbare und halb verbrannte Telefonbücher beherbergten.

Heute sehen Telefonzellen aus wie Wahlkabinen im Jahr 2034 und sind wesentlich seltener zu finden. Wie viele Tage ich wohl zusammen gerechnet damit verbracht habe, die verdrehte Schnur des Hörers zu entwirren, nachdem ich mit Freunden von zu Hause aus telefoniert habe. Heute ist das anders.

Alle, wirklich alle, sitzen, stehen oder laufen mit ihrem Telefon oder Tablet durch die Gegend und starren apathisch auf die neuesten Tweets, Mails und Posts. Wie Zombies. Elektro-Zombies. Ich stecke mir eine vor Fett triefende Dattel im Speckmantel in den Mund und stelle mir vor, wie diese Untoten nach dem Restaurantbesuch stöhnend, die Arme nach vorne streckend, durch Dortmund wandern. Auf der Suche nach Gehirn und kostenlosem W-Lan. Was wäre eigentlich, wenn es wirklich Zombies geben würde, wenn wirklich eine Apokalypse der lebenden Toten drohen würde, wenn man ernsthaft kämpfen müsste, um zu überleben?

Ich bin seit Jahren ein großer Fan von Endzeitfilmen, die Vorstellung, nach einem Chemiesupergau, einem Atomkrieg oder einem seuchenbringenden Virus, auf sich selbst gestellt zu sein und das eigene Überleben plus das, deiner Lieben, mit allen Mitteln zu erhalten, hat mich schon immer umgetrieben. Freunde von mir haben im Wohnzimmer so eine Art Holzkasten mit Glasscheibe an der Wand hängen, unter dem ein Schild sagt: „In case of zombies break glass“

Dieser Kasten ist etwa ein Meter mal fünfzig Zentimeter groß und hinter der Glasscheibe befindet sich eine Axt, ein Verbandskasten, ein Jagdmesser, eine Flasche Whiskey und ein fetter Joint. Ich weiß nicht genau, ob ich unbedingt bekifft sein möchte, wenn ich im Laufschritt mit einer abgesägten Schrotflinte über den Westenhellweg in Dortmund renne, um sabbernden Gehirnfressern zu entkommen. Wahrscheinlich schon.

Hat das Licht in der Tapasbar gerade geflackert? Es kommt mir trüber vor als vorhin. Ich sehe vom Weissburgunder beduselt an die Decke und stelle mir vor, wie die Dortmunder Zombieapokalypse wohl in Wirklichkeit ablaufen würde…

9:23 Uhr, der Radiowecker bimmelt mich aus meinem feuchten Traum, als der Moderator der Frühstückssendung seine flachen Wortwitze unterbricht, um eine Sondermeldung zu verkünden.

„Achtung, dies ist ein Aufruf des Bundesseuchenamtes. Bitte bewahren Sie Ruhe und folgen Sie den Anweisungen. Ein Virus unbekannter Herkunft sorgt seit heute Nacht für drastische Veränderungen innerhalb unserer Gemeinschaft. Vermeintlich tote Personen stehen wieder auf und greifen die Lebenden an. Das Virus wird durch Bisse übertragen und ist von hoher Gefährlichkeit. Bitte bleiben sie in ihren Wohnungen und Häusern und vermeiden Sie Kontakt zu anderen Menschen, die ihnen irgend-

wie auffällig erscheinen. Lassen Sie ihr Radio eingeschaltet und warten Sie auf weitere Instruktionen"
Ich schrecke hoch und vervollständige in meinem Kopf den Aufruf des Radiomoderators mit dem Satz:

„They can only be stopped by removing the head or destroying the brain!"

Beim Aufstehen räume ich versehentlich mit meiner Morgenerektion zwei leere Flaschen Kronen Pils von der Fensterbank und stürme ins Bad. Kurz waschen, Zähne putzen und dann an den Rechner. Die Facebookseite öffnet sich sehr langsam, die Server scheinen überlastet. In meiner Timeline sehe ich die ersten Posts und Bilder von Freunden und Bekannten, zuerst aber die von engen Freunden. Ein Ausdruck, der mich immer etwas horny macht.

Mein Kumpel Pierre hat sich dabei gefilmt, wie er mit seinem Rad durch eine Horde Zombies fährt und dabei einige von ihnen mit einem Poloschläger am Kopf trifft. Sieben Leuten gefällt das, Perkovitch kommentiert das Video mit den Worten „Läuft bei Dir!"
Darunter ein Beitrag aus der VICE mit dem Titel „Zombiesperma macht behindert". Ich lache kurz über die Kommentare unter dem Artikel, die den Verfasser als beschissenen Zombiehipster beschimpfen und ankündigen, dass sie die Seite der VICE entliken werden.

Weiter unten dann ein Foto von einem Infizierten, meinen Freund Moppel hats anscheinend erwischt, er war aber noch in der Lage während seiner Verwandlung ein Bild von seinem Mittagessen zu machen, seinem Nachbarn, der hübsch angerichtet und mit etwas Basilikum verziert im Hausflur liegt. Ich bin kurz davor „Gönn Dir!" unter das Foto zu posten, lasse es dann aber doch, da er es wahrscheinlich nicht mehr lesen wird.

Als ich ein paar Duckface-Zombie-Selfies wegklicke, erreicht mich eine Veranstaltungseinladung von Nabil zur Night of the drinkin' dead in Köln. Ich bin interessiert und sage meine Teilnahme zu.

Oh, eine persönliche Nachricht von Alex aus Hörde. Er schreibt:

„Aaaaaaaargggggghhhhhh grmmmmmmmmpf hrrrrrrrrrrrrrrrk"

Schade, er war einer von den Guten.

Ich seufze, entferne ihn aus meiner Freundesliste und schreibe einen Post:
„Wer meint, mir mit Zombie-Gelaber auf den Sack gehen zu müssen, kann sich direkt aus meiner Liste löschen. Ihr nervt!"

Zweiundzwanzig Leuten gefällt das. Ich lösche noch jemanden aus meiner Liste, der seine Teilnahme an einer PEGIDA-Demo bestätigt hat, also „Patriotische Einzeller gegen die Infizierung des Abendlandes", und sehe über den leuchtenden Monitor hinweg aus dem Fenster. Die Mutti aus dem Haus gegenüber steht auf dem Balkon und blutet aus den Augen, verdammt, es sieht wirklich so aus, als würde es ernst. Ich weiß, dass es nicht ratsam wäre, das Haus zu verlassen, aber ich muss irgendwie zur Werkstatt, in der mein Motorrad steht. Es ist eine alte Yamaha SR500, die perfekte Einzylindermaschine mit Endzeitcharakter, um durch die Apokalypse zu ballern. Also raus aus der Nordstadt und ab in die Werkstatt.

Das Wetter ist eher trocken, ich entscheide mich trotzdem für die schweren Stiefel und eine schwarze Armeehose, dazu meine Lederjacke zur Abwehr gegen Bisse. Langsam taste ich mich durch den Hausflur in den Innenhof, ein Blick nach rechts, ein Blick nach links, alles in Ordnung. Das gleiche Spiel dann nochmal bevor es auf die Straße geht. Alles sieht aus wie immer. Überall liegt Müll rum, BvB Fahnen hängen aus den Fenstern der Nachbarn und flattern traurig im lauen Wind, eine junge, rumänische Frau knabbert an ihrem Ehemann während sein tiefschwarzer Schnurrbart wie die Borussiafahnen hin und her weht.

Ich schleiche mich an ihnen vorbei ohne mich bemerkbar zu machen und komme auf die Hauptstraße, die vollkommen leer ist. Nichts. Nichts und niemand. Keine Menschen, keine Autos, nicht mal Tauben, und das soll schon was heißen. Weit entfernt hört man einen Hund bellen, kurz darauf ein helles Jaulen, dann kein Bellen mehr. Ich versuche, nicht daran zu denken, was da wohl passiert sein könnte und renne bis zur nächsten Straßenecke.

Hier trifft die Münsterstrasse auf die Mallinckrodtstrasse, auch alles wie ausgestorben. Einer der schwarzafrikanischen Grasdealer, der immer so nett grüßt, wenn ich früher vom portugiesischen Restaurant nach Hause gegangen bin, liegt neben einer Bank auf dem Boden. Seine Eingeweide hängen aus seinem offenen Bauch und sein Gesicht scheint eingeschlagen worden zu sein, jemand wollte wohl auf Nummer sicher gehen. Ich pirsche mich vorsichtig an ihn heran, piekse mit einem Stock zwei- dreimal in seinen Oberschenkel, um zu sehen, ob er vielleicht doch noch lebt. Er lebt definitiv nicht mehr und ich taste vorsichtig seine Hosentaschen ab. Drei kleine Tütchen Gras hat er noch dabei, ich bedanke mich artig, lange Blättchen hab ich selbst, ich laufe rüber zur Münsterstrasse.

Verdammt, ich habe so einen Hunger, ich könnte ein Pferd fressen. Mit solchen Äußerungen sollte man jetzt allerdings vorsichtig sein, denn irgend jemand hat heute sicherlich schon ein Pferd gefressen. Ich will mir gar nicht vorstellen, wie es im Sauerland aussieht. Jetzt werden da sicher die Tiere wie Schweine, Pferde und Schafe lebendig gefressen und nicht nur gefickt. Aber das soll nicht mein Problem sein.

Langsam gehe ich mit wachem Blick die Münsterstrasse hoch bis zum Sex-Shop. „Heute nicht“, denke ich so bei mir und gehe in die nächste Tür zu Ernie. Diese alte Kneipe ist schon oft ein rettender Hafen für mich gewesen, besonders wenn es mir dreckig ging, bin ich hier eingekehrt. Wanda, meine Hündin, legte sich dann immer vor dem Tresen auf die siffigen Fliesen, während ich auf den gusseisernen Barhockern mit den alten Holzsitzflächen Platz nahm und meine trockenen Lippen sich an der Flasche Siegel-Pils festsaugten.

Zwei oder drei andere Modernisierungsverlierer saßen immer mit am Tresen und schockten oder quatschten einfach nur mit Jupp oder Ute über Gott und die Welt. Heute nicht. Der Laden ist leer. Bis auf Ute ist niemand zu sehen, die Jukebox spielt „Sailing“ von Rod Stewart und der vertraute Geruch von Urin weht aus dem hinteren Teil der Toiletten zu mir nach vorn.

Mit ihrer leicht lispelnden, verrauchten Stimme krächzt sie mir zu:

„Sascha, Schätzelein, ich wollt dir gerade schon den Koteletthammer an die Birne werfen, hasse nomma Glück gehabt, da draußen sind heute nur Bekloppte unterwegs. Vorhin wollte mich der BvB-Tobi beißen. Gut, daß er keine Zähne mehr im Hals hat. Jetzt liegt er hinten im Hof. Wie isset dir? Siegel-Pils und Wodka?"

„Nee, Ute, lass gut sein, ich muss mein Mopped abholen und nach meiner Familie sehen. Da wären Schnaps und Bier wohl eher unangemessen, oder?"

Ute zieht eine Augenbraue hoch und stellt mir das Gedeck auf den Tresen, dessen grüne Resopalplatte sicher schon bessere Zeiten erlebt hat.

„Ich nehm' Beehlies, woh?!" raunt sie hinterher.

Sie betont den Namen dieses klebrigen Kaffelikörs immer so pottmässig, daß ich mir das Lachen nicht verkneifen kann und ihr beipflichtend zunicke. Wir stoßen an, ich trinke aus und verabschiede mich. Ute kann ich getrost alleine lassen, wenn sich jemand zu helfen weiß, dann Ute.

Vorsichtig öffne ich die quietschende Tür mit dem frischen Bild von Rookie darauf und sehe mich um. Niemand zu sehen. Gegenüber liegt jemand ohne Beine und mit eingehauener Rübe im Gras, ich gehe rüber und sehe, daß er eine Schrotflinte in den Händen hält. Sauber!

Mit der Plempe im Arm wage ich mich vorsichtig in die Innenstadt, die Brückstrasse. Sonst jeden Tag voller Zombies, sehe ich heute nicht eine einzige Gestalt rumlaufen, das ist seltsam. Als ich am Platz von Leeds ankomme, höre ich ein schlurfendes Geräusch und drehe mich schnell nach links. Direkt vor mir steht ein Mädel mit fettigen Haaren und geröteten Augen, das gerade aus dem Leeds Pub gekommen sein muss. Reflexartig reiße ich die Schrotflinte hoch und schieße ihr das Gesicht weg. Mit einem dumpfen Klatschen fällt sie nach hinten auf den Boden und bleibt regungslos liegen. Sie war gar kein Zombie aber sie hatte Ballerinas an, das ist ja wohl Grund genug.

„Das hast du davon!" schreie ich sie an und renne weiter, da ich Angst habe, durch den Schuss noch mehr Ärger anzulocken.

Es ist nicht mehr weit bis zur Werkstatt, nur noch ein paar hundert Meter und ich kann auf dem Donnerhobel zu meiner Familie fahren und mich davon überzeugen, daß es Ihnen gut geht. Das Tor zum Hof der Werkstatt steht einen Spalt offen, das ist nicht gut. Trotzdem schleiche ich mich vorsichtig hinein. Eine Patrone habe ich noch in der doppelläufigen Flinte nachdem ich der Ballerina-Schlampe einen Tunnel in den Helm geballert habe, also wachsam sein und nichts verschwenden.

Ich öffne die kleine, metallene Tür mit den abgeknibbelten Castrol-Aufklebern und da sehe ich sie vor mir. Meine geliebte Yamaha SR500. Sie ist in einem hässlichen Grünmetallic lackiert, das einzige Manko, wenn das hier vorbei ist, werde ich sie mausgrau machen lassen und irgendeinen Zombiekiller-Schwachsinns-Schriftzug auf den Tank kleben. Ich öffne die Tür und schiebe das Mopped vorsichtig auf den Hof, nach dem dritten Antreten springt sie an. Ok, sie muss repariert worden sein, das Glück hatte ich noch nie. Ich stecke die Schrotflinte in den Nacken meiner Jacke, fahre langsam auf das Tor zu und trete es mit einem Fuß auf.

Der Gashahn schlägt am Ende an, als ich die Kupplung kommen lasse und die Straße entlang rase. Zweiter Gang, dritter Gang, vierter Gang, ich bin raus aus diesem Dreck, ich hab's geschafft. Jetzt kann mir keiner mehr was.

„Möchten Sie noch ein Glas Wein?"

Der Kellner schreckt zurück als ich versuche, ruckartig die Schrotflinte aus meinem Nacken zu ziehen und sieht mich entsetzt an. Dann bemerke ich, daß ich beim Spanier sitze und in Gedanken ein klein wenig abgeschweift zu sein scheine. Ich entschuldige mich bei dem verwirrt aussehenden Kellner, bestelle einen weiteren Weissburgunder und setze mich aufrecht hin. Ich bin nass geschwitzt und meine Hände zittern.

Der Kellner bringt den Wein, ich nehme einen tiefen Schluck und drehe mein Handy um, so das ich auf das Display sehen kann. Vierzehn Anrufe in Abwesenheit von meinen Brüdern, eine Spieleanfrage zu Candy Crush und eine Whats-App Nachricht, daß ich zu der Gruppe „Apokalypse now" hinzugefügt wurde. Entweder bin ich also zu einem Filmabend mit Marlon Brando Klassikern eingeladen oder es geht ab.

Ich schnappe mir meinen Motorradhelm und verlange nach der Rechnung. Verdammt, ich werde zu alt für diesen Scheiß.

SAFETY DANCE

Wir sitzen vor dem TV, es läuft. Es läuft gut für uns. Obwohl Phillip Lahm, der Klassensprecher, gesagt hat, dass er nächstes Jahr nicht mehr am Turnunterricht teilnehmen wird. Das trifft uns. Das trifft uns richtig hart.

Schon komisch, wie sehr uns solche Sachen mitnehmen. Wir trauern. Wir trauern um Menschen, die wir nicht kennen. Nicht um alle. Und nicht mal um die, die sterben. Wir trauern um die, die uns verlassen, die unsere Welt verlassen, die wir uns aufgebaut haben. Das ist nicht die Welt, die wir kennen, sondern die Welt, die wir vorgesetzt bekommen.

Vorgesetzt durch Fernsehen und Zeitungen, vorgesetzt durch Meinungen anderer und Bilder der Chefredakteure, die uns dafür fähig erachten, das zu ertragen, was sie uns präsentieren. Schlagzeilen rahmen sie ein, Schlagzeilen in einer dramatischen Typografie in Größe 144Punkt. Wir lesen sie nicht, wir schlucken. Wir saugen alles auf und wenn uns jemand was anderes präsentiert als die verordneten Dinge, schreien wir „Fake!"

Flugzeugabstürze sind langweilig. Alles schon gehabt. Alles schon gesehen. Wenn keine Livebilder vom iPhone dazu auf Youtube erhältlich sind, schalten wir eh schon gedanklich ab. Wir brauchen definitiv eine direkte Verbindung um Empathie aufzubauen.

Bei Weltmeisterschaften bedarf es nicht viel, wir brauchen nur ein „Wir", ein gemeinsames, kollektives Empfinden einer Zugehörigkeit. Nationalstolz, Nationalbewusstsein, was auch immer. Nennt es, wie ihr wollt, aber es ist eine erfundene Zugehörigkeit, ein erzwungenes Dabeisein, ein ausgedachtes Event, an dem wir teilnehmen.

Man kann nicht stolz sein, Deutscher zu sein, man kann nicht stolz sein, Türke zu sein, man kann nicht stolz sein, Amerikaner zu sein. Nationalität ist Zufall. Stolz hat etwas mit Errungenschaften zu tun, mit etwas, das man erreicht hat, das man geschafft hat. Ein Aufnäher für die Bomberjacke, auf dem steht „Ich bin stolz, meinen Hauptschulabschluss geschafft zu haben!", würde Sinn ergeben.

Wir können stolz sein, eine schwierige Aufgabe bewältigt zu haben, wir können stolz sein, Dinge erreicht, erledigt oder geschafft zu haben aber wir können nicht stolz sein, Deutsche zu sein. Das ist ein verdammter Zufall, nicht mehr und nicht weniger. Wir haben einen Scheiss dazu beigetragen. Wenn meine Eltern zufällig neun Monate vor ihrem Urlaub in Mosambique gefickt hätten und ich da zur Welt gekommen wäre, könnte ich heute mit meinem weißen Arsch vor dem Fernseher sitzen und wäre stolzer Afrikaner. Schwachsinn.

Warum sind wir dann nicht ebenso stolz, Menschen zu sein. Der Flugzeugabsturz bohrt sich nicht nur in den Boden der Ukraine sondern auch direkt wieder in mein Gehirn. Bei solchen Unglücken ist das Nationalbewusstsein wieder voll da. Opfer werden nicht nur einfach erwähnt, sie werden aufgeteilt in Nationalitäten.

„Bei dem Absturz am Donnerstag waren alle 283 Passagiere und 15 Besatzungsmitglieder der Malaysia-Airlines-Boeing ums Leben gekommen – unter ihnen 193 Niederländer und vier deutsche Frauen."

Die Bildzeitung sagte, dass auch Amerikaner dabei waren…, die sind ja bekanntlich mehr wert, als alle anderen Opfer auf der Welt, deswegen zählen sie schon gleich doppelt. Da ist man dann solidarisch.

Verdammt, so viele Deutsche und Amerikaner waren dabei und auf dem Cover der Bild sehen die Opfer dann auch noch so hübsch aus. Blond sind sie und sie lächeln. Gute Menschen waren das, wir erkennen uns wieder in den Fotos. Sie sehen aus wie wir. Sie grinsen in die Kamera, haben gerade gut gegessen und freuen sich auf das Spiel am Wochenende, den Braten am Sonntag und den Nachbarschaftsflohmarkt.

Was ist mit den anderen? Wir sehen doch auch Nachrichten, in denen wir die Bilder von Bombenangriffen im nahen Osten und Hungersnöten in Afrika kurz aufgetischt bekommen. Das ist geografisch ähnlich weit weg aber die Gesichter, die Menschen sind anders. Die Städte wirken surreal in den Medien, die Städte sind dreckig und kaputt, die Menschen auch.

Die Babies haben Fliegen um die Augen und Erwachsene haben oft seltsame Klamotten an und stehen hinter grauen Häuserecken, um Deckung zu suchen, wenn sie nicht gerade mit Steinen auf nicht sichtbare Feinde schmeißen. Das kennen wir nicht, das können wir nicht nachvollziehen. Weil es uns gut geht.

Wir müssen nicht im Sprint zum Supermarkt aus Angst vor Scharfschützen und wir müssen auch nicht morgens um 7.00 mit ′nem Plastikeimer auf dem Kopf sechs Kilometer zum nächsten Brunnen laufen, um Trinkwasser zu holen. Es lässt uns kalt. Schrecklich anzusehen und auch sehr, sehr bedauerlich, was den armen Leuten dort passiert, aber es lässt uns kalt.

Kein Stolz auf unsere Zugehörigkeit, unsere Zugehörigkeit als Menschen. Da hört es auf. Wir sind das Volk. Wir sind nicht der Planet.

So gehen die Palästinenser, die Palästinenser, die gehen so….., SO GEHEN DIE ISRAELIS, DIE ISRAELIS, DIE GEHEN SO! So gehen die Ukrainer, die Ukrainer, die gehen so….., SO GEHEN DIE RUSSEN, DIE RUSSEN, DIE GEHEN SO! So gehen die Bulgaren, die Rumänen, die Juden, Brasilianer, die Gauchos, die Kanacken, die gehen so…, so gehen Deutschen, die Deutschen, die gehen so.

Wir sollten nicht stolz sein, wir sollten uns auch nicht schämen. Wir sollten zusammen halten. Und wir sollten was ändern. Punkt.

DAS WIRD MAN JA WOHL NOCH SAGEN DÜRFEN

Das wird man ja wohl noch sagen dürfen. Ich bin hier schließlich in meinem eigenen Land, da kann man mir nicht den Mund verbieten. Dafür zahle ich schließlich Steuern und außerdem leben wir in einer Demokratie. Also zumindest soll das hier ja eine Demokratie sein. Auch wenn ich momentan und eigentlich schon seit vielen Jahren, ja eigentlich immer schon, den Eindruck hatte, dass hier alles über meinen Kopf hinweg entschieden wird. Mitspracherecht hab ich ja nicht. Die da oben entscheiden und der kleine Mann muss alles schlucken. Und ausbaden. Und bezahlen. Ja, bezahlen muss der kleine Mann alles. Die da oben werden immer fetter und ich muss denen ihren Scheiss bezahlen.

Da kann doch keiner von Gerechtigkeit reden. Schon lange nicht mehr. Hier läuft alles aus dem Ruder. Und wer aufmuckt, kriegt auf's Maul. Ich hab so die Schnauze voll von dieser Ungerechtigkeit in meinem Land. In meinem eigenen Land. Zu Hause fühle ich mich hier schon lange nicht mehr. Fremd komme ich mir vor, fremd im eigenen Land. Schrecklich. Aber wehe, man sagt was…, dann ist man ja gleich wieder ein…, ach leck mich doch am Arsch!

Sieh dich doch mal um da draußen. Da kann mir doch keiner erzählen, dass das in Ordnung ist. Das geht doch nicht nur mir so. Überall, in allen Städten ist das doch mittlerweile so. Also hier bei mir, in Dortmund, ist es nicht mehr auszuhalten. Dieses ganze scheiss Pack!

Überall! Überall hängt dieser Abschaum rum. Auf den Strassen, in den Clubs, auf der Arbeit. Ich könnte kotzen. Dieses verdammte Scheisspack! Sieh dich mal um in der Nordstadt in Dortmund, da vergeht dir doch alles. Wenn du da 'ne Freundin hast und die will dich abends besuchen kommen, dann musst du die doch an der Bahn abholen. Die kannst du doch nicht ruhigen Gewissens alleine da rumlaufen lassen. Zum Kotzen ist das. Dieses Scheisspack!

Die meisten kommen ja nur hier hin, um Frauen zu belästigen. Und zu klauen. Und betteln. Arbeiten können die doch nicht, sonst könnten sie ja zu Hause arbeiten. Nee, da kommen alle hier hin in unser schönes Deutschland und ficken unsere Weiber und arbeiten in unseren Fabriken. Und wir müssen uns einen wichsen und auf dem Amt nach Hartz4 fragen. Die kacheln im dicken Mercedes durch die Stadt und ich fahre ein Auto, das aussieht wie aus LEGO-Technik zusammengebaut. Das ist doch nicht in Ordnung. Aber wehe, du sagst was gegen dieses Scheisspack, dann bist du ja gleich wieder ein..., ach hör mir auf!

Ich sehe das nicht ein! Ich halte nicht mehr meine Fresse! Ich stehe auf und nenne das Problem beim Namen. Dreckspack, sage ich. Schmarotzer, sage ich. Ja, ich stehe auf und ich sage es jetzt ganz deutlich.

Diese verdammten Schweizer und Österreicher sind unser Untergang!

Da könnt ihr mich hassen und mich angreifen, aber ich sage wenigstens, wo das Problem liegt. Diese verfickten Schweizer, bei mir vor der Tür, jeden Tag, jede Woche, immer das Gleiche. Ich gehe raus aus dem Haus und da stehen sie. In ihren Outdoorklamotten. Wie die schon rumlaufen, Angst kriegt man da. Immer in Gruppen, alleine trauen die sich ja nirgendwo hin. In ihren Outdoorklamotten stehen sie zu viert oder fünft vor meiner Bude oder am Kiosk an der Ecke. Sprechen laut in ihrer seltsamen Sprache, die keiner versteht und fressen Toblerone. Den ganzen Tag.

Arbeiten muss keiner von denen, die verkaufen da ja wahrscheinlich Toblerone den ganzen Tag. Ich meine, ich hab ja als Jugendlicher auch schon mal Toblerone probiert, aber das an Kinder zu verkaufen und wer weiß, was die denen noch so andrehen. Quatschen dich von der Seite an mit ihrer komischen Sprache. Hört sich an, als müssten die sich gleich übergeben.

Chhh! Chhh! Chhh!

Ekelhaft ist das, zum Chhhotzen! Dann hängen sie überall noch ein „i" hintendran, das macht doch keinen Sinn. Schochhhki, und Papierli, die sind doch kranchhhk. Dreckspack, kommt hier hin und nimmt uns die Arbeit weg, und die Weiber, wenn sie nicht den ganzen Tag Schochhhki verticken. Die sind doch alle gleich, man kann die gar nicht mehr auseinanderhalten, ob das jetzt Schweizer oder Österreicher sind. Alle gleich!

Anstatt sich anzupassen und sich hier mal zu integrieren, macht man unter sich rum und bildet Ghettos. Immer schön unter sich bleiben, Terror und Hass verbreiten in Deutschland. Die scheiss Österreicher sind nicht besser. Letztens erst wieder am Nordmarkt. Da sitzen sie rum, den ganzen Tag während ich malochen gehe, lassen sich da die Schluchtenscheisser die Sonne auf den faulen Arsch scheinen. Dann geht man da vorbei mit seiner Frau, da rufen die einem hinterher.

„Schaut's euch mal den Piefke oan…, des kloane Ding würd i oach görn mal oasföhrn!"

Und wenn du dann was sagst, kriegste noch was auf die Fresse von dem Dreckschwein, ich versteh nicht mal, was der genau sagt, aber am Ton hört man schon, dass das nix Nettes ist. Dreckspack.

Als wir in den 70ern die ersten Gastarbeiter aus Holland geholt haben, das war ja noch ok, obwohl die sich ja mittlerweile hier auch vermehrt haben wie die Ratten. Sollten ja nur ein paar Jahre hier arbeiten und dann zurück in die Heimat, jetzt haben die überall Reisebüros und Frikandelbuden.

Aber das waren ja wenigstens noch Arbeiter. Die haben bei Hoesch und Krupp malocht und die haben Arbeiten gemacht, die sonst keiner machen wollte. Die waren nie krank und sehr belastbar. Ne gute Mischung, der Holländer an sich.

Aber die Österreicher und vor allem die verlausten Schweizer, sind für nix zu gebrauchen, reine Parasiten. Ich dreh durch wenn das so weiter geht. Was die sich erlauben, die Affen. Letztens hat hier um die Ecke wieder so ein österreichisches Kaffeehaus aufgemacht. Der Besitzer ist aus der Steiermark, Bergösis nennen die Wiener das. Das sind selbst in ihrer Heimat Menschen zweiter Klasse. Was wollen wir hier mit denen?

Oder nächsten Monat…, da wird in Dortmund eine neue Schweizer Schokoladenfabrik eingeweiht. Als ob es davon hier in der Stadt nicht schon genug gäbe. Das muss man sich mal vorstellen. Versuch das mal bei denen. Wenn du da in der Schweiz ein deutsches Café eröffnen würdest, dann würden die das anzünden und dich öffentlich auf dem Marktplatz hinrichten. So läuft das bei denen.

Aber was machen wir? Bürgerrechtler und Gutmenschen, die mir sagen wollen, dass ein Schweizer die gleichen Rechte hat wie ich und die Österreicher hier nur Fachkräfte hinschicken, die wir auch dringend nötig hätten. Dann wird gesammelt und gespendet, demonstriert und gemacht und getan. Für Schweizer! Für Österreicher! Geht's noch?

Mein Cousin ist jetzt 25 Jahre alt, lebt von Hartz4 obwohl er nen Gesellenbrief hat und er weiß nicht, woher er Geld für die Weihnachtsgeschenke seines fünfjährigen Sohnes nehmen soll. Da spendet niemand, da gibt es keine Menschenkette. Aber dann wieder ne Feier für die Schweizer in der Suppenküche, von meinem Steuergeld. Aber wehe, du sagst was dagegen, da biste ja gleich wieder ein…, ach leckt mich doch alle am Arsch.

Da kann man nur noch den Kopf schütteln, ändern kannze hier ja eh nix mehr. Da musse in deinem persönlichen Umfeld für normale Bedingungen sorgen, die Bereiche säubern, die du noch selbst kontrollieren kannst. In unserem Haus wohnt kein Schweizer und kein Österreicher und das wird auch so bleiben. Und wenn meine Tochter mit so einem nach Hause kommt, dann steck ich ihm seine Toblerone in den Arsch und schmeiße ihn hochkant raus.

Aber was rege ich mich auf, bringt ja eh nix. Ich kauf nur noch Schokolade aus den USA, meine Uhren sind von Glashütte aus Deutschland und Milka, Schweizer Taschenmesser, Almdudler, Nespresso und der ganze fremdländische Scheiss kommt mir nicht in die Bude. Das ist doch mein gutes Recht und DAS wird man ja wohl noch sagen dürfen…!

DIE DURCH DIE HÖLLE GEHEN

Es ist wirklich arschkalt. Nass und arschkalt. Ich sehe mit zusammengekniffenen Augen in Richtung Straße und wundere mich über die Temperaturen. Trotz Sonnenschein ist es für einen Tag im September wirklich sehr früh winterlich geworden. Es ist also ein kalter Tag im September des Jahres 1989 und wir wollen gleich losfahren. Dennis meint, für psychedelische Pilze sei jetzt die beste Zeit zum Ernten. So ein schwachsinniger Scheissdreck.

Andy fährt den dunkelroten Ford Sierra vor und wir bestücken unsere Taschen und Rucksäcke mit Bierdosen und allem möglichen Krimskrams. Eine Taschenlampe, obwohl wir erst 13.00 Uhr haben, eine Glasbong, Brötchen, eine Fleischwurst und ein paar Flachmänner Büchter-Korn. Andy´s Ford ist ein fahrendes Stück Scheiße. Ford hat eh die seltsame Idee gehabt, alles andersrum zu machen. Die Türen schließt man andersrum auf und zu und sogar die Scheibenheberkurbeln dreht man in die entgegengesetzte Richtung um den Fahrtwind reinzulassen oder auszusperren.

Ich öffne angewidert die hintere rechte Autotür, an der noch deutlich die Reste meiner Kotze vom letzten Ausflug kleben. Ich konnte irgendwann nicht mehr und hab während der Fahrt aus dem Fenster gekotzt. Da ich aber so lange brauchte, um es zu öffnen, weil ich immer die Kurbel in die falsche Richtung drehen wollte, ging die Hälfte in die Türablage und der Rest verteilte sich über Tür, Heck und Hinterreifen. Ganz schön hartnäckig, das Zeug, denke ich noch so bei mir, als ich mit meinem Fingernagel versuche, etwas von der Kotzkruste von der Tür zu knibbeln.

Wir sind zu fünft, Andy der Fahrer, Frank, Nico, Dennis und ich. Dennis hat uns angefixt mit der bescheuerten Idee. Gestern fing er auf einmal an uns diese unglaubliche Geschichte zu erzählen. Er habe ein paar Freunde, die ihm geraten haben, jetzt zu ernten, da die Pilze wohl gerade am besten wären.

Häh? Was für Pilze? Hab ich was verpasst?

Außer auf `ner Jägerfrikadelle hab ich den Typen noch nie Pilze essen sehen. Das ist doch ein Scherz. Dennis will mir allen Ernstes erzählen, es gäbe Pilze, Psyllus, wie er sie nennt, die knallen sollen.„Knallen" ist so'n Wort, daß man in den Achtzigern und Neunzigern gerne benutzt hat um die Wirkung von Alkohol oder Drogen zu umschreiben. Die Psylluspilze sollen knallmäßig angeblich ganz weit vorne liegen. Ich lach mich tot. Wenn diese dämlichen Pilze existieren würden, also frei verfügbar für jedermann wachsen und geerntet werden könnten, dann hätte ich doch schon längst davon gehört und ausserdem wäre hier diese dämliche Wiese voller Menschen.

Der Ford schiebt sich die Waldwege des Sauerlands hoch und erreicht mit einem ruckelnden, letzten Schwung die Kuppe des Berges hinter dem unser Bestimmungsort liegen soll. Ich traue meinen Augen nicht! Die Kuppe, auf der wir stehen, ist wie eine Art Aussichtsplatform. Man kann über die weiten Hügel des Sauerlands sehen und den Blick in die Täler schweifen lassen. Das satte Grün, die klare, kalte Luft und in all diesem Postkartenausblick sehe ich sie dann.

Mindestens 30 Leute mit Körbchen, Plastiktüten oder Tupperdosen bewaffnet, laufen gebückt über diese Kuhwiese und suchen langsam und gleichmässig den Boden ab. Ich werd bescheuert, hat der dumme Sack doch wirklich Recht gehabt.

Ich meine, warum sollten diese ganzen Freaks hier rumlaufen wenn es nicht echt Drogen auf lau geben würde. Von denen sieht keiner so aus als würde er sich mit der Zubereitung seltener Speisepilze auskennen. Man braucht als Fachmann für Pfifferlinge sicherlich mehr als nur ′ne Cordhose und rotgelbe Dreadlocks.

Ehrlich gesagt, ist es mir jetzt auch egal. Ich will auf diese Wiese und endlich einen dieser seltsamen Hutgewächse mit eigenen Augen sehen. Doch Dennis scheint diesen Gedanken geahnt zu haben und rät uns, erst einen Blick in sein Buch zu werfen, in dem die Psylluspilze abgebildet sind. Das Buch ist eine Leihgabe aus der Bücherei, seit Jahren in Dennis′ Besitz und stammt aus der Reihe „Breites Wissen"…, wie passend. Dennis schlägt das Kapitel „Pilze und mehr" auf und zeigt auf ein Farbfoto. Scheiße, die Dinger sehen aus wie ′ne kleine Titte. Runder Hut mit kleinem, helleren Nippel obendrauf. Das erkenne ich wieder, los geht′s!

Wir verteilen uns und grasen die Wiese Stück für Stück ab. Nico findet den ersten Pilz. Mit seiner manchmal etwas gewöhnungsbedürftigen Stimme ruft er uns zu sich.

„Ey…., komma her…!"

Wir staunen und begrabschen das Ding als wäre es ein Alien. Jetzt hat uns das Jagd- und Sammelfieber gepackt und lässt uns mit noch mehr Einsatz über das grüne Feld wandern. Nach und nach finden alle einige Pilze, meine Plastiktüte ist merklich voller geworden und das Sammeln macht echt Spaß. Wie auf einer

Party zeigen sich die Sammler ihre Beute und lassen sich hier und da auf der Wiese nieder um ein Bierchen zu trinken oder ein Tütchen zu rauchen. Wir auch.

Unsere Glasbong befüllen wir an der Trinkwanne der Kühe mit Wasser und bringen uns erstmal auf Diskussionslevel. Wir zählen grob durch unseren Fang und sind der Meinung, daß wir genug gesammelt haben, knapp 200 Pilze nennen wir nun unser Eigentum. Rückzug ist das Kommando. Am Auto angekommen beglückwünschen wir uns gegenseitig und haben nicht nur aufgrund der Glasbong glänzende Augen, die Vorfreude ist groß!

Die Kotzkarre nagt sich durch die Wälder des Sauerlands zurück in die zivilisierteren Bereiche der Unterschicht, nach Hause. Dennis wohnt bei seinen Eltern und hat im Keller ihres Hauses ein Zimmer direkt neben dem Partykeller, eine Zweiraumwohnung so zu sagen. Autark durch einen separaten Eingang hat uns dieses Kleinod schon manches Wochenende versüßt.

Wir alle beneideten Dennis um diese Möglichkeit seine Freizeit unabhängig zu gestalten und schon in dem Alter so etwas wie eine eigene Wohnung zu haben. Der Partykeller der Eltern gehörte eigentlich sogar noch mit dazu, da er nicht mehr genutzt wurde. Dennis Vater war einverstanden, daß wir uns am Wochenende mit ein paar Leuten einquartierten bis zu diesem kleinen Zwischenfall als wir Gérard, einen Jungen aus der Nachbarschaft, mit Feuerzeugbenzin getränkt und angezündet haben. Danach war erstmal Schluß mit lustig und wir mussten Gérard ein paar mal im Krankenhaus besuchen und ihm klarmachen, daß wir nur wieder in den Keller können wenn er von diesen abstrusen Beschuldigungen Abstand nehmen würde. Schließlich hatte nicht nur er Verbrennungen dritten Grades, auch der Teppich im Partykeller war total im Arsch nachdem wir literweise Lambrusco über Gérard auskippten. Als wir ihm die Jeanshose langsam auszogen, schälte sich die Haut von seinen Oberschenkeln direkt mit ab und seine Beine hatten etwas rosiges. Wir hätten mit dem Löschen früher beginnen sollen…, aber was macht man nicht alles wenn die Videokamera läuft. Ich setze mich also mit den anderen auf den Boden in Dennis Kellerbude und breite die Pilze auf einer Zeitung vor uns aus. Wir entfernen kleine Schnecken und Käfer und versuchen den ganzen Scheiß irgendwie sauber zu machen.

„Wie viele muss man nehmen?“ Frank sieht mit skeptischem Blick zu Dennis.

„Keine Ahnung…, 30, 40?“ erwidert dieser.

„Du weißt es nicht? Ich fresse die Scheiße hier doch nicht auf Verdacht!“

Eine Tasse Kaffee zuviel und ich vibriere durch meine Wohnung…, ich zittere bei der Vorstellung an eine Überdosierung halluzinogener Substanzen. Wo ich doch so´n Kontrollfreak bin. Das „Loslassen“ habe ich erst viel viel später gelernt.

„Doch, ich kenn mich aus…, hier, ich fress jetzt 40 und du frisst auch 40. Wer noch? Frank, Nico, hier, nehmt euch welche!“

Dennis nimmt eine handvoll Pilze, zählt grob durch, es müssen so 10 oder 12 gewesen sein, und rollt sie mit beiden Handflächen wie einen Schneeball zu einer kleinen Kugel aus der Stiele rausgucken. Er holt Luft, steckt sich den Stachelball aus Pilzen in den Mund, kaut, kaut, kaut, kaut…., und schluckt. Und schluckt nochmal. Anschließend rollt er weitere Pilze zusammen und das geht so bis er die 40 Dinger runtergeschluckt hat. Ablöschen mit Iserlohner Pilsener. Ich bin dran.

Dennis Taktik hat sich bewährt und ich rolle mir meine erste Kugel. Ich nehme ein paar Pilze weniger, die Kugel ist also kleiner. Dafür nicht weniger ekelhaft. Der modrige Geschmack von Erde und Mykosen in ihrer reinsten Form vermischen sich in meinem Mund zu einer widerlichen Speichelbrühe, die kaum zu ertragen ist. Ich schlucke und muss mich schütteln, zweite Kugel. Dritte Kugel. Vierte Kugel ist größer, 40, fertig. Der nächste.

Nachdem wir alle fertig sind, sehen wir uns an und lachen. Ob man schon was merken würde, fragen wir uns. Niemand merkt schon was. Ich merk noch nichts.

Nico hat gehört, daß es besser sei wenn man nicht in geschlossenen Räumen bleibt, sondern raus in die Natur geht. Der Turn wäre einfach besser. Leuchtet ein, also gehen wir zu unserem Treffpunkt. Jedes Bauerndorf und auch manche Städte haben so einen Treffpunkt. Das sind Stellen auf Plätzen oder vor Brunnen, Stellen an öffentlichen Gebäuden oder im Park, Stellen, wo man sich zum Saufen trifft.

Da ist Platz für drei bis vier Mofas, ebenso viele Rahmen Bier und wenn man auf der Fläche und der Lehne der Parkbänke sitzt, auch für bis zu 20 Leute. So einen Platz gibt es auch hier bei uns um die Ecke. Da Dennis und ich als erstes Pilze gefressen haben, und wir immer noch nichts merken, nehmen wir jeder nochmal eine Kugel aus 10 weiteren Pilzen. Sicher ist sicher.

Wir verlassen die Zweiraumwohnung durch den separaten Eingang und nehmen noch ein paar Bier aus dem Kasten von Dennis Vater als Proviant mit. Ich fühle mich in Wanderlaune. Das sage ich dann auch laut. Die anderen sehen mich an und bestätigen die Bereitschaft zu einem ausgedehnten Fussmarsch.

Das Auto bleibt stehen und der Troß bewegt sich die Straße hinunter. Kronkorken klingeln über die Straße als wir an den Einfamilienhäusern mit Vorgärten vorbeiziehen. Ich fühle mich beschwingt, mein Muskel unter dem Kiefer scheint etwas verkrampft, ich drücke mit meinem Daumen unter mein Kinn und kann spüren, wie der Muskel nachgibt und sich lockert. Ein Krampf also, ok. Von den Pilzen hätte es ja auch nicht sein können. Ich merk noch gar nichts.

Dennis auch nicht. Seine Hand juckt, irgendwas auf der Wiese muß ihn da erwischt haben. Ameisen oder eine Nessel, wer weiß. Aber es juckt ganz schön, sagt er und reibt die Hand in rythmischen Bewegungen an seiner Hosennaht auf und ab.

Frank macht ziemlich lange Schritte dafür daß er so langsam geht. Ich frage ihn, ob er schon was merkt aber er verneint es. Wir sind schon ein wenig enttäuscht vom Ausbleiben jeglicher Wirkung dieser tollen Zauberpilze, wollen mit dem Nachlegen aber noch etwas warten. Wir haben mal einen Kakao mit richtig gutem Haschisch aus Marokko getrunken und das Ding hat uns eineinhalb Stunden später völlig unerwartet die Beine weggehauen. Ich stand gerade bei McDonald´s am Tresen als der Kakao einschlug und der drei Meter große Iraner, der mich bediente, erinnerte mich stark an einen Klingonen. Ich krabbelte damals auf allen Vieren aus dem Laden. Das wollen wir sicher nicht nochmal erleben, also langsam.

Zwei Straßen weiter nehmen wir nochmal jeder fünf Pilze und das war's dann auch mit dem Ekelzeug. Das Schlucken fällt mir schwer, mein Kiefer ist wie verbogen durch diesen Krampf, den ich mir immer wieder mit meinem Daumen durch Druck von unten lösen muß. Frank zeigt in den Himmel und bleibt stehen. Dennis hat seine Hand mittlerweile an der Hosennaht blutig gerieben und auch die anderen wirken irgendwie angespannter als sonst. Ich will die Stimmung wegen der ausbleibenden Wirkung der Pilze nicht zerstören, deswegen sage ich nichts, drücke meinen Daumen unter mein Kinn und schnalze ein paar Mal. Nico erwidert das Schnalzen. Wir merken immer noch nichts.

Dennis wird langsam sauer, daß die scheiß Dinger nicht anschlagen und reibt sich mittlerweile die andere Hand blutig. Ich frage mich, ob eine juckende Wunde an einer Hand zur anderen Hand überspringen kann und strecke meine Arme vom Körper weg, damit meine Hände soweit wie möglich voneinander entfernt sind, obwohl sie ja eigentlich gar nicht jucken. Aber sicher ist sicher!

Irgend jemand fehlt, wir bleiben stehen und drehen uns um. Frank steht immer noch an dem selben Fleck wie gerade und zeigt stur in den Himmel, zwischendurch kommen Luftschlangen aus seiner Fingerspitze und schießen in Richtung Firmament. Wir alle sind davon schwer beeindruckt, auch wenn Frank uns partout nicht sagen will, wie er diesen Trick hinbekommen hat.

Wir stellen uns rechts und links neben Frank und summen eine Melodie, die wir aus unerklärlichen Gründen im Kopf haben. Jeder summt eine andere Melodie aber im Zusammenspiel ergibt diese Kackophonie den Titelsong der Muppet Show, abgefahren! Dennis fällt das als erstes auf und er sagt:

„Alter, die Muppet Show!“

Stop! Jetzt werde ich misstrauisch. Dennis muß unter Drogeneinfluß stehen, er kann mir nicht erzählen, daß er nichts von den Dingern merkt. Seitdem ich ihn kenne, war er nicht in der Lage „Muppet Show“ korrekt auszusprechen. Er sagte immer, und ich meine IMMER „Mumpet Show“..., das war bei uns schon ein Running Gag. Genau wie er immer anstelle von „Sirene“ „Risene“ sagt.

Man kennt solche Leute, fast jeder hat einen im Freundeskreis, der Sachen wie „Halleluja“ nicht aussprechen kann oder für den das Wort „Regisseur“ eine unüberwindbare Hürde darstellt. Dennis war so jemand. Daß er ausgerechnet jetzt nicht von den „Mumpets“ redet, kann nur halluzinogene Hintergründe haben.

Ich bin mir nicht sicher, ob ich ihn mit meiner Erkenntnis konfrontieren soll, er sieht glücklich aus, ich laß ihm seinen Spaß lieber. Das kann ja auch mal ganz schnell nach hinten losgehen, wenn man Kritik auf jemanden ausübt dessen Neocortex durch die Einnahme von Psychedelika die Konsistenz eines nassen Toastbrots angenommen hat. Kenn ich. Die erste Begegnung mit LSD25 hatte ich vor knapp einem Jahr und ich lag damals etwa vier Stunden in einer sauber gestutzten Hecke vom Nachbarn in Embryonalstellung und habe mir die Seele aus dem Leib geschrien sobald mich jemand berührt hat. Schrecklich...

Aber Dennis´ neu gewonnener Wortschatz verliert eh gerade an Interesse, da Frank erneut eine Luftschlange aus seiner magischen Fingerspitze in den Himmel feuert und dazu sagt:

„Sehet mich an! ICH bin die Hebamme von Kreta! Ich werde euch führen!“

Wow! Überwältigt von soviel Selbstsicherheit und der absoluten Bereitschaft uns zu leiten und Übel von uns abzuwenden, machen wir anerkennende Grimassen in Frank´s Richtung und gehen mit den Händen auf dem Rücken verschränkt ein paar mal um ihn herum. Beipflichtendes Schulterklopfen ist leider nicht möglich, da Frank mittlerweile eine Betriebstemperatur von etwa 200 Grad Celsius angenommen hat und die Luft über seinen Schultern und dem Kopf flimmert wie auf einer asphaltierten Straße im Hochsommer. Sein Blick ist starr geradeaus gerichtet und er zeigt immer noch auf die gleiche Stelle am Himmel.

Dann sehen wir alle, warum er dies tut. Am Horizont erblicken wir ein Objekt, das ich nicht näher beschreiben kann. Es verändert sich ständig und leuchtet. Andy sagt, es sei der FUJI-Zeppelin, das könne man ja wohl eindeutig erkennen. Das verunsichert mich ein wenig denn ich hatte schon das Wort „Heissluftballon“ auf der Zunge liegen und wenn mein Daumen nicht bis zum Anschlag in meinem Kiefer stecken würde, hätte ich das auch gesagt.

Nico sagt etwas auf aramäisch und verdreht die Augen.

„Ahahahahaaaaaa, die Engelchen backen Kekse!“ , fügt er schnarrend hinzu.

„Mit Sicherheit nicht, du Pfogel!“ , erwidert Dennis und zeigt auf seine Schuhe. Der Zusammenhang bleibt uns allen verschlossen. Ich bin etwas angenervt. Das hatte ich mir spektakulärer vorgestellt. Ich merke immer noch nichts.

Der Treffpunkt am Platz vor dem Hochhaus ist in Sichtweite, Euphorie macht sich breit und wir geben uns Highfive…, außer Dennis, den lasse ich aus, da ich Angst habe, meine Hand würde danach auch zu jucken beginnen. Durch das Abklatschen mit den Anderen haben wir unseren inneren Akku irgendwie aufgetankt und wir fangen an zu hüpfen. Erst nur ein klein wenig, dann etwas mehr und schliesslich so hoch, daß wir uns immer wieder die Knie in die eigene Fresse hauen. Das ist unangenehm aber lustig.

Nach circa 20 Minuten hüpfen und springen steht auf einmal Baba vor uns, ein Freund, der uns, wie er sagt, aus sicherer Entfernung eine Weile kopfschüttelnd zugesehen hat. Baba verfügt über eine fundierte Drogenkenntnis und riecht den Braten sofort.

„Was habt ihr genommen und wieviel habt ihr davon noch?“, ist seine erste Frage.

Wir erklären ihm in plattdeutschem Akzent, daß wir unter Einfluß von Psyllocibin stehen und mega enttäuscht sind von der schwachen bis fast gänzlich ausbleibenden Wirkung. Auf seine Frage, wieviele Pilze wir denn genommen hätten, sagen wir ihm das wir jeder zwischen 40 und 60 Pilze intus haben. Baba schreckt zurück und reißt beide Arme hoch, er hält sich die Seiten seines Kopfes, sieht uns entsetzt an und sagt:

„Oh Scheiße…, was habt ihr getan?"

DAS war genau das, was ich nicht hören wollte. Ich kriege eine Ganzkörpergänsehaut und meine Stirn kribbelt wie ein Ameisenhaufen, ich seh mich schon wieder schreiend in einer Hecke liegen. Doch Frank entschärft die Angelegenheit ein wenig, in dem er Baba fragt, ob er uns als Außenstehender nicht bei der Frage helfen könne, was das da oben am Himmel sei. Frank zeigt in den Himmel und verschießt eine weitere Luftschlange aus seinem Finger. Wir applaudieren und sehen uns das Ding am Himmel nochmal ganz genau an. Alle sind gespannt.

Baba schlägt Frank mit der flachen Hand in den Nacken und schnauzt ihn an.

„Das ist die Sonne. Und man sollte da auch nicht so lange direkt reinglotzen…, mein Gott, seid ihr verbimmelt. Euch kann man doch so nicht alleine lassen.!"

Wir sind erschüttert. Sind wir wirklich schon so drüber und merken das gar nicht mehr? Sind wir überhaupt ehrlich zu uns gewesen? Franks Luftschlangentricks, die juckenden Hände und die daraus resultierende Paranoia…, vorhin haben wir uns im Kreis aufgestellt und wollten mit einem Kanaldeckel Hackysack spielen. Das Hüpfen und Springen…, fuck. Baba hat Recht, wir sind drauf. Warum merke ich dann nix?

Als Baba uns erzählt, daß man so 5-10 Pilze nimmt wenn man Spaß haben und vielleicht 20 wenn man hart abgehen will, beschließen wir nach Hause zu gehen. Also zu Dennis. Unseren Eltern wollen wir jetzt nicht über den Weg laufen. Der Rückweg zu Dennis ist schrecklich. Baba hat uns ein Stück begleitet, war allerdings irgendwann mit dem Hüten der verstrahlten Schäfchen überfordert und suchte das Weite nachdem wir anfingen uns nur noch über Klicklaute zu verständigen. Den Rest schaffen wir auch allein, Klick Klick Klick.

Die nächsten zwei Tage waren furchtbar und wir verbrachten fast die komplette Zeit auf der Terasse von Dennis vor einem Grillkamin, in dem wir so ziemlich alles verfeuerten, was brennbar war um in den kalten Nächten nicht zu erfrieren.

Ins Haus trauten wir uns nicht. Wir machten alles durch, was man auf einem solchen Horrortrip durchmachen kann. Von Halluzinationen über Weinkrämpfe bis hin zu Schließmuskelfehlfunktionen.

Wenn ich jetzt so daran zurück denke, wird mir echt mulmig. Was da alles hätte passieren können. Das Wochenende darauf waren wir immer noch total neben der Spur, wir hatten einen seltsamen Geschmack im Mund und ab und an hätte man sich als orientierungslos beschreiben können. Das sollte uns eine Lehre sein. Nach dem Sammeln nahmen wir am nächsten Wochenende jeder nur 20 und das war dann auch irgendwie noch ganz witzig..., obwohl ich eigentlich nix gemerkt habe.

IMPRESSUM

CORRECT!V - BÜCHER FÜR DIE GESELLSCHAFT

AUTOR: Sascha Bisley
COVERFOTO: Veit Gillen
COVERDESIGN: Markus Böhnke
ILLUSTRATIONEN: Liliane Adamek
LEKTORIN: Julia Tadus

SATZ & LAYOUT: Thorsten Franke, Steven Lackmann, Andreas M. Sokoll, C4C group

DRUCK: Livonia Print, Riga. Printed in Latvia

ISBN: 978-3-9817400-2-8

1. Auflage 2017

CORRECTIV
Verlag und Vertrieb für die Gesellschaft UG
(haftungsbeschränkt)
Huyssenallee 11, 45128 Essen

Handelregister Essen, HRB 26115

GESCHÄFTSFÜHRER: David Schraven